[美]亚当·斯科尼克—著　张卫东　魏宁—译

后浪出版公司

ADAM SKOLNICK

自由潜水、生命与挑战人体极限的意义

一 息 之 间

ONE
BREATH

FREEDIVING, DEATH, AND THE QUEST TO SHATTER HUMAN LIMITS

中国华侨出版社

目　录

1　迪恩斯蓝洞，长岛，巴哈马，2013 年 11 月 17 日　　1
2　水孩子　　17
3　何为"自由潜水"　　29
4　认真过头的素食主义者　　45
5　2014 年度"加勒比"杯，罗阿坦岛，洪都拉斯（一）　　61
6　革　命　　69
7　2014 年度"加勒比"杯，罗阿坦岛，洪都拉斯（二）　　83
8　布鲁克林崛起　　95
9　2014 年度"加勒比"杯，罗阿坦岛，洪都拉斯（三）　　107
10　在潜水中获得自由　　123
11　"Deja Blue"自由潜比赛　　139
12　尼克的潜水流浪记　　157
13　意大利撒丁岛：2014 年度 AIDA 世界团体锦标赛　　173
14　克里·霍洛韦尔的调查　　195

15	下潜到 100 米深的男人	207
16	血色水面	221
17	尼克生命中的最后时光	235
18	尼克·梅沃利的最后一次潜水	249
19	2014 年度"蓝洞"深度挑战赛，长岛，巴哈马	261

后　记　　277

致　谢　　281

出版后记　　285

1
迪恩斯蓝洞，
长岛，巴哈马，
2013年11月17日

伴随着大西洋的波涛，尼古拉斯·梅沃利（Nicholas Mevoli）游进了迪恩斯蓝洞①的比赛区域。他镇定的外表下隐藏着一颗并不平静的心："巴哈马蓝洞深度挑战赛"（Vertical Blue）刚拉开序幕时，他雄心勃勃，想要获得一枚铜牌并打破两项美国纪录。为此，尼克（尼古拉斯的简称）紧张筹备了一年多，他在几周前赢得了另一场比赛的金牌，在一个多月前的世界锦标赛上也获得了银牌。然而在经历过这些磨炼后终于迎来这场比赛时，他却已经筋疲力尽了，这周以来的每一次潜水训练他都表现不佳，身上的每一块肌肉都受到损伤，甚至肺部也隐隐作痛，但他并不想放弃。这次比赛相当于自由潜水界的"温布尔顿网球公开赛"，除了世锦赛以外对于尼克和自由潜水界的其他运动员来说是最重要的赛事了。比赛就要开始，尼克将只凭一口气下潜到72米（约240英尺，1英尺=30.5厘米）深处并返回水面。

"六分钟倒计时！"萨姆·特鲁布里奇（Sam Trubridge）宣布。他是一名来自新西兰奥克兰市的戏剧导演，也是最伟大的自由潜水运动员威廉·特鲁布里奇（William Trubridge）的哥哥。萨姆站在附近平台上，他

---

① Dean's Blue Hole，目前世界上已知第二深的蓝洞，被称为自由潜水的天堂。——编者

的身影笼罩着尼克。尼克已经就位，他的眼睛大部分时间都是闭着的，但是当他睁开眼睛时，人们可以从中看到专注和决心。

在比赛区，每位运动员都被圈定在由白色PVC管组成的六米见方的区域里，里面有一名摄影师、一名录像师和三名裁判，其中包括首席裁判格兰特·格雷夫斯（Grant Graves），他是这项运动的元老级人士。此外，还有一个五人组救援队，尼克的朋友雷恩·查普曼（Ren Chapman）是救援队的队长，他曾是北卡罗来纳大学威明顿分校的棒球明星。在潜水中，当运动员上升到30米深度时，救援队就要与运动员碰头，因为在此深度水下的压力会发生变化，乳酸堆积和低氧（缺氧）很容易引起运动员的身体问题。

在漂浮的比赛界线外有不少粉丝和尼克的竞争对手在期待他的表现。迈克·博德（Mike Board）也在现场。44岁的迈克六英尺高，浑身肌肉，是英国自由潜水纪录保持者，他以前服务于英国皇家海军陆战队。迈克有一半中国血统，一半英国血统。年轻时他作为雇佣兵，通过帮助有钱客户到安全区域赚了不少钱。随后，迈克用自己赚的钱在印度尼西亚的吉利群岛建立了一个繁华的潜水中心，这样他就可以全年训练了。在这项运动的国际地位方面，迈克和尼克都属于顶级精英阶层，分别是各自国家的纪录保持者，也都希望能够尽快夺得世界纪录保持者这一殊荣。此外，日本自由潜水纪录保持者北滨淳子（Junko Kitahama）也在现场盯着尼克。和尼克不久前在海滩上的交谈使她陷入沉思，也很担心他。

"五分钟！"

尼克的朋友和家人也很担心，他们都知道尼克受伤了，当别人休息时，尼克仍在加倍训练；当其他人的比赛行程有所缩减时，他却仍然抓住每一个机会来潜水。也正因为这样，尼克在不到两年的时间里成了美国最出色的自由潜水员。但是过去的成就现在并不会帮到他，他尽力紧闭自己的双眼不让大脑胡思乱想，抽离杂念并慢慢地冷静了下来。他轻吸一口气，往后靠了靠，把脸庞浸在水里，这样可以刺激他眼睛周围的神经，引发自己哺乳动物的潜水反射，这种生理反应一旦被激发，就能帮助一个普通人变成潜水超人，可以在几分钟内潜到不可思议的深度，而不会感到任何焦虑或轻微的呼吸冲动。

"四分钟！"

他进行了两次深呼吸，缓慢而平静。每次他都在尽量清除体内的消极力量和多余的二氧化碳，因为这些都会让他产生呼吸的冲动，从而使轻松平静的潜水变得苦不堪言。如果感到一丝恐惧，他就会更加缓慢地呼吸：这是降低心跳频率和克服心魔的唯一办法。

"三分钟！"

他很清楚地知道自己的心魔，也知道它们会跟随他一生且不断地推动他向前。他破裂的家庭、他的缺陷感、他对于社会转向贪婪和浪费的沮丧感，这些都是驱使他一心潜水的因素，而这些不利因素也会给予他意想不到的动力。赛前准备时的尼克并不像比赛中那样一往无前，除了焦虑、痛苦和失落感，在胡思乱想之际和耳边的波涛声中他还清楚地意识到自己的比赛目标：他将从水底目标处撕掉尼龙搭扣标签，利落地返回水面并宣布自己的成绩。

"两分钟！"

他想象着自己即将进行的整个潜水过程，这是他的朋友威廉·特鲁布里奇在他们去年五月参加于洪都拉斯举办的"加勒比"杯潜水比赛时教给他的，彼时他俩住在同一房间。也正是那次，尼克创下了自己生命中最光辉荣耀的时刻——成为第一个下潜到100米的美国人，那天他穿的是单脚蹼。在11月17日周日这一天，尼克将不穿脚蹼去潜水，这会略微增加潜水的难度。威廉15次打破了世界潜水纪录，也是"巴哈马蓝洞深度挑战赛"的举办者。此时威廉像往常一样赤脚站在沙滩上，看着尼克做呼吸准备。当自己没有潜水比赛的时候，威尔（威廉的简称）通常会远离比赛场地，但是他不会错过尼克的潜水。这项运动的历史上还没有人如此快地潜到100米深度，威尔知道自己正在见证一个奇迹，有一个人将会打破世界纪录，比之前任何人潜得更深。

"一分钟！"

随着时钟滴答到 30 秒，尼克的呼吸模式发生改变，他开始啜吸着空气，试图让其填充肺部的每一个角落——从肺隔膜深处到肩胛骨之间很少被用到的气囊——这样就可以让尽可能多的氧气进入他的身体，下潜过程中将会需要它们。如果一切按计划进行的话，近三分钟后尼克才能得以再次呼吸。

威廉 2005 年开始在此生活和训练时，迪恩斯蓝洞渐渐发展成为自由潜水员的天堂。当时威廉还不是冠军，他想获得冠军但正在为缺乏条件理想的深水区域而发愁。最终他在巴哈马的长岛（即在这里）发现了理想的潜水地点，短短几年内，威廉成了世界上最优秀的自由潜水员之一，甚至是顶级潜水员。自由潜水员很快投向威廉去寻求指导，其中还有许多老师带着他们的学生。得益于此，2012 年尼克横空出世并一举打破美国纪录。

长岛（Long Island）全长 81 英里，但最宽处却不到 4 英里，像扭曲的鸡蛋面条一样坐落于咆哮的蓝色大西洋和平静的蓝绿色加勒比海之间，岛上的石灰岩饱经风浪和暴雨的侵蚀，低矮的丘陵和平原上生长着浓密的热带矮树，野猪和野猫在此横行，风刮过时，热带灌木丛也会沙沙作响。此外，这里还有一片片未经开发的绝美海滩。

在 1492 年的处女航中，克里斯多弗·哥伦布（Christopher Columbus）在长岛的北端（他把它命名为费尔南迪纳（Fernandina））经过，在长岛面向加勒比海的地方抛锚，即后来众所周知的圣玛丽亚海角（Cape Santa Maria）。在那有一条通向南部终点的柏油马路，然后经过约一个小时的车程就到了迪恩斯镇，镇上还有一条由碎石和泥土铺成的马路通向东部的低洼丘陵，接着绕一个弯，就到威廉深爱的迪恩斯蓝洞了。这里的风很小，水流缓慢，即使在暴风雨天气也是如此。

这是因为有来自凹形半圆的厚石灰岩断崖的阻挡，其高度达 50 英尺。在半圆状的断崖内部仍留着原始断槽的痕迹，布满了较浅的山洞和钟乳石，断崖下面是深蓝的大海，附近绵延着白色沙滩。威廉此时正站在沙滩上，看着尼克的准备工作。倒计时快要结束了："十、九、八……"当数到零时，他张开手臂，头向下潜入水中，看起来就像是一支人形弓箭射向了黑暗海底。

迪恩斯蓝洞是一个垂直的水下洞穴，形状像一个玻璃水瓶。尼克下潜穿过一片坚固的珊瑚礁，这片珊瑚礁从一片倾斜的白色沙滩那里延伸过来，沙滩尽头是一圈距离水面足足有 10 米的石灰岩。他到达了深穴的边缘，四周的沙子组成了迷人的"沙泉"，很像倒过来的瀑布照片。游了五下之后，悬崖壁渐渐退去，碰到类似倾斜的天花板的岩石，在此会经常看到一小群大海鲢或银梭鱼在岩石阴影中藏身。再深潜几下，即十几米过后会遇到另一层岩石，但同时也看不到悬崖壁了，很快深穴就会变得比深夜还要黑暗，并且此时的水下面积要比水面宽两倍。该深穴的边缘直径是 35 米，但水下 20 米深度的直径估计超过了 150 米。尼克到那就停止游泳，他把手臂贴着身体两侧，夹着下巴，尽可能让身体呈流线型，完成一次自由落体。潜水到某一阶段的感觉就像漂浮在外太空一般。他闭上眼睛，柔软缓慢地沉入梦幻时光。

迪恩斯蓝洞有 202 米深，它是当时世界上已知最深的海底洞穴。吉姆·金（Jim King）是唯一一个到过它的底部并活下来的潜水员。1994 年，金携带一个开放式潜水呼吸器，通过呼吸一种安全的混合气体而完成了对它的探索。他发现沙堆从"沙泉"掉下呈"金字塔"型，还有一股海水潮流，说明通过某个石灰岩洞就能到大西洋，因而可以解释为什么这个洞没有被一直往下掉的沙子完全填满。在那些倾向于佩戴氧气瓶的潜水员当中，只有经验丰富的、愿意呼吸氦气的技术型潜水员才能达到这样的深度，因为超过 60 米深，空气是致命的。但是技术型潜水员并不是唯一可以胜过水肺潜水员的人。经验丰富的自由潜水者，例如尼克，可以只凭一口气下潜到水肺潜水员从未探索过的深度。

尽管它有不可思议的美，当地许多居民还是不敢靠近这个深穴，即使他们靠近，也肯定不会游到它的中心。这个岛上的原始居民——卢卡约人流传着关于卢卡斯的神话，据说卢卡斯是尼斯湖水怪一般的生物，它住在深穴底下，任何人胆敢试探它，它就会钻出来将其杀死。如今当地居民经常说那些不可预测的漩涡——比如升起的垂直气流，会毫无预警地将潜水员吞没。

畏惧的人会用死去的生命来做证明。2009 年，来自拿骚（Nassau）的三名游客丧命于此。其中一个女游客的失足导致了悲剧的发生。她在浅滩漫步，并没有意识到她所漫步的海岸非常接近洞口的边缘。她不会游泳，所以她的女儿立即跳下去救她，很快两人都惊慌失措，把彼此拖了下去。第三个女人没有跑开或找人求助，也直接跳下去救人。结果，三个人都殒命于此。

接着在 2012 年，西伦·马耶（Theron Mailles）——当地一个年仅 19 岁、颇有天赋的龙虾潜水员——在巴哈马的母亲节当天失去了生命，而他的所有家人当时正在海滩上庆祝节日。普遍的看法是，由于他身体太重，在反复潜水后丧失意识，从水面附近掉进了那个洞穴里，并且没有人看到。当人们意识到他不在的时候，他已经螺旋下沉到洞穴底部了，尸骨现在还留在那。

11 月 17 日上午，尼古拉斯·梅沃利到达这片海滩，迅速穿上他的湿式潜水服，不远处的牌子上写着 2009 年那三个意外身亡女人的名字，他这天精神状态不好。去年 10 月以来，他一直待在岛上，住在一个租来的房子里，同时和来自新西兰的人称"约翰尼·深"的约翰尼·苏内克斯（Johnny Sunnex）一起训练。他俩能力相当，约翰尼也是一个有进取心的潜水员。约翰尼和迈克都从训练中取得了进步，尼克却没有。

就在两天前，他进行了"自由攀绳下潜"（Free Immersion）项目的潜水比赛，试图下潜到 95 米深，中途却出了差错，不得不依靠帮助才返回水面，还从嘴里流出血来。他怒不可遏地尖叫和咒骂，左耳膜肯定是破了，去年他正是因为这个原因才不得不在仅仅一次潜水后就退出比赛。他在沙滩上生闷气，其实知道自己哪里出了问题。

"我没有放松下来，而且很快耗掉了氧气。"他说，"我应该转身返回而不是继续下潜。我就是想到达那里。真蠢啊！"

虽然尼克还是一名新手，很容易犯这种新手才犯的错误，但是他已经取得了许多成就。他赢得过金牌，也持有一项美国纪录，他赛季前的目标是打破美国所有的潜水纪录，目前还没有实现。"蓝洞"挑战赛是今年最后的比赛也是他最后的机会，而得不到参赛资格对他来说将是沉重的打击。自由潜水很少能得到丰厚的赞助资金，尼克和大多数潜水员一样，都是自筹经费。作为一名纽约影视制作助理，仅在2013年尼克就花了全部积蓄——34 000美元去各地旅行并参加比赛。在即将继续辛苦工作好几个月之前，如果未能在"蓝洞"挑战赛中打破任何纪录，他会认为整个一年都是失败的。

尼克很确定比赛医生——来自德国的芭芭拉·杰斯克（Barbara Jeschke）在当天晚些时候对他进行身体检查后必然会取消他的参赛资格，但她告诉尼克，他的耳朵很健康。他从来没有抱怨过肺部。如果她把听诊器放在他的背上并倾听呼吸，就可能会听到水肿的声音，这是由肺挤压造成的——当毛细血管出血，血液和血浆会进入肺泡（肺气囊），经常如此就会对组织造成损伤。尼克前两年已经有过几次肺挤压，像其他潜水者一样，他只将其作为阻碍训练的小毛病。很少有人认真地看待肺挤压，也没有人认为其是致命的。毕竟，肺泡不是一个大的气囊，而像一串葡萄，每个"浆果"都能够通过自身的薄膜为血液充氧。人们普遍的想法是，即使一些"浆果"受伤，其余的也应能保持良好的功能。这可能就是尼克不告诉医生自己整个下午一直在吐血的原因。

杰斯克医生准许了他参赛。

第二天晚上，他在格林威治小屋参加了百乐餐①，这里是一个钓鱼胜地，距离迪恩斯蓝洞有20分钟的车程，雷恩和他的安全救援团队住在这里。来自16个国家的参赛者和其他运动员都聚在一起，他们煎炒自己钓来的鱼，做米饭和沙拉，有人在弹吉他，大家都在宽敞的大堂走廊乘凉。走廊外面是环绕式的甲板，人们可以俯瞰外面的红树林和加勒比海海景。尼克晚餐时喝着清凉的Kalik（一种波希米亚啤酒），浅棕色的眼睛闪闪

---

① 百乐餐（potluck dinner）是美国常见的一种聚餐方式，其规则是参加者各自带一个菜或其它食品、饮料，放在一起让大家自由取食。——编者

发光,尽显冷静和幽默。他表现得信心十足,准备充分。而实际上,他的眼睛在说谎。

尼克和约翰尼在长岛共同租赁一部车子,也租住在一起。11月17日上午,他们装载完毕潜水设备,约翰尼提出了一条建议。"如果潜水任何时候觉得不对劲,"他说,"就赶紧停止。"尼克不可能对自己的室友隐藏一切,实际上约翰尼已经发觉尼克受伤了,他自己也是一名经验丰富的潜水教练。自由潜水几乎不允许任何错误,对尼克而言也不例外。当尼克在海滩检录处遇到淳子时,他给了她一个大大的、温暖的拥抱,也说了一些让她沉思的话。

"我希望能够再次看到你。"他不自信地说。

"你在说什么呢?"她惊讶。

"我以为……嗯……你不是今天要离开吗?"他结结巴巴地解释。

"是的,但是我的比赛安排在你后面。一会儿海滩上见。"心烦意乱,他转身向海边走去。

"30米,35米,40米。"萨姆的声音响起,就像一阵风一样掀动了深穴上方16个国旗。观众站在海滩上或贴近漂浮的界线,他们踮起脚尖听着并期待着结果。淳子在站台上,就在萨姆背后,密切关注着她朋友的潜水进度。

萨姆斜眼看他的声波定位仪并权威性地宣布一个个新的深度,欢呼声"加油,尼克"和"挺住,尼克"此起彼伏。

"55米,60米!"一切都进展顺利,然而在68米的时候,尼克停顿了。"他好像要转身。"萨姆说道,随即众人又发出叹息声。几秒钟过去了,在自由潜水界这几秒成了一个难以忘却的时刻,萨姆等待尼克上升到水面。尼克静止着,当开始移动的时候,他没有上升。"等等,他仍旧……在下降。"

迈克感到局促不安,意识到尼克的决定是危险的。尼克第一次察觉到不适时没有立刻上升,这正是他两天前刚犯的错误,这次他又做了同样错误的选择。安装在目标深处的摄像机拍摄的画面显示,尼克当时看起来很难掌握平衡，所以他反转身体，直立，在 68 米处待了近 30 秒。水肺潜水员或者在暗礁下进行简单潜水的人都知道，此时气压就像老虎钳子一样挤压着尼克的脑袋。

水肺潜水员通过收缩身体和鼻孔出气来掌握平衡。自由潜水员，尤其是尝试打破深度纪录的自由潜水员，不能靠这种方式。相反，当肺部由于压力的增加而开始收缩时，他们会将腹部的空气移送到嘴里。自由下落中，他们需要保持喉咙紧闭，脸颊因充满空气而膨胀，就像花栗鼠吃了一嘴的橡树果子一样，这样在下落过程中他们就可以通过将空气由软腭移到鼻窦来保持平衡。这是一个微妙的技术，很难掌握，特别在国际竞赛耀眼的灯光下，潜水员尝试他们之前没有达到过的深度时。如果潜水员已经受伤，掌握平衡就更困难了。

然而随着时间一分一秒过去，尼克在他创造纪录的过程中克服了困难，并开始下降，这一次他的脚先往下落。几秒钟内，他到达了目标地点，寻找证明他到达了这一深度的标签。由于他身体位置翻转并且这个深度伸手不见五指，需要更多时间来找到底板，他搜寻的手臂动作不大但还是很明显，最终他找到了标签。一转眼，他便拔掉标签，将它放进潜水服里，迅速朝水面窜去，他奋力潜泳，看起来驾轻就熟。

由于海底镜头录像并不是实时的，因此外面没有人知道尼克在经历什么。可怪异的气氛还是让人感到不舒服。"不穿脚蹼就潜到那个深度，是困难又费力的。"迈克说，"我当时想'他在上升时可能会遇到困难。'"

当尼克上升时，萨姆及时宣布时间和深度，好让救援队随时做好准备，他以前从来没有这样做过，"这时最好对他做好准备。"他说。

3 分 38 秒的潜水后，尼克不畏困难凭借自己的力量游到水面，比计划多用了将近一分钟的时间。他做出了"OK"的手势，并试图说出"我没事"，这样他就正式完成了这一比赛任务。不幸的是，他的话有些乱，也没有移除鼻夹。未完成这一宣言的话这次潜水就会无效，但他没有放弃，至少不是马上放弃。在将近一分钟的时间里，他双手紧抓着比赛绳索，仍然清醒，但呼吸费力，不久就不省人事倒入雷恩的怀里。雷恩抱着他，呼唤他的名字，希望能够让他保持清醒，努力把他唤回到这个世界。

雷恩和尼克曾一起训练，他俩之前还一起乘雷恩的船"尼拉女孩"号（Nila Girl）去牙买加和古巴航行。雷恩的救援团队都持有救生员认证证书，队员们迅速聚到尼克身边，其中包括澳大利亚护理人员乔·奈特（Joe Knight）。雷恩和乔将尼克抬到附近的平台，在那里他失去了意识。芭芭拉·杰斯克医生试图救醒他。这时候，现场变成了噩梦。"他肺部有问题！"一位名叫马尔科·孔森蒂诺（Marco Consentino）的救援队员喊道。救援队将尼克翻过身来，血液从他的嘴里渗出，流到平台上，然后滴落进大海。威廉跳进水里，游过去参加救援活动。他们试图挽回尼克的生命，甚至给他注射了三支肾上腺素，但都没有奏效。

大约20分钟后，雷恩和其他人用冲浪板把尼克从平台运送到海滩，然后把他抬进本田旅行车，即这次比赛的救护车。10分钟后他们来到了维德·西姆斯纪念医疗中心，这是一个简陋的诊所，是由美国传教士在岛上海角处建立的，面积大约2 000平方英尺（1平方英尺=0.093平方米）。

天花板潮湿发霉，空调通风口锈迹斑斑，长岛的这个诊所负责处理岛上3 000名居民常见的疾病和创伤。处于生死关头时，这里并不是理想的急诊室。尼克到达诊所的时候，他已经没有任何生命特征，但朋友们都在为挽救他的生命而努力。在本田救护车上和到达诊所后，雷恩、乔、威廉和芭芭拉·杰斯克医生都轮流给尼克做心脏复苏，当地的内科医生伊薇特·卡特（Yvette Carter）也加入了救援行动，她宣布尼克于下午1:44去世。根据这项运动的管理机构AIDA（国际自由潜水发展协会）记录，尼古拉斯·梅沃利成为第一个在国际自由潜水竞赛中丧命的运动员。

参与救援的一行人来到诊所的几分钟内，其他运动员和他们的家人都聚集在山顶上。这个时候他们就是一个紧紧联系在一起的团队，大多数人坐在蓝花楹树下的草地上，远处可以看见波涛汹涌的海洋。一些人在祈祷，另外一些人拥抱在一起。一阵小雨过后，彩虹出来了。

雷恩光着上身出现在诊所门口，湿漉漉的潜水服挂在腰上："我们希望尼克在新的世界一切顺利，"他说，声音由于太激动有些撕哑，"我知道，他死于他喜欢的事情。"

"这是一项极限运动，"迈克说，他仍然在沉思尼克 68 米时所做的重要决定，"我们都必须瞬间做出决定，有时候还会为此付出代价。但正是尼克誓要完成并赢得这项挑战的决心才使他成为一名伟大的自由潜水员。"

尼克死后，人们怀念的不仅仅是他参与比赛时的激情，一年前，尼克来到岛上后没有住酒店或租房子，而是住在当地天主教堂的住宅区。他帮助教堂修补被飓风破坏的屋顶，并划船接送岛上的贫穷老人去银行兑现养老金，然后再载他们去集市买日常生活用品。

"所有人都喜爱他。"格兰特·格雷夫斯说。

下午 3:30 左右这句话得到了验证，当时大多数运动员都陆陆续续地回到他们自己租的屋子，淳子领着日本的代表团来到诊所的台阶上，他们手里都拿着鲜花，要求最后再看一眼尼克，并表达他们的敬意。十个人瞻仰了尼克的遗容——他被洁白的床单紧紧地包裹着，手摆出祈祷的姿势。一个接一个，这些日本自由潜水员在尼克的耳边低语，把白色的花朵撒在他的胸前，轻轻地啜泣并拥抱在一起。

在尼古拉斯·梅沃利死后，他的故事传开了，一场小众运动的悲剧一时间成了世界各地的头条新闻，引起了社会大众广泛的讨论。人们想知道为什么自由潜水员会参与潜水运动。这项运动到底有什么魅力，可以让运动员冒着生命危险纵身一跃，去追求那些并不显赫的荣誉？尼克的批评者并不能理解，运动员并非去追求外在荣耀。自由潜水本身就是一种荣耀。

"我非常喜欢这种别人无法涉足的旅行，"迈克说，"在深水中的感觉很奇妙，你也许不应该待在那里，但这种体验让你感觉到自己牢牢掌握着身体和灵魂，给内心带来了平静。这就是真正的收获。"

从迈克和其他人的描述来看，自由潜水是一项既寻求身体极限的运动，同时还是一种精神体验。当克服恐惧潜向大海深处时，在巨大的黑暗深渊里他们就变成了纯粹意识的一个点：时间慢了下来，他们下降得越深，大海也似乎挤压得越紧，直到他们与大海合二为一，完全迷失了自我。

怀疑者认为这样的感受可能根植于化学反应，压力作用于人体就会压缩身体器官，这样不仅会导致流鼻血、气管和毛细血管出血，还会出现一种氮醉的状态，直到潜水员变得悸动兴奋，这种感觉既可以让人产生幻觉也可以让人更加清醒。但这并不适用于自由潜水者，他们仍然需要从中得到自己想要并上瘾的东西，正因如此，尼克愿意用他的全部积蓄去漫游全球，参加一个个比赛，下潜得越来越深，仿佛只有消失在黑暗中他才可以看到光明。但如果尼克和所有其他运动员关心的只是潜水，认为潜水结果不如潜水过程中的体验重要的话，为什么自由潜水运动员们要互相竞争呢？为什么尼克在 68 米深的海底停顿却不直接游上来？

尼克的死让 2013 年"蓝洞"深度挑战赛就此截止，次日人们举行了一个纪念仪式。大约 80 个人参加了这个仪式，包括所有的参赛选手以及熟悉并喜爱尼克的几个当地居民，他们聚集在"蓝洞"边缘的月牙状白色沙滩上。人们都穿着他们最好的衣服，有些人身着沙滩装。三位女士在遮阳伞下挽着手臂静默站立；一对巴哈马夫妇赶到这里并献上了野花；一位女士把鲜花放在了陡峭的石灰岩悬崖脚下。"蓝洞"的扩音器里仍播放着 The Shins（来自美国新墨西哥州的四人乐队）的低唱，除了前一天尼克接受治疗的平台被固定在了海滩上之外，其他所有比赛的设施已被清理，这是一片半英里（1 英里 =1.61 千米）长的绿松石浅滩，非常适合做明信片的背景。相比之下，浅滩附近的迪恩斯蓝洞呈深紫色，似乎在等待一次告别跳水。

附近米勒顿基督复临安息日[①]教堂神职人员——尊敬的卡尔·约翰逊（Carl Johnson）牧师以拉撒路（Lazarus）的故事开始了这一仪式：

[①] 基督复临安息日会（Seventh-day Adventist），是基督教的一个福音教派，源自 19 世纪中期美国的米勒派运动，该组织成立于 1863 年，以遵守圣经于创世纪中上帝所设立的每一周的第七天为安息日（Sabbath）（即星期六）（创 2：1-3）和宣扬基督再临为人所知。

"生活中的经验让你认为已经准备好了某些事情，但是你并没有准备好。"尽管他所表达的是悼念人群情感上的悲伤，其实他也是在感慨尼古拉斯·梅沃利的死和自由潜水这项竞赛。

悲剧之后，此次意外依然是个谜。尼克是怎么死的？一些非潜水界人士，如冒险家、瑜伽信徒和自由派人士，曾经聚在一起24小时谈论这件事。一年之后，他们的讨论仍在发酵。

"这种事情在自由潜水界从来没有发生过，"威尔·特鲁布里奇在纪念仪式后说，"在确切地知道发生了什么之前，我们没法搞清楚这是一件反常的事情还是自由潜水过程中本身就会发生的。"

大多数人认为尼克在68米做的决定是其死亡的祸根，但有些人已经开始接受这个令人不安的事实。截至2013年11月17日之前，自由潜水界一致认为丧失意识、流鼻血、肺挤压都不是大问题。国际自由潜水发展协会认为在竞赛中的安全记录能够证明这一点。在超过35 000起潜水比赛中，尼克是第一个丧命的运动员。之后，他们迫于舆论下承认：没有人可以确切地说超出人体承受深度的重复潜水对身体有何种影响，尤其是对肺部的影响。这不是"冲突学"的案例代表；也不存在调查研究。尼克死后，肺部挤压成了自由潜水竞赛公开的不齿秘密，不管他们承认与否，任何运动员都可能出现这种问题。

自由潜水员都在竞争下潜的深度。顶级运动员常说过度关注下潜深度会影响下潜的体验，下潜更深的唯一办法就是忘记目标深度，专注下潜的感觉。然而不可逃避的事实是，当运动员攀绳下潜时，下潜越来越深是本能的反应。从根本上说，自由潜水就是一个自我矛盾的困境、一个禅宗公案、一个无解谜语。

每次运动员到达一个新的深度，就会再次充满能量，同时也感到自豪。当天晚上会在成就感中睡去，当第二天早上醒来时，就有了另一个新的目标、新的深度——新的下潜数字。这样运动员就很难放手，除非已经达成该项突破：初学者如此，对于想打破纪录的竞争者，尤其对于尼古拉斯·梅沃利则更是如此。"我们都知道尼克的情况，"雷恩说，"他宁愿伤害自己也要打破纪录。"

毫无疑问，尼克想要打破深度项目的各项纪录，但这些并没有让他自负。尼克不是那种爱慕虚荣、洋洋得意的人，他把赢得的奖杯和奖牌赠给了别人，对这些丝毫没有兴趣。他的母亲、叔叔和姐姐——这些他最亲密的人都不知道尼克是美国最棒的自由潜水员。所以是什么驱使尼克去到那么深的地方呢？尼古拉斯·梅沃利究竟是一个怎样的人？自由潜水的未来发展将会如何？顶级运动员会开始克制他们的野心，又或者尼克的死亡会更加刺激这些人去克服恐惧，一往无前乃至粉身碎骨也在所不惜？

在纪念仪式上，萨姆·特鲁布里奇朗读了尼克的母亲贝琳达·鲁兹克（Belinda Rudzik）寄来的一首诗，名为"生活之歌（A Song of Living）"，作者是美国诗人阿米莉娅·约瑟芬·伯尔（Amelia Josephine Burr）：

> 因为我热爱过生活，所以我死得并不伤心。
> 我让我的喜悦展翅飞翔，消失在蓝色的天空。
> 我欢呼雀跃，与雨共舞，将微风揽在我的胸前。
> 我的脸颊像一个昏昏欲睡的孩子一样贴近曾经路过的土地。
> 因为我热爱过生活，所以我死得并不伤心。
> 我吻过年轻恋人的唇，我听到过他最后的歌声，
> 我拥有朋友的忠诚，坚比金石。
> 我知道天堂的平静，那是做完工作的舒适。
> 我曾渴望在黑暗中死亡，但我成功活着离开地狱。
> 因为我热爱过生活，所以我死得并不伤心。

念完这首诗，大家一起游到迪恩斯蓝洞的边缘，围成了一个圈。他们把花扔到水中间，一起吸了口气，潜到水下的悬崖边。这些潜水员像芭蕾舞蹈员一样优雅，游过杜衡花和箣杜鹃，越过沙泉，进入黑暗深处。游

上来的时候,格兰特让他们凑得更近些。

"当我们打破国家级或世界级纪录时,会遵循传统在潜水员周围拍溅水花。让我们来庆祝尼克这多彩的一生,就像我们在洪都拉斯庆祝他打破纪录时一样。让我们尽情拍溅吧。"

潜水员聚在一起,充满悲伤和焦虑,他们知道自由潜水已经和以前不一样了,开始释放感情去拍打水面,为了纪念,也为了发泄愤怒。这里有笑声,也有眼泪。迪恩斯蓝洞也在咆哮。

2
水孩子

　　早上墨西哥湾沿岸地区阳光明媚，这是海湾沿岸典型的好天气，约瑟芬·奥夫夏尼克（Josephine Owsianik）拿着一大堆衣服，带着她18个月大的外孙子尼克穿过厨房来到游泳池的甲板上。在这样的早晨，每个人都感激生活，尤其感激生活在佛罗里达州。约瑟芬更加幸福并心怀感激：她不仅可以远离新泽西州的冷漠街坊出来生活几周，还有蹒跚学步的外孙的陪伴——尼克是她的生命之光。

　　如果是在新泽西的话，美好一天应该是这样的：约瑟芬的女儿和女婿都外出工作了，尼克的姐姐也去学校了，仅她和尼克两个人在家，如此安静的早晨让她着迷。打破这份宁静的只有她找斯莫基（Smokey）的时候，斯莫基是一只黑白色的可卡犬，可卡犬和玩具熊是尼克片刻不离的伙伴。小男孩去哪都要带着这个玩具熊。尼克总是喜欢在地上拖着它玩，所以尽管是新的，玩具熊各个部位已经被重新拼凑一遍了。玩具熊的身上有一个音乐盒子，当尼克扔玩具熊时，约瑟芬就会听到摇篮曲。当初在圣诞节送给尼克玩具熊时，他才刚开始学说话。尼克很快称它为"狮子熊"，他认为它既是狮子也是大熊。

　　此刻正是1983年初，在圣彼德斯堡市一座新建的房子里，约瑟芬就这样看着东倒西歪刚学会走路的尼克拖着"狮子熊"在后院里玩耍。这栋房子是一个1 200平方英尺的单层普通建筑，由煤渣砖砌成，构成材料还有灰泥、木头和石头，除此之外，房子还配有一个泳池。尼克的家人用每平方英尺 50 美元的价格将其买下，那时一个街区也就两三所房子，周围有许多中国凤凰树。佛罗里达州是当时美国发展最快的几个州之一，在这生活的每一天都很激动人心。天气温和，房地产非常便宜（这所房子现在的成交价为每平方英尺 21 500 美元），一切似乎都有可能。一夜之间，社区就从贫瘠且一无所有的土地上拔地而起。

乔茜（"约瑟芬"的昵称）抬头看着蔚蓝的天空，闭上眼睛，感觉到阳光照射在她的脸上，然后开始晾衣服。几秒种后，可卡犬斯莫基穿过后门撞到了尼克，让后者摇摇晃晃悄无声息地掉进了游泳池中。可卡犬疯狂地叫了起来，"狮子熊"倒在地上唱起了摇篮曲，乔茜转身看到斯莫基盯着游泳池又充满内疚地看着她。

乔茜惊慌失措地冲到泳池边，脱掉鞋子，正当低头准备往下跳时，她看到尼克圆胖的脸颊鼓鼓的，两个大大的亮褐色眼珠像飞碟一样，看起来开心又镇定。当尼克再大一些的时候，乔茜告诉他："就在那时，我知道你会成为一条鱼。"

1981 年 8 月 22 日午夜钟声敲响时，尼古拉斯·劳伦斯·梅沃利三世出生。他的爸爸出生时取名为小尼古拉斯，后来改名为拉里·梅沃利（Larry Mevoli），在格林维尔（Greeneville，位于田纳西州）的塔斯库勒姆学院读书时遇见了尼克的妈妈。拉里在兄弟会的一个哥们儿为他和贝琳达搭线，于是他们一起去跳了舞。除了他们都来自泽西岛的大家族以外拉里和贝琳达对彼此一无所知，但这在 1970 年田纳西的一个小小学院并不是一件小事。拉里是意大利裔，而贝琳达是波兰裔，她觉得跟他会有共同兴趣，而他对她也有一些感觉。拉里和贝琳达伴着杜沃普摇滚乐和早期摇滚乐曲一起跳舞，此刻这两个来自东海岸工人家庭的年轻人似乎找到了彼此的慰藉。

那一年，他们相爱了，后来贝琳达又怀了孕。为了躲避征兵而入学的拉里迫于生计不得不离开学校，做了两份工作。白天他在学校食堂的厨房打工，每小时赚取 1.25 美元，晚上在格林维尔的一家休闲酒吧打杂，每小时有 1.75 美元的薪酬。他们住进了贝琳达认识的一名教授的拖车里，在新泽西州的市政厅结了婚。当珍妮弗（Jennifer，昵称"珍"）出生时，拉里在那家酒吧兼做大锅饭厨师和酒保，但不久他们就搬去了田纳西州的丘陵地区。

1972年珍出生，1973年贝琳达毕业，很快他们就搬去了拉里父母尼克（Nick）和多莉（Dolly）居住的西佛罗里达，实际上拉里的父母也刚搬到那里不久。新家让贝琳达着迷：这里有一串串岛屿和桥梁，绿色的墨西哥湾衔着宽阔的白色沙滩，坦帕湾（Tampa Bay）上码头平静，圣彼德斯堡市有很多灰泥建筑，阳光充足，它有东海岸的海拔和热带多雨的气候，也有廉价的天然气和进口食品。马路宽阔平坦，没有交通拥堵，生活压力也不大。贝琳达作为一个天主教女孩，对自己的婚姻本质有些内疚，因此她和自己的家庭有些疏远，圣彼德斯堡的新鲜感吸引了她。这里对贝琳达来说就是一张白纸，没有任何背负的回忆。

彼时佛罗里达的居民还不太多，"候鸟"老人也还没有大批迁往这里过冬。即便当他们来到这里，也不是所有的退休人员都可以享受安逸的老年生活，拉里的父亲就是其中一员。老尼克是个屠户，他之前在新泽西州奥克林（Oaklyn）开了家肉店，一干就是30年。后来他卖掉了它，搬到了阳光充沛的地方，尝试着什么都不做，但很快发现这样非常无聊。他不会打高尔夫球，也不是渔夫，更没有什么爱好，所以当拉里在佛罗里达电力公司（Florida Power）的汇票业务部门与电脑打交道时，他的父亲重新开始做起肉店生意，在1974年办起了"乔治市场"（George's Market）。

拉里小时候曾在他父亲原先的肉店里切肉，后来在父亲的新店面里找到了一份工作，他认为当老尼克真正退休时，自己就会继承这个"乔治市场"：其年总值很快就超过了500 000美元。与此同时，贝琳达逐渐发现她显然与拉里不是合适的一对。拉里喜欢社交，梳着光滑的背头，嘴边随便就能有一千多个故事，或真实或夸大。贝琳达是一名私立天主教学校的老师，也是一个内向且更善于观察的人。她喜欢去安静的地方，不喜欢吸引人们的注意。拉里追求刺激，喜欢流行的事物，他的妻子则喜欢把自己隐藏起来甘愿做人形背景，日子一天天过去，他俩觉得彼此越来越不合适。

他们在一起时也拥有过美好时光。拉里那时充满魅力，贝琳达发自内心地爱他。一天下午，他们长途开车来到了圣彼德斯堡附近的塞米诺尔（Seminole）村庄，这里后来成了郊区。他们买了一块土地，拉里向妻子承诺有一天他会给她建造一座他们梦想的房屋。之后一个闷热的夏夜里，当八岁的珍睡着时，他们享受着午夜降临。他们做爱了，一个"水孩子"十个月后即将出生。

这次是意外怀孕，但他们接受了这个事实。父亲的小店开始有起色，除了睡觉，拉里开始投入他所有的时间来经营家族生意。在下午，贝琳达经常会光顾"乔治市场"来拿一些日用品，也是在这个店里，恰巧贝琳达的羊水破了。后来的事情也许是一个时代的标志，当时美国文化与今天很是不同，对丈夫的要求不高，但也许只是拉里个人难以改变的性格缺陷：他给了妻子一堆塑料袋让她垫在汽车座椅上，并把她搀扶着送到商店门口，他说下午商店正忙，自己得待在商店里。于是贝琳达自己开车回家。直到商店关门几个小时之后拉里才回来，开车送贝琳达去医院，就这样，尼克出生了。

大大小小类似这种怠慢疏远了他们彼此之间的距离。家里有两个孩子，就有两倍的工作要做，拉里全身心地扑到店里工作，贝琳达感到被抛弃和背叛。她要一个人养育孩子做家务，同时还有自己的全职工作。珍会做力所能及的事情，比如帮弟弟换尿布、做午饭、给弟弟读书，晚上哄弟弟入睡。珍非常能干，但她也还是个小学生。

在经历这一切之后，尼克还算快乐地长大，至少一开始如此。当斯莫基把他推到游泳池里时，他喝了足够的水也对潜水上了瘾。他的第二个生日礼物是玩具潜水装备，装备里有一组空气箱和一个面罩，尼克经常把它们组装起来戴着跳进水里，能在水下待多久就待多久。尼克四岁时，他的父母开始起冲突。每当父母争吵，两个孩子就跑出来。珍会在后院或前面的街上漫步，而尼克则会潜在游泳池底，攀附在水中梯子的最低处。隔一会儿，他会浮出水面听听争吵是否结束。如果还在争吵，尼克会吸口气，继续潜到水里。

一天晚上，贝琳达递给拉里一份离婚协议书。当时贝琳达还给拉里做了晚饭，该吃甜食的时候，她毫无征兆地硬塞给拉里这份协议书。贝琳达已经把拉里的衣服打包好，她清理了他的盘子，把行李袋递给他，并最后一次请他出去时，拉里感到很困惑，但并没有与贝琳达争吵。他虽然埋怨离婚听证会，但还是接受了听证会的条款。拉里得到了车、"乔治市场"还有塞米诺尔那片土地。贝琳达得到了房子，也获得了她的自由。当时，尼克五岁。

拉里和贝琳达都在 1988 年再婚了。弗雷德·鲁兹克（Fred Rudzik）是贝琳达所在学校的音乐老师，他搬进来与贝琳达和孩子们一起生活。与此同时，拉里就像幽灵一样。他承诺去学校或家里接尼克，但都会迟到，每次都让孩子独自站在马路边等待，有时候甚至压根就没来。每次当珍和尼克去看望拉里，他的三个继子或继女都会在场而非他们三人共处。

拉里建成了他梦想中的房子：他为新妻子玛丽（Mary）建造了一座 10 000 平方英尺的宅邸。一天下午，拉里把他所有的孩子带到施工现场。"乔治市场"现在成了他的，每年营业额达 150 万美元。拉里指出珍和尼克未来的房间。他承诺当房子竣工，事情会有所改变，他们将跟他住在一起，有自己的房间。但是，当房子终于建好，珍和尼克来参观时却发现根本没有他俩的房间。通常放假期间他俩来看望拉里时，总觉得有些格格不入：拉里在忙着照顾他俩所不熟悉的那些孩子，玛丽太忙也来不及招呼他俩。小孩尖叫，狗也在咆哮，拉里的生意伙伴白天黑夜都前来拜访，珍和尼克只能坐在沙发上互相依偎着，看着父亲为照顾这个家而忙得焦头烂额。

他俩都是父母两次开心地结合而带来的意外，姐弟俩既内向也外向，既安静也活泼，喜欢冒险，敏感而又深沉。他们会一起沿着弯弯曲曲的道路散步，尽管这样有时候让他俩感到些许悲伤，但同时也让他俩的感情变得很深厚。

父母再婚时，珍 16 岁。她非常美丽，有着橄榄色的皮肤和一双大眼睛，拥有 A 型血女孩的冲动性格，日程总是安排得满满的，没有时间去思考杂事，这正是她真正想要的。她花了大量的时间去参加教会组织，参加学校的排球队，跟她的男朋友一起学习，甚至加入了全国优秀社团。而尼克仍旧是个年幼的男孩，他很少抱怨；事实上，他很少说话。他是一个内向且喜欢沉思的人，将痛苦憋在自己的心里。他仍然很喜欢水，如果没有他的叔叔保罗的话，他的天赋可能就不会被发掘出来。

保罗·梅沃利（Paul Mevoli）是拉里的弟弟，在 1989 年的夏天母亲多利给他打电话时，他还不满 30 岁，刚从牙科学校毕业并开始实习。保罗活得仍像个大学生，沙滩长椅是他客厅的家具，带着晚餐出来看棒球比赛也是他一贯的作风。对保罗来说，房子不代表家，只是一次次探险的暂歇处。他参加过赛车比赛，曾经和好朋友在马拉松[①]礁岛（Marathon Key）租过一间房子，一起在那里潜水摸虾并捉鱼。保罗年轻英俊还能挣钱，他生活得很好。但电话另一头母亲带来的消息似乎不大妙：拉里本来应该去看珍和尼克，却偷偷爽约了，而前一天在领着尼克和其他孩子去商场之前，拉里让尼克足足等了五个小时。奶奶多利担心尼克变得太安静了，希望有人陪着尼克让他快乐起来。保罗比拉里小九岁，他不是特别担心珍，她已经为上大学做好了准备。他担心尼克，没花太多工夫，保罗就知道应该怎么做了。

几天后，尼克来到了代托纳国际赛道[②]，周末时保罗除了其他比赛外总会来这里参加这场比赛，因为他加入了运动赛车俱乐部系列赛事。预赛期间，保罗把自己的高性能跑车开到汽车修理区，和尼克一起换轮胎，检查引擎并加油。保罗称尼克是他的全能加油维修助手，在尼克的帮助下，保罗在决赛得了第一名。

尼克非常喜欢赛道，也更享受在马拉松群岛的旅行。在贝琳达听说

[①] 马拉松（Marathon），是美国佛罗里达州下属的一座城市，建立于 1999 年。——编者
[②] 代托纳国际赛道（Daytona International Speedway）位于美国佛罗里达州的代托纳海滩。自 1959 年建成以来，一直被用作代托纳 500 赛事的主办场并承办 NASCAR 等著名赛事。除了 NASCAR，还接连举办 ARCA、AMA 超级自行车、美洲公路赛车协会、美国运动汽车俱乐部及摩托车越野赛。——编者

尼克去了代托纳国际赛道的事情后，保罗游说了她好一会儿才使她同意尼克加入自己的"邦佐"（Bonzo）号团队。这一团队本来由四人构成，除了保罗还有帅气的领队克雷格（Craig）、像牧师一样善良、乐观聪慧的蒂姆·斯科特（Tim Scott）以及被称为"水手男孩"的大卫·希尔特（David Schilt）——他6.4英尺高，是一个出生在纽约的爱尔兰裔，现在在佛罗里达州当侦探。过去十年里，这四个好朋友都会在龙虾旺季去马拉松地区。尼克第一次随队"出征"时才九岁。

尽管1号高速公路（Highway 1）南部的终点站基韦斯特（Key West）以及北边的基拉戈（Key Largo）更受媒体吹捧，实际上马拉松地区才是著名的佛罗里达礁岛群（Florida Keys）最美的地方。这里没有大型或时尚的酒店，也没有声名狼藉的餐馆及酒吧。马拉松的水最迷人。它是一个平坦的野外岛屿，四周有红树林和游船码头，岛的一侧是绿色的墨西哥湾，另一侧是蓝色的大西洋。这里是人们理想的度假场所，也是商业渔民以销售石斑鱼和龙虾为生的地方。但售卖龙虾的旺季到来之前，对于休闲渔民来说现在就是一个小小的捉虾旺季，"邦佐"号船员就属于这一类渔民，他们会花几天的时间挖洞，为七月下旬捕捉龙虾的合法48小时活动做准备。

在开放日，墨西哥湾会有数百艘蓄势待发的渔船，是由来自全国乃至世界各地的游客驾驶的。早在1992年，保罗和他的伙伴们就购买了较为破旧的船"邦佐"号，它是一艘1973年的专线产品，发动机盖用胶带捆着，船体是拼凑起来的，玻璃纤维甲板也已经脱落：它看起来似乎是直接从一个垃圾场拉来的。尼克第一次登上"邦佐"号就爱上了它。尼克从小就喜欢待修缮的东西。

"你为什么叫它'邦佐'号？"尼克经过一天的探索，在冲洗甲板时问道。

"你没有听过'野人邦佐'（Bonzo the Wildman）吗？"保罗问他，喝了一小口啤酒。尼克摇摇头。"他以前是旅游嘉年华的一分子。你应该会喜欢他。告诉他关于邦佐的事，'水手男孩'。"关于这方面，"水手男孩"展现了他最好的杂耍表演。

"来来，都来看看！来看'野人邦佐'！他要发狂了！"

"他怎么啦？"保罗像孩子般好奇地问道。

"他踩到了植物的倒钩刺，所以才变得如此狂野！"

尼克随着他的叔叔及其朋友们一起咯咯地笑，任谁都会被"水手男孩"的滑稽动作逗笑。"邦佐"全体船员聚集在基韦斯特的第一个晚上，"水手男孩"在他们晃荡的所有酒吧里表演他那"野人邦佐"把戏。不是每个人都能看懂他的杂耍或发现它的好玩之处，但是"邦佐"号的船员并不介意。幽默和捕龙虾一样重要，尼克明白了这一点。

在马拉松的整个星期，尼克一直做着干杂活的跑腿工作。他收集装备，开啤酒，把加重带放在一起，记录龙虾网的数目，并帮助侦察虾洞。他的叔叔保罗（又被称作"浑蛋船长"）大部分时间都在指挥或大喊大叫。"水手男孩"、克雷格（又叫"咸味水手"）还有蒂姆（又叫斯科蒂Scotty）也会对尼克提出要求并发号施令。尼克会不知疲倦地工作一天，一有机会他就去潜水。所有这一切都是新鲜的，并且令人兴奋，尼克最开心的日子就是捕龙虾的第一天。

那天的凌晨四点，一个呼喊把尼克叫醒了。"浑蛋船长"把他从客厅地板上的铺盖卷里摇醒。"快起来，孩子，"他说，"该去捕虾啦。"他们走出屋子，外面还是漫天的繁星。暖和的微风吹过隐藏着船舶码头的红树林，当保罗驾驶着"邦佐"号进入墨西哥湾时，天还没有亮。太阳升起时，天空和水似乎融合在了一起。天空被黎明暖黄色的阳光辉映着，空中的云朵呈现出粉色、橙色和金黄色。墨西哥湾对于尼克来说是无边无际的，这是一片巨大的海湾：浅滩上有温暖的绿色海水，爬满龙虾，它们藏在海底块状淤泥的裂缝和孔洞里。

保罗埋头于"邦佐"号的"神经中枢"：一个边角都皱了的全球定位系统（GPS）坐标活页夹——这些地点是知情人透露或他们自己发现的，他们要谨防对手知道这些坐标，对手偶尔会驾着美国最先进的渔船"嗡嗡"从他们身边经过。"这些人看起来像该死的西班牙无敌舰队。"保罗对尼克说，尼克此时正盯着另一艘靠得太近的闪亮新船，这艘船希望能跟着保罗占便宜发现龙虾洞。保罗于是假装什么也没有发现，任凭"邦佐"号漂浮。

"你发紧急求救信号（SOS）了吗？我们装满龙虾后就会把你们拖回海岸上。"另一艘船上的船长开玩笑说，他的船员也在指点并嘲笑破旧的"邦佐"号。因寡不敌众，"邦佐"号的船员只好保持沉默，尼克特别生气。

"这艘船的样子并不重要，尼克，"当竞争对手走了以后，保罗告诉尼克，"重要的是谁在这艘船上。现在，放一个记号在那儿，就在那边。"保罗用自己的手电筒照着绿色水面下的一个黑点，尼克把荧光棒放入泡沫浮标，并把它扔进那片水域，照亮了那个虾洞。克雷格和斯科蒂绑上加重带和潜水设备，下水去捞他们本季的第一桶金。尼克在他们之后也潜入水中，只穿戴着脚蹼和护目镜，递给他们渔网并把捕捉到的龙虾运到船上。

当克雷格和斯科蒂捉得差不多时，保罗就会带着尼克做一些自由潜水活动，教尼克掌握平衡以及如何使用金属标签去搜索记录龙虾弯弯曲曲的藏身处，发现后如何把龙虾赶到网里。刚开始时龙虾会逃掉，但是尼克决定继续捕捉，此时保罗浮出水面吸口氧气。当保罗回到水下时，尼克还在水底拿着网里的龙虾，左手里也有一只，脸上挂着大大的灿烂的微笑。这孩子是天生的捕虾好手。

在他们所有捕捉龙虾的秘密地点里面，保罗最喜欢石斑鱼峡谷（Grouper Gorge）：一片位于马拉松西端隧道的狭窄洼地，周围有一些巨型圆石环绕。这个隧道位于墨西哥湾与大西洋交汇处，不可预知的水流不停地敲打着七里桥[①]的木桩。虽然在这片水流里探索具有很大的挑战性，但得到的好处也会更多：因为有营养物质在此交汇，这处海底峡谷一片生机勃勃，鱼虾众多。

[①] 七里桥（Seven Mile Bridge），位于美国佛罗里达州最南端的佛罗里达礁岛群，是串连群岛众多岛屿上 US1 跨海高速公路的 42 座桥梁中最长的一座，长度约为 7 英里（6.79 英里 ≈ 10.93 千米），故名七里桥。

当他们到达七里桥时，太阳升得更高了。尼克投掷了浮标，然后"水手男孩"掌舵，克雷格、斯科蒂、保罗和尼克则潜入水中。水流急促地锤打在他们身上，克雷格和斯科特不得不抓住礁石保持平衡，而尼克却游得轻松自在。他俯冲到水下12英尺，毫不费力地用他的脚蹼保持在原位置。身上的加重设备帮助了尼克，他在几分钟内抓到了3只龙虾。十分钟后，他就抓住了13只。他们在这个洞里中奖了，抓到了好多肥美的龙虾。保罗派尼克回甲板上拿来他的梭标枪。有了确定的龙虾洞，他们开始检查有多少石斑鱼，这是一种片状的白鲑鱼类，深为佛罗里达礁岛群的海鲜爱好者所喜爱。显然，尼克屏息时间是最久的，保罗很快又会发现尼克也特别能捕捉石斑鱼。保罗错过了岩石后面的那条，尼克却抓住了它。当保罗浮出水面呼吸空气时，尼克还在水下继续尾随鱼群狩猎。在休息期间，"水手男孩"用惊讶的眼神盯着保罗。

"尼克哪去啦？"

"你什么意思？他在水下面。"

"他在水底已经待了一分半钟了。"

"现在我也不知道了，保罗。"斯科蒂说。

"你们可别吓我，"保罗说，调整了他的护目镜，"我要去找他。"

保罗潜到水底，没有找到尼克。十秒过去了，保罗瞥见他的侄子正在两块岩石之间蠕动并准确地指给他射击的位置时，他有些恐慌和担心。保罗把枪递给他。他们拿着当天第三条10磅（1磅=454克）重的石斑鱼浮出水面时，尼克已经在水下待了差不多三分钟。"'水手男孩'很担心你，尼克。"保罗说。

"他到底是怎么做到的？"斯科蒂问道，保罗咯咯地笑。"我是认真的。这孩子怎么回事？"

"我不知道，斯科蒂。很明显他有潜水的天赋。"当尼克得意地把大石斑鱼丢到"水手男孩"的脚下时，"邦佐"号的船员一起如释重负地笑了起来。

他们在这个峡谷找到了几十只龙虾，这已经超过了法律规定的限制数目。保罗指示尼克来挑选这些龙虾，并把小个头的扔回去，其中有几只龙虾是尼克第一次狩猎的辛苦收获并仍然活着。"抓它们很有趣，"保罗说，"但我们应该做生态环境的好管家。不能破坏这个地方，也不应该超出我们应得的份额。记住这一点。"尼克点点头，在保罗的指导下，他们放生了好多小龙虾，只剩下了30只大个的。他们在海上不到两小时就抓够了最大限额的龙虾。按照传统，人们应该饮酒庆祝，这个孩子在大人们享受百威淡啤（Bud Light）的时候，为自己要了一杯可乐。他们一起碰杯，保罗领头祝酒：

"一往无前，'邦佐'号！"

大家欢笑着，喝着啤酒并享受着阳光和大海的美景，两小时前遇到的那只船经过时，"邦佐"号仍停留在石斑鱼峡谷那个隧道。"哥们儿，你们在水下找到的龙虾多吗？"船长嫉妒地问道。

"你们发现了多少？"保罗问，打开了另一瓶啤酒。

"老实说，我们没有那么好运。"

"那的确太糟糕了。"斯科蒂说，他打开两个冷柜，里面装满了龙虾和石斑鱼。"邦佐"的船员看了下自己的收获，又相互看了下对方，然后瞟了眼他们的竞争对手，再一次大笑起来。

3
何为"自由潜水"

"最广泛的定义就是'在水下找乐'。"威廉·特鲁布里奇在被问及如何定义这项运动时说,"你可以在水下捕鱼,也可以为了深度、距离和时间去潜水。任何测验你在水下极限能力的活动都可以算'自由潜水',但你不一定非要去测验自己的极限。正如你爬山是为了去看风景,在自由潜水中你也可以得到同样的乐趣。"

"这是一种生活方式,"前世界冠军卡洛斯·科斯特(Carlos Coste)说,"自由潜水是大海里的生活哲学。它探测你的极限并挑战你的能力,同时又使你不断提高自己。"

"对于我来说,"迈克·博德说,"这是一项既挑战身体又刺激精神的运动。我可以克服一个个障碍,打破一个个极限。"

"它是完全的自由,"以色列的纪录保持者亚隆·霍里(Yaron Hoory)说,"那一刻你漂浮着,与海水融为一体,成为自然环境的一分子。我在其他任何环境中都得不到这种沉思的感觉,似乎已脱离尘世。这是一种治疗,对许多人来说都是。一旦发现了这种感觉,就会沉醉其中并为此改变自我。"

问一百个自由潜水者同样的问题,你会得到许多独特的回答,但是一件事是肯定的:自由潜水的概念包容万千,只要潜到游泳池底或触摸礁石,就算潜过水。数千年来,自由潜水在世界各地都是一种生活方式而非仅仅一项竞技性运动。

在古希腊有采集海绵的自由潜水员——现代希腊也有，甚至在美国的希腊风情小镇地区，如佛罗里达州的塔彭斯普林斯（Tarpon Springs）还存在这种职业。在四世纪，罗马自由潜水员就像早期的海豹突击队，他们可以建造或摧毁水下的防御屏障。在日本和韩国文化中，海人①（Ama）两千多年来都通过自由潜水来寻找牡蛎和珍珠。数百年来，欧洲、非洲、波利尼西亚和东南亚地区的捕鱼人和捕虾人也都会以自由潜水的方式渔猎。

潜水捕鱼仍然是一种最为流行的自由潜水形式，它将原始的采猎行为与现代潜水竞赛联系在了一起：许多自由潜水员也是海底捕猎能手。就像在陆地上的猎人，潜水渔民会身着伪装服（这里是指"迷彩"潜水服），激情地追逐猎物，但他们同时也是食物链的一部分。他们的猎物会引来如狼似虎的远洋白鳍鲨，甚至是大白鲨，它们也想吃掉这些鱼虾。聪明的渔民会提前把部分捕获到的猎物扔给这些鲨鱼，而倒霉的渔民就不仅仅是失去自己辛苦捕来的鱼了。不管是在比赛还是在狩猎，技巧都是一样的：这两个群体已经学会了掌握自己的生理机能，潜水员都要克服不适和恐惧，一次性屏住几分钟的呼吸潜到大海深处。

直到1949年，自由潜水才变成竞技性运动，当时意大利空军上尉雷蒙多·布赫尔（Raimondo Bucher）在卡布里岛（Capri）的一个湖中潜到湖底30米处，赢得了50 000里拉②的赌注。他绑上东西增加了自己的重量，在水底留给等待在那里的水肺潜水员一个包裹以证明自己到过那里，然后借助脚蹼回到了水面。这次潜水部分依靠特殊天赋，部分属于运动壮举，它需要巨大勇气，因为当时医生认为人不可能活着自由下潜到这样的深度。

这些医生以罗伯特·波义耳（Robert Boyle）在17世纪发现的物理学

---

① 海人是在日本近海以潜水方式捕鱼及采集鲍鱼、珍珠等为生的人，男性称为"海士"，女性称为"海女"，但皆读为"あま"。现今以海女为主，已形成独具一格的文化。——编者
② 里拉：现在是马耳他和土耳其的标准货币单位，也是意大利在使用欧元前的货币单位。——编者

定律为说明——在今天被称为波义耳定律。它指出，压强和体积成反比。随着气压的升高，气体的体积会同比减小。拿气球为例，在地表它的大小和内部的气体体积保持不变。然而，在压力下气球会收缩，因此气球内部气体的空间就变小了。对于自由潜水员来说他们的肺部就是这个气球，潜水前最后一次呼入的空气就相当于气球内部的气体。

像气球一样，在地球表面上人体承受的压力是适中的，通常为1 ATM[①]（1个大气压），但是随着潜水员下潜到海平面以下，由于水的密度大于空气，压力就开始增加。在水下10米时，潜水员受到的压强是2个大气压，在20米时，他受到的压强是3个大气压。科学家们认为随着压力的增大，肺就会持续受到挤压。在2个大气压下时，肺会缩为正常体积的一半；在3个大气压下时，肺会缩成正常体积的三分之一。在水下30米时，也就是布赫尔上尉着落的深度，他的肺是正常体积的四分之一，科学家们确信这必将致使他的胸腔破裂，进而引起致命的内出血，导致死亡。布赫尔证明他们错了，由此也开启了一个永远没有尽头的竞赛：去成为世界上潜水最深的人，更重要的是挑战人类认知的局限性。多年来，早期的自由潜水员不断刷新着人类生理学的极限，而医生依旧不认同他们的行为并提出警告。

1966年（布赫尔打赌17年后），了不起的意大利自由潜水员恩佐·马约尔卡（Enzo Maiorca）把纪录延伸到62米，直到被美国的海军潜艇水兵鲍勃·克罗夫特（Bob Croft）超越。克罗夫特是技术潜水员的先驱，他在劳德代尔堡（Ft. Lauderdale）潜水到64米。这两位潜水员都是负重潜水，然后沿着绳索浮出水面。克罗夫特两次打破了他的个人纪录，为了比赛几乎倾家荡产。在潜水前，马约尔卡和克罗夫特都不会特意休息。据说在挑战纪录前夜，克罗夫特会吸烟、喝威士忌直到凌晨一点。他们的肺活量很大，这意味着身体可以使用更多的氧气。当时肺活量的优势让马约尔卡和克罗夫特在潜水方面出类拔萃。

---

① ATM：大气压，大气压强的单位。——编者

他们的成绩比拼让人眼晕、心跳加快，因为每次潜水都是在用他们自己的生命冒险。没有人知道人类潜水深度的极限。如果人的胸腔在 7 个大气压下没有破裂，那么在 8 个大气压下有可能会破裂吗？谁会冒着生命的危险去证明呢？克罗夫特潜到 64 米深那一天，他的指挥官（一个水肺潜水高手）把克罗夫特拉到一边说："你知道这样会死的，对吧？"

几乎所有关注潜水纪录的科学家都表示赞同。即使是海军潜水员手册（克罗夫特的圣经）也说明如果有人潜水到 120 英尺（大约 35 米），其会因胸部受到挤压而死。克罗夫特很紧张，他的胃在海里被挤压得扭曲变形。"如果你正在做的事情可以让自己丢掉性命，但你却没有丝毫恐惧，"他说，"你要么是个骗子，要么是个傻子。"

科学家们的担心是有道理的，因为他们知道在水下深处压力会以令人难以置信的力量挤压人体。在水下 70 米深的地方，压力会达到每平方英尺近 17 000 磅。人的身体怎么能承受？研究人员发现马约尔卡和克罗夫特的身体在压力的作用下会发生生理变化。当肺部被压缩时，他们的大脑中好像一个警报响起——为了避免身体内部骨架崩溃，必须要做些什么了。这也就引出一个概念：生理黑客。

他们胳膊和腿部的血管会不由自主地收缩，推动血液填满体内其他血管真空部位，这样身体就变得不可压缩。设想在飞机上有一个塑料水瓶，如果在每次起降它都保持装满水的状态，瓶子形状就不会改变，但如果喝了一些，瓶里有了一些空气，那么瓶子就会被压缩变形。血液分流是自由潜水员的一个救星，尽管很少人知道它的作用。

1962 年，一位在美国工作的瑞典科学家佩尔·朔兰德（Per Scholander）通过观察韦德尔氏海豹血液的转变第一次发现了这个原理，他让一群人在水下做体操，发现了相似的反应。另外两个科学家也有一些相关发现：罗伯特·艾利森（Robert Allison），像朔兰德一样曾测量海狮深潜时的血液流向转变，并假设同样的现象可能会发生在人类身上。他让卡尔·舍费尔（Karl Schaefer）去寻找一个敢于尝试的冒险爱好者。作为一位战后由德国移民到美国的前 U 型潜艇指挥官，舍费尔率领潜水测验项目组在康涅狄格州的格罗顿潜艇基地做实验，让鲍勃·克罗夫特做实验对象。艾利森和舍费尔联手来监测克罗夫特血液的转移流向，实验对象需要在潮湿的高压氧舱做一系列的潜水实验。虽然克罗夫特的头顶距离水面只有几英寸，但这个实验"湿锅"可以模拟深度和压力对人体的影响。在里面他所受到的压力相当于在水下潜了70多米，后来舍费尔的信心和克罗夫特的直觉都给他自己以暗示：在真实潜水中他也会达到同样的潜水深度，这也是他去挑战马约尔卡潜水纪录的原因之一。

艾利森和舍费尔曾监测过克罗夫特在水下时的心脏、肺、大脑情况和血液流向变化，同时也注意到在一定的深度时，他的心跳会急速下降，这与艾利森在海狮那里观察到的现象类似。要知道，这可是二三十岁左右年轻人的心跳，在那之前只有从冥想修行的西藏僧人那里才能观察到同样低频率的心跳，普通人的平均心跳速率则超过每秒70下。数十年后潜水者的其他生理变化才被发现。例如，在深水下他们的心脏和大脑中的血管不仅不会收缩，而且还会扩张并充满氧分子，脾脏相反则会收缩，将新鲜的血红细胞输送至循环系统。血液由流体血浆和血细胞构成。因此，氧气就会搭上脾脏收缩时血红细胞里的流体血浆那趟顺风车，从肺部转移到肌肉和各器官组织。当马约尔卡和克罗夫特屏住呼吸时，他们已经切断了使大脑保持警觉和运转的常规供氧渠道。但是，当他们的脾脏收缩时，大脑和心脏中的血管会有目的性地扩张，更有效地让氧气到达最需要它的地方。这种现象即为哺乳动物的潜水反射——包括血液转移、心动过缓（极端心跳降速）和其他现象。潜水时，马约尔卡和克罗夫特既不是西藏修行僧侣也不是冒险者，他们正转变为海豚和海豹这样的海洋动物。

随着这项运动的成熟，运动员将学习如何最大化地利用哺乳动物的潜水反射，对此法国人雅克·马约尔（Jacques Mayol）有很大的贡献，他是马约尔卡和克罗夫特早期的竞争对手，也是第一个把瑜伽练习和哲学融合到潜水运动中的人。每次潜水之前他都要做伸展运动和冥思，竟争对手会嘲笑他，这些人总是依靠自己强大的肺功能和无所畏惧的勇气，他们知道自己在蔑视命运，训练自己的大脑去克服恐惧，并尽量潜得比任何人都深。马约尔则认为人体调节除了物质支持以外还有心智这一层面。他的理论是，如果他在潜水之前从情感、心理和身体上都是放松的，那么潜水时他会更高效地利用氧气进而表现更好，因为身心经过彻底放松后心率会比潜水之前的正常状态还要低。

马约尔证明了他的理论，他成了第一个潜水到 100 米深度的人。1975 年，他的潜水深度达到了 101 米，并在 1983 年将个人纪录刷新到 105 米。在此期间马约尔卡不断寻求突破他的个人成就：他到处周游潜水，想要击败马约尔夺得世界冠军，直到 1988 年他才突破 100 米，下潜到了水下 101 米。他们之间亦敌亦友的复杂关系给了吕克·贝松（Luc Besson）拍摄电影《碧海蓝天》（The Big Blue）的灵感，而反过来这部电影又激励了包括尼克在内的整整一代自由潜水健将，正是马约尔的理论将潜水运动推向更前并且走得更远。

其中最重要的是一种瑜伽姿势——收腹收束法（Uddiyana Bandha）或称腹部向上锁定法，认真训练参加竞赛的自由潜水员几乎每天都练习这一姿势。虽然人人都使用横隔膜呼吸，在多数人看来它是一个独立的收缩肌，它能够帮助我们呼吸，但很少有人知道如何去控制它。然而，对这些精通收腹收束法的人来说，例如像威廉·特鲁布里奇和其他顶级自由潜水员，横隔膜是可以完全控制的。他们可以使它沿着脊柱平展或将它吸附在自己的肋骨下直至消失，甚至可以像一个柔术表演家一样将它弄成波浪状。马约尔也开创了肋间肌延伸法，帮助增加胸腔的灵活性。通过身体调节和心智平衡这两项技能，现代自由潜水员可以将肺活量增加 20%，并使得他们的身体可以承受不断增加的压力。

对于自推进式自由潜水纪录的记载首次出现在 20 世纪 80 年代，当时负重式自由潜水还大行其道，并被冠以"无限制潜水[①]"这一名号。在

[①] 无限制潜水（No Limits）：潜水员下潜时借助重力装置，浮上来时借助浮力装置。

——编者

"无限制潜水"中，竞争者通过压载物（如配重块）潜到水底，然后给气球充满气体升回到水面。1989 年，皮平·费雷拉斯（Pipin Ferreras）在他的家乡古巴带着加重的海底滑橇潜到水底 112 米深，成了当时世界上潜水最深的人。接下来十年，费雷拉斯都在与马约尔的门生——意大利人翁贝托·佩利扎里（Umberto Pelizzari）来争夺潜水第一人的称号。

在 1999 年 10 月的一项"无限制潜水"运动中，佩利扎里打破了 150 米纪录，这是费雷拉斯从未达到的深度。但 2002 年 8 月在特克斯和凯科斯群岛（Turks and Caicos Islands），美国潜水员塔尼娅·施特雷特（Tanya Streeter）完成了一个震惊世界的壮举，她潜到 160 米深，打破了世界自由潜水深度纪录。

而这也为体育运动史上最大的悲剧之一埋下了伏笔。不到两个月之后，弗雷拉斯的妻子——法国人奥德蕾·梅斯特（Audrey Mestre）试图打破施特雷特的纪录，在多米尼加共和国（Dominican Republic），她准备潜水到 171 米深。梅斯特下潜到了 171 米深，但当她打开氧气罐的气阀（气球应该就会充满气体，带她到水面）时，里面并没有气体。一个救生员下来帮助她，把她带到了半途，但没有立刻浮出水面，否则救援人员也会有生命危险。弗雷拉斯最终佩戴着水肺游到水里，冒着减压病的风险把她带出了水面。

梅斯特在水下待了 8 分 38 秒，再没有活过来。有人就她的死亡在当时写成了两本书，也被娱乐体育节目电视网（ESPN）拍成了一部名为《无限制潜水》的纪录片。该片透露她的氧气罐是空的，弗雷拉斯训练并推动梅斯特去挑战纪录，在那天早晨是由他来负责填满她的氧气罐。谣言也透露梅斯特正打算离开弗雷拉斯，她的许多朋友怀疑这是谋杀。但当他们看到弗雷拉斯大胆的营救行动时，减少了怀疑，弗雷拉斯也没有受到指控。

梅斯特的逝去深为竞争对手所遗憾，但她的死并没有阻止他们继续追求潜水极限。奥地利人赫伯特·尼奇（Herbert Nitsch）是第一个潜水超过 200 米深度的运动员，"无限制潜水"纪录慢慢接近自杀的程度。

2006年在埃及举办了"无限制潜水"竞赛，来自委内瑞拉的世界冠军卡洛斯·科斯特（Carlos Coste）在尝试打破世界纪录时，不幸患上了严重的中风，是由气泡栓塞造成的（气泡堆积会堵塞血管）。在2012年的"无限制潜水"竞赛中，当尼奇尝试打破自己的纪录下潜到248米深时，也发生了类似的情况。尽管他后来恢复得不错，可是说话仍然含糊不清，左侧身体部分瘫痪。年复一年，他身体完全康复的可能性越来越小。

这些事故使得国际自由潜水发展协会的官方不再认可"无限制潜水"挑战纪录。他们的这项决定相当于承认当赫伯特·尼奇在2007年冲刺到214米深时，人类在这项运动中可能已经达到了生理极限。竞技性自由潜水比赛在六个项目上的纪录也许都达到了人类极限，但尼克、威廉和其他潜水高手的加入让这项运动的极限所在仍然成为一个谜。

1959年在摩纳哥成立了最早的自由潜水竞赛组织——世界潜水运动联合会（Confédération Mondiale des Activités Subaquatiques，缩写为CMAS）。他们主持裁定了马约尔、克罗夫特和马约尔卡之间的竞争，也促进了泳池竞赛的普及，但是在20世纪90年代，他们停止举行深度比赛，只专注泳池竞赛。借此机会，一个新的名为"国际自由潜水发展协会"（Association Internationale pour le Développement de l'Apnée；英文名称为International Association for the Development of Apnea，缩写为AIDA）的组织在尼斯（Nice）诞生了。

尽管赞助的企业很少，比赛经费有限，运动员还要自掏腰包参赛，国际自由潜水发展协会名下的年度竞赛却多达140多项。潜水深度比赛包括三个主要项目。

在"恒定重量"（Constant Weight）项目中，潜水运动员会穿着类似海豚尾部的单脚蹼下潜到水下。"恒重"是指他们在腰部或颈部携带的任何承重物，但不像"无限制潜水"，如果他们使用承重物帮助下降（几乎人人都用），游回来时必须也得带上承重物。

在"自由攀绳下潜"项目中，运动员不穿脚蹼沿着比赛绳索下潜到一定深度，然后回到水面，这个项目也需要承重物重量保持恒定不变。

最困难的项目是"恒重无蹼"（Constant No Fins），潜水运动员采取改良后的蛙泳方式潜水，整个过程不穿脚蹼，他们的承重物也需要一直携带。

近年来，这种自推进式自由潜水越来越流行，因为它非常纯粹——没有笨重的海底滑橇或氧气罐，也没有浮升气球。比赛中潜水员只依靠很少的设备、一条值得信赖的路线、物理定律以及自己与生俱来的抗水压能力，潜到水底且毫发无损地返回。与过去那些参加"无限制潜水"比赛的人相比，今天的自由潜水者更加接近海洋哺乳动物的状态，每一次潜水都具有纪念意义。

当然，运动员也都知道，要想成为开放水域的明星，就要在泳池中训练并参加比赛。泳池竞赛项目包括"动态有蹼"（Dynamic）和"动态无蹼"（Dynamic No Fins）项目。在"动态有蹼"项目中，潜水员穿着单脚蹼，仅凭一口气在泳池内尽可能地游上数圈。"动态无蹼"项目拼的也是距离，潜水者会采取蛙泳的姿势，不穿脚蹼。

或许"静态闭气"（Static Apnea）项目是最简单但也是最具有挑战性的项目。竞赛选手把脸沉浸到水里漂浮，憋气时间越长越好。在水下没有汹涌的水流分散他们的眩晕感，陪伴运动员的只有漫长的时间和紧紧憋着的一口气，同时体内二氧化碳增加，胸腔开始收缩和颤抖。也就是说，运动员会觉得很疼。在此项目上，塞尔维亚的布兰科·彼得罗维奇（Branko Petrovic）保持着11分54秒的男子世界纪录。女子纪录是9分2秒，为俄罗斯的纳塔利娅·莫尔恰诺娃（Natalia Molchanova）所有。

泳池训练对于参加深度项目的潜水员是非常重要的，因为他们知道如果想要下潜至100米左右，他们必须能够在水下憋气近六分钟。通过在"动态有蹼"项目中的训练，像威尔·特鲁布里奇和迈克·博德这样的运动员都锻炼了对乳酸和二氧化碳的忍耐力，有助于他们进行深度潜水，因为深度潜水时他们必须面对乳酸和二氧化碳的考验，也要应对负浮力[①]

---

① 浮力分为正浮力、负浮力和中性浮力。正浮力意味着物体排掉等体积水的质量比自身大，是浮在水面上的。因此，负浮力呈下沉状态，中性浮力则可停留在水中任一深度，不浮不沉。——编者

（negative buoyancy）才能回到水面上。

负浮力是水下的地心引力。当运动员潜水时，他必须奋力游到 10 米处的中性浮力区。而从 10 米游到 20 米深处需要大约一半的力气，当位于 20 米处时，负浮力开始对运动员起作用，使其像石头一样下沉。上浮的途中，潜水员还需要奋力摆脱负浮力，就像在猛烈的水流中逆行，上升到 10 米处时正浮力才会把运动员推到水面。深度潜水中最困难的部分在于，当运动员在水下已经待了很长一段时间后，他们还必须与负浮力做斗争。

不管参加哪个比赛项目，浮出水面后潜水员必须面对裁判，摘掉脸上所有设备（面罩、护目镜和/或鼻夹），做出"OK"的手势，并说"我没事"。如果他们在浮出水面后的 15 秒内完成这些动作，挑战就算成功，获得一张白牌并得分。如果没有在规定时间内完成，就会得到一张红牌同时没有得分。在"动态有蹼"项目中，如果运动员未达到目标深处就返回，或者提前潜入水中，又或者用身体或脚蹼破坏水面平静，便会得到警告并收入一张黄牌，这样他们非但要被扣分，其潜水成绩也不会被计入世界或国家纪录。

一些人认为人类自由潜水的历史已发展了数千年，迄今为止所有六个项目中的各项纪录都应该达到了人类的生理极限，但事实并非如此。今天的自由潜水者下潜得更深也游得更远，屏住呼吸的时间也长于人类历史上任何先有纪录。因此，现如今竞争激烈的自由潜水运动员并不仅仅是征服水的人，他们也是驾驭水的人。

大多数认真积极的自由潜水员在潜水运动中扮演着各种各样的角色。他们可能会在某一场参加比赛，下一场就当裁判，然后在另一场潜水比赛中担任安全救生潜水员。一些顶级的运动员都是教练，同时也几乎都是老师。早期有两所潜水学校，一所是翁贝托·佩利扎里开办的自由潜水学院[①]（Apnea Academy），另一所是柯克·克拉克（Kirk Krack）的国

---

① 因无相关中文标准翻译名称，编者暂作直译以供参考。

际自由潜水技能培训学院①（Performance Freediving International，PFI），这是他与前世界纪录保持者马丁·斯特帕尼克（Martin Stepanek）一起创办的。

当接触自由潜水时，出生在温尼伯的柯克·克拉克正在开曼群岛（Cayman Islands）从事技术潜水教练的工作，同时也经营一家水肺商店。不久之后，皮平·费雷拉斯和奥德蕾·梅斯特找到柯克·克拉克，尝试组织了一场世界纪录挑战赛——尽管这场比赛对自由潜水界影响并不大。柯克是早期将高效训练理念带入自由潜水界的人物之一：他发明了系列屏息训练方法和步骤，以及泳池深度练习方法，凭借这两种方法，来自新墨西哥州的美国运动员布雷特·勒马斯特（Brett LeMaster）在1999年打破了"恒定重量"项目纪录。在那时，佩利扎里和费雷拉斯是潜水界的名人，没有人听说过勒马斯特。柯克帮助他达到81米的纪录，震惊了自由潜水界，后来柯克继续训练自己的妻子曼迪（Mandy，梅斯特同时代的人物），也打破了七项世界纪录。

柯克近年来在训练"红牛"的运动员、美国海豹突击队以及像汤姆·克鲁斯（Tom Cruise）这样的电影明星。在克鲁斯主演的2015年电影《碟中谍5：神秘国度》（Mission：Impossible—Rogue Nation）中，柯克训练帮助克鲁斯在水下憋气6分30秒，这项训练是由国际自由潜水技能培训学院发起的，目标包括预防水下捕鱼造成的意外伤亡。据统计，每年至少有一百人会因水下捕鱼而意外死亡，几乎所有的死者在水面或离水面不远的水下空间都出现了短暂的晕厥，这种晕厥是人体对缺氧的自然反应，即使专业自由潜水员也会经常遇到这种现象。

氧气是大脑的养料，深度潜水过程中，当潜水员游泳并自由下落时，身体中的氧气会被大量消耗。然而，在深水中大脑会误以为有充足的氧气可用，这是因为当气压增大（参照气球的例子）而肺压缩时，剩余的氧分子会占据大部分的肺空间。但当潜水员上升时，这种错觉就消失了：压

---

① 因无相关中文标准翻译名称，编者暂作直译以供参考。

力减小，肺扩张回其正常体积，大脑重新知道了人体内真正的氧气含量。在上升到离水面 10 米处时，此时气压减小了一半，这种大脑认知的反转程度最为强烈。在浮力的作用下潜水员向水面游去时，大脑完全意识到肺部已经没有了足够的氧气供呼吸，如果氧气含量过低，大脑会关闭神经意识系统以防止进一步伤害，所以潜水员会发生短暂性晕厥。

"90% 的短暂性晕厥发生在水面，"柯克说，"9% 发生在第一个 10 米深处，0.9% 发生在 10 米深度以下。"潜水员将其称之为"九分法"。但是短暂性晕厥并不是害死潜水员的真凶。竞技性自由潜水员发生短暂性晕厥的概率达到了一半乃至更多，尼克是 35 000 次潜水晕厥事例中第一个死亡的潜水员。在发生短暂性晕厥时，如果潜水者是独自一人，没有救生潜水员或潜水的伙伴在周围，那么他们就会下沉直至最后溺亡。安全规定章程是国际自由潜水技能训练学院不可或缺的教学内容，在新开的学校也是如此，如迈克·博德的吉利自由潜水学校（Freedive Gili）和特德·哈蒂（Ted Harty）的自由下潜学院（Immersion Freediving）——尼克正是在此学习的。伴随着大量新学校而来的是更多的学生，一些学生一来就要求尽快潜到更深处。

这项运动中的一个根本巨变开始于埃里克·法塔赫（Eric Fattah）介绍的一个关于如何掌握平衡的文章。埃里克是前世界纪录保持者，威尔·特鲁布里奇认为他是竞技性自由潜水中顶尖的创新者。他是第一个尝试穿戴单脚蹼去打破潜水深度纪录的人，同时还发明了液体护目镜以及能够承受深度压力的泳镜。但法塔赫对这项运动最显著也最有争议的影响是在 2001 年，即在他打破世界纪录前夕，在网上发布的一则题为"弗伦泽尔—法塔赫平衡法讲解"（Frenzel-Fattah Equalizing Workshop）的文章。该文章以简单易操作的方式介绍了深水平衡技术，即所谓的"嘴部填气三步法"。

"每个人都在嘲笑，因为他们不知道我是谁，"他说，"我没有十足的把握肯定这是一个好的决策（意指网上发布）。它会成为一本指导平衡法的圣经，我从未指望靠它挣一分钱，教练们甚至也没有正确地去使用它。"

在埃里克·法塔赫之前，运动员经常使用一种被称为"石斑鱼呼气法"（grouper call）的方式将他们肺部的空气挤压到口中储存，通过软腭用这些空气来平衡鼻窦。但潜水员在水下至少到达 50 米深的时候才会采用"石斑鱼呼气法"，因为他们担心如果过早将空气挤入口中，空气就会在到达目标深度之前被吞下。埃里克认为在 20 米深时肺里的空气比在 50 米深时要多，于是他推测如果在 20 米左右就开始使用"石斑鱼呼气法"，他就可以储存更多的空气来进行平衡。诀窍就在于将空气保持在嘴里，不能吞咽下去。所以他发明了练习方法，有效地"关闭"了喉咙，从而在 20 米深时所储存的口内空气可以帮助他全程供氧和平衡。

他仿佛破解了一个密码。在此之前，阻止潜水员一口气下潜到一定深度的唯一障碍就是保持平衡。多年来，每个运动员都要自己尝试在黑暗中利用新方法慢慢地适应压力并一点点下潜得更深。埃里克的文章似乎改变了一切，因此他也列入了一项重要免责声明：

> 如果你的潜水深度目前受到平衡能力的限制，那么正确掌握本文档中所解释的技术就会在短期内大幅提高你的下潜深度。但请注意，在此过程中所有自由潜水的风险都将一直存在，请在下水前做好适当的准备工作！

起初，埃里克的文章主要对顶级运动员有帮助，因为有经验的老师在初学者能够更好地适应水下压力后才会教授他们"弗伦泽尔—法塔赫技术"。即使威尔·特鲁布里奇和他的主要竞争对手阿列克谢·莫尔恰诺夫（Alexey Molchanov，俄罗斯人，世界纪录保持者）也会谨慎地利用这一技术。阿列克谢通过这种方法训练了两年才下潜到 80 米，他又用三年的时间才下潜到 100 米深。威尔在 2004 年下潜到 40 米，2008 年才下潜到 89 米。但是很快事情就变得不可控制了。

马尔科·孔森蒂诺是"巴哈马蓝洞深度挑战赛"的安全救生潜水员

和自由潜水学院的资深讲师，他准确指出了自由潜水界失去理智、疯狂追逐下潜深度的那个年份："从 2011 年起，竞技性自由潜水发生了明显的变化，"他又补充，"在那之前运动员都已经适应了深处的环境。他们经验丰富，训练了好多年，所以一切还都在可控范围内。但从 2011 年起，我看见很多没有生理知识也不知如何适应水下压力的新人下潜到了难以置信的深度。"

现在世界到处都有潜水学校。任何有深水的地方——夏威夷、埃及、印度尼西亚、希腊、俄罗斯、斯洛文尼亚、特内里费岛、加利福尼亚、佛罗里达、以色列，当然还有巴哈马群岛——新来的自由潜水教练宣称不需要多年的训练，人就可以潜到深水处。他们还说人类生来会潜水，哺乳动物的潜水反射是一种先天的遗传反应。只需正确的下潜闭气方法、适当的指导和埃里克·法塔赫的技术，人人都可以从一个普通人变为潜水能人。

像马尔科一样，威尔·特鲁布里奇认为埃里克平衡技术的广泛传播和竞技性自由潜水运动员中肺挤压情况的普遍存在有直接关系："'嘴部填气三步法'使得那些横隔膜弹性不佳的潜水员成功下潜到 70、80、90 乃至 100 米，因为隔膜不具备那种弹性，他们的身体系统变得脆弱，任何小的调整都将导致脆性结构的损坏。例如，在'自由攀绳下潜'项目中，也许在水底你会因过于恐慌而使劲拉拽绳子，或者你的肺部会过度收缩，在下潜和返回水面的过程中，任何细微的偏差都会极大地影响到你的身体系统。"

"我爱潜水运动，我也渴望潜得越来越深，但我是一米一米地、一年一年地循序渐进的，"马尔科说，"这需要时间，需要经验，当然更需要训练。新一代的潜水员们想要一切，他们现在就想要，急于求成，因此情况变糟了。我见过太多的人浮上来吐血，我也见过太多的人没有做好事先准备就去潜水。你不能因为自己想要潜到更深处就真的直接潜到那个深度。大海在关注你，如果没有准备好就去潜水，它会惩罚你的。"

几十年来，平衡技术一直是将深度潜水员与其他潜水员区别开来的关键因素，掌握这种技术需要耐心和持之以恒的训练。2011 年以后，肺挤压"技术"也成了将深度潜水员与其他潜水员区别开来的另一个关键因素。

也正是在 2011 年，尼克·梅沃利第一次正式接触自由潜水。

4
认真过头的素食主义者

尼克·梅沃利在来到林肯高中的第一天就穿着自己一成不变的"制服"：二手的法兰绒衬衫和牛仔裤，腰间佩戴镶有硕大美国复古装饰扣的腰带。他骑着自行车去学校，穿过校门，来到礼堂前的砖砌广场前，在那学生们成群地聚集在美国梧桐树下。

位于佛罗里达西部狭长地带的塔拉哈西更像美国南方腹地而非南佛罗里达地区的城市。那时林荫大道的两旁种满了橡树，绿色的山丘连绵不断，还有美国南北战争前带有宽阔门廊的房屋，和大多数的南方小镇一样，这里遗留着种族隔离制度——黑人孩子与白人孩子大多时候保持一定的距离。

尼克骑着自行车在学生中穿梭，贾斯廷·波格（Justin Pogge）注意到了他。贾斯廷很消瘦，书生气十足，肤色苍白，但有一双闪烁的蓝眼睛和一头深棕色的头发。跟他和他的朋友比起来，这个新来的孩子（尼克）看起来就像一个成年男子，身材高大结实，留有浓密的连鬓胡子，有着橄榄色的皮肤和一头浓密的棕色头发。有可能他是一名逃脱的重罪犯扮成的学生，或者更糟——是一名缉毒特警。贾斯廷猜想着尼克过去的生活，而尼克则锁了自己的自行车，消失在了学校低矮的砖砌建筑内。

当贝琳达和弗雷德告诉尼克他们要搬家时，尼克很不高兴。他不喜欢搬家，因为他不想离开好朋友们以及自己的女朋友，也不想刚念了一半就换高中，但是搬家主意已定。那时，贝琳达和弗雷德又生了两个小女儿，弗雷德离开了教师职位，成为一名律师。当他的吸毒客户偷走了他的车，他们就决定离开坦帕地区，避开这里上升的犯罪浪潮。弗雷德在塔拉哈西的税收部门工作，他们一家居住在一个狭小的两居室里，尼克和他的两个妹妹共享一个小卧室。

在那天的英语课上，贾斯廷发现自己坐在尼克的旁边。贾斯廷是在镇子外一个名为米科苏基土地合作社（Miccosukee Land Cooperative）的理念社区[①]长大。这是一种公社性质的社区，在20世纪70年代"回归大地，自由恋爱"的浪潮中建立起来。但这个社区属于私有制性质，因此能够维持到现在。社区里每家每户有自己的土地，但这里也有许多公共土地财产，大多被建设为开放区域。道路没有铺柏油，且是以披头士歌曲命名的。这里有天然花园和古老的橡树，还有穿过90英亩（1英亩≈0.405公顷）森林和湿地的蜿蜒小路。社区也会举办很多聚会，是一个吸引新人不断涌入的地方。

贾斯廷是一个"沟通服务器"，会吸引一切新来的人与物。放学后，贾斯廷想要带着尼克在这个小镇里进行环游。贾斯廷看起来没有恶意，因此尼克同意了。放学铃声响了之后，他们拐进覆满了青苔的橡树街道上，穿过小型商场的停车场和加油站来抄近道，跃过马路，还闯了红灯。两个人讨论起音乐，尼克那时刚开始迷恋直刃族[②]乐队，如"Minor Threat"，这也正是贾斯廷所喜爱的。该乐队的歌"Out of Step"概括了直刃族的特色：

我不喝酒

我不抽烟

[①] 理念社区是指经过精心设计的、强调社区感和合作意识的居住区，包括公社、合作社、合作社区、寺庙、修行地、集体农场、转型城镇、生态村和生态社区等多种形式。

[②] 直刃族，英文作 Straight Edge（或者写为 xXx, SE, SxE, 或者 sXe），是一种属于硬核音乐领域年轻人的文化形式，起源于20世纪80年代初期的美国。其中心思想是：新一代 Punk 们对在朋克领域所普遍存在的酗酒、吸烟，特别是吸毒行为的反感和拒绝。其中一部分人还进一步放弃滥交、咖啡因，一些极端者甚至成为素食主义者，可以说是硬核朋克领域的修行者。——编者

我不滥交

对于贾斯廷和尼克这样的孩子来说，这首歌就像对现代生活中人们过度放纵和糜烂现象进行反抗的颂歌。不同于音乐行业初升时期的大部分摇滚、流行和嘻哈音乐，直刃族乐队反对享乐主义并且倡导融入世界。他们当中最狂热的粉丝会将字母 X 纹在手背上，这种灵感来自于未成年孩子在酒吧看表演时手上印着的 X，意味着他们不能喝酒，但迷恋直刃族的人想通过这个标志来表示他们没有喝酒的打算。贾斯廷有这个 X 文身，他想让整个左臂慢慢都纹上各种各样的文身。尼克注意到了贾斯廷的 X。这对新朋友讨论直刃族乐队理念和他们喜欢的其他乐队，热聊过程中他们穿过州议会大厦，并骑向市民中心，这是一座综合性大楼，佛罗里达州篮球队会在这里进行主场比赛。

在还有一个街区的距离时，尼克发现人行道旁顺着 15 英尺长的斜坡上有一座房子，尼克毫无预警地骑到了行车道上，并跳上斜坡，又安稳落地并轻松地滑行到市民中心的停车场。贾斯廷被他的举动惊呆了，但是尼克仅仅是在热身。

从中学开始，尼克就一直在骑极限小轮车（BMX）并参加相关比赛。回到圣彼德斯堡参加比赛时，他赢得了一个奖杯，提高了在佛罗里达的排名，但他并不关心战利品。获胜后的那一天，他骑着自行车去了邮局，把闪耀的奖杯寄给他新泽西的外婆乔茜。尼克不需要奖杯，但他认为奖杯会让外婆开心，而且对于尼克来说重要的是比赛本身和刺激的骑行过程。

尼克来在极限小轮车上度过了一段既美好又黑暗的日子。极限运动（X Games）越来越流行，即使是最出色的赛道骑手也放弃了正式比赛，享受街头的自由自在——他们会跃上栏杆，跳下楼梯，并在自己建造的跳台和管道障碍物上展示绝技。尼克和他的好朋友瑞安·卡伦（Ryan Cullen）也跟着追风。虽然现在的车手可以旋转 540 度，但在当时旋转 360 度已经是难以实现的了，也只有伟大的托德·莱昂斯（Todd Lyons）

可以做空中后翻。尼克希望能够把这两项都突破。

他和瑞安物色了高速公路旁的一处长满草的路堤，公路延伸到瑞安家附近，那儿的斜坡非常陡，紧邻着一条通向海湾的深邃海峡。毕竟这是佛罗里达，沼泽地才是新的郊区。尼克把他的潜水装备也带到海峡这里——他那时拥有全部的设备：承重物、氧气罐、面具和脚蹼——他是从一个生锈的购物车和自行车上找到这些东西的。在确保没有任何危险的杂乱物阻碍他跳水后，尼克开始建造他们的跳台。

"尼克非常有创意，不管沉迷于哪项事物，他总是去冲刺极限，"瑞安说，"我记得他建造了一个最大的、最不可思议的跳台，它的建构不一定合理，但却能够有效使用。"

他们的胶合板坡道有六英尺高，八英尺长，大约四英尺宽。他们把它称作"跳湖"（Lake Jump），一切准备就绪后，尼克自己对它进行第一次试用。他用胶带把两升容积的空矿泉水瓶绑在车把上，好让自行车在水里漂浮起来，准备好便冲刺到路堤的顶部。在那里，他瞥见上百辆汽车在州际公路上迅速穿梭又匆匆掠去，看到远方的海峡通向海湾。当他冲回下坡时，他的伙伴们欢呼雀跃。他在空气中飞行了 20 英尺，高于他们中任何人之前飞行过的高度。最后降落在黑暗的海峡里，毫发无损。

不久，尼克不断磨练并使出浑身解数接近了他的梦想。他掌握了超人一般的技巧，即在飞行时抓住车座和车把，将腿伸直倒立，然后以"no-footed can can[①]"的方式降落，双腿架在车架上，像火箭女郎[②]一样；有一天，他竟然做到了空中旋转 360 度，每次在水面上他都完成得很出色，但从来没有在路面上合格地降落过。每当他在滑板公园训练这个动作时，都会先撞到后轮，然后翻身碰到车把的前面。随后他会脸色铁青地尖叫、诅

[①] 是一种极限自行车的招式动作，no footer 是这招的基础，即可以先在平地练习踢腿，再练两脚离开脚踏腾空。空中 no footer 熟练后，加入屈膝，再逐渐试着将脚跨过上管。熟练后，尽量伸展双腿，并在空中并拢。出脚时间点是车子在空中拉平的过程中，此时扭转腰部，伸展双腿，重心保持在车子正上方。——编者
[②] 火箭女郎舞蹈团最初成立于 1925 年，1933 年首次登上无线电城音乐厅演出，是当今世界最著名的舞蹈团之一。——编者

咒、思考好几个小时。

尼克最好的招式是骑着他妈妈泡泡糖粉色的海滩巡洋舰自行车来到"跳湖"，他把这辆笨重的车推到路堤顶部，然后飞下去在水上后空翻身降落。瑞安和尼克会为此笑到肚子疼，觉得简直滑稽极了，然后用软水管好好清洗了这辆车子，这样骑车回家后就不会让贝琳达知道这件事。

当然也会有受伤的时候。那天晚上珍从大学回到家，发现尼克在左眼上捂着一团血淋淋的餐巾纸，正从后门溜回来，他看到珍在浴室化妆，就准备跑出去。

"噢，我的天呀！你怎么了?!"珍尖叫了一声。

"嘘！妈妈看到会吓坏的。"

珍无奈："好吧，让我看看"，尼克揭开餐巾纸，露出一道离眼球附近三英寸（1英寸 ≈ 2.54厘米）极深的伤口，眼白也充了血。

"很糟糕吗？"尼克问。珍点点头，她几乎忍不住要说它看起来非常糟糕也很疼，但是尼克似乎没有感到疼痛。珍注意到当尼克还是个小孩时就可以承受巨大的疼痛，现在尼克长大了，他承受痛苦和不适感的能力也随之增强了——这些特质最终帮助尼克取得了水下的伟大成绩，但同时也正是它们导致他的水下丧命。

"我们去医院。"珍严厉地说。那天晚上，珍穿着高跟鞋并披着长发，盛装打扮；尼克血迹斑斑，自行车轮满是淤泥；贝琳达，汗流浃背，穿着平底人字拖，在急诊室待了六个小时。尼克16岁时又进了一次医院，他在自行车越野赛赛道上摔坏了手腕。贝琳达直到尼克拆除石膏后才允许他骑车。尼克等了四天才能摘除大拇指和食指之间的楔形固定物，摘掉后他就可以把受伤的手绑在车把上，用受伤的手腕去练习他的技巧。毕竟他是如此热爱极限运动，绝不能错过任何训练时间。几个星期后，当他感觉自己受伤部位好些了，就将石膏剩余的部分拆成两块，这样两只手就都能骑车了，然后在回家前又熟练地把石膏重新绑在一起。

贾斯廷满心敬佩地看着尼克加速并掠过市民中心的混凝土护墙，飞过两段钢结构楼梯，楼梯台阶旁边是黑色的铁栏杆。只见尼克骑车一跃而起,从栏杆飞到了楼梯的另一端。动作完美流畅,堪称贾斯廷亲眼见过的最好表现。在塔拉(塔拉哈西的简称)没有人能骑成那样,尼克的出现打破了这个不可能。

贾斯廷带尼克去见他的直刃族成员,其中有个叫克莱顿·里赫利克(Clayton Rychlik)的男孩,他是一个有天赋的音乐家,后来成了 Of Montreal 乐队的鼓手。克莱顿也住在密克苏基合作社,跟尼克和贾斯廷一起上学。林肯高中是一个风气开放的校园,男孩们会在午餐时间大口地吃从新叶合作社(New Leaf Coop)买来的素食,他们和塔拉的嬉皮士及滚石爱好者坐在一起。尼克的新朋友都是素食主义者,但他们不是嬉皮士。

放学后,他们通常聚集在铁路广场(Railroad Square)上,贾斯廷与他的朋友索利曼·劳伦斯(Soliman Lawrence)在那附近租了一间旧的铁路仓库,准备将其改造成一个适合所有年龄段并可以被称为大型摇滚舞台的朋克摇滚场地。尼克有一天骑车经过,跳上了装卸码头。索利曼第一次看到这个新的直刃族成员:人称"自行车上的怪兽"。

"你真是一个独特的人。"索利曼打量着尼克说。尼克看起来像个运动员,但尼克才看不起运动员。尼克也打量了对方:索利曼个头偏矮,他的头发刚修剪过,鼻梁上架着的金属框架眼镜使他看起来拘谨又认真,像一个自负的知识分子。"我是索利曼。大多数人叫我索利(Soli)。"

"索利是吧?"尼克想了想,"如果我叫你索尔(与"soul"同音,灵魂之意)呢?"

"索尔吗?我认为很好。"

"你不在林肯高中读书吧,索尔?"

"是的,我的高中同学都是一帮辍学生、嬉皮士和怪胎。这跟班级规模有关。我的父母病态地迷恋小班型的教育。据说我们会在更'个性化'的环境中达到'最佳化'的学习效果,有研究证明了这一点。但是,我不这样想。"

"的确,有研究证明过这一点。"

"不过,我认为相比起上学,自主学习才是未来的潮流。你有读过很多关于自主学习的书吗？这是有史以来教育方面最激进的说法，因为它根本就不再属于教育范畴了，不然它才是真正的教育。前提是，教育本身是个社会性质的问题。它不是所有问题的解决方案。"索尔继续解释应该激发年幼的孩子对野外狂热的好奇心来探索世界，他们会从汤姆·索亚般的冒险中学习到知识和本领。尼克看得出来索尔喜欢谈论想法，而他正喜欢听这些，两人一见如故。

"保持冷静和头脑清晰的目的在于去看清事物的真相，因此我们就可以与这个世界建立关系，"索尔在他们一起为摇滚舞台刷油漆时说，"改变垃圾一样的现状，这正是我们这个大型摇滚舞台存在的意义。比如我们认为塔拉的生活枯燥无聊，这里只在乎体育、联谊会女孩和该死的橄榄球，实际上它也确实如此，我们就应该做一些事情去改变它。又或者我们不认同这里超级棒的演出都属于那些 20 或 18 岁以上的人，那何不让我们办出属于自己的朋克演出呢？你说对吗？"

尼克也有同样感触。他总是认为这世界是不完美的，因为他自己的世界就绝对不完美，他想以自己认为合适的方式改变世界：改造自己价值一千美元的自行车、自己建造跳台、摘掉身上的石膏，甚至在九岁时就要求在身上加承重物，以便潜水更深、时间更久。世界就是他的画布，以后也将是如此。

尼克在塔拉的新伙伴毫不掩饰他们对消费主义文化和加工食品的蔑视。对他们来说，美国的主流生活是失常的，美国梦就是一个骗局。幸福不该是承担 30 年的房屋贷款，也不是单单拥有良好的职业或者享受一块厚牛排。如果人们用血汗钱买来的一切都是一次性的，如果动物为了满足人类的食欲而备受折磨，那么从中并不能感受到真正的幸福。大多数青少年遇到烦恼就变得倦怠消极，对真理麻木，依靠烟草和酒来麻醉大脑，但尼克和他的朋友们想继续保持愤怒，坚信他们的忧郁可能成为变好的动力，尽管他们的想法并不被家里认可。

在搬到塔拉第一周的某天，尼克回家吃晚饭有些晚了。当时，贝琳达放了一大盘里脊片在桌上。他瞥了一眼，走到厨房说："我再也不吃这些东西了。"

"你不吃牛排吗？"她问。

"所有肉。我不再吃肉，还有黄油，你别再把它放到蔬菜里。"

"好吧。"她说。尼克的妹妹们，六岁的克里斯廷（Kristine）和四岁的凯蒂（Katie）吃完了这些肉片。她们感到好奇："你能告诉我们原因吗？"他回到餐厅角落，脸上带着他能想到的最不满的表情。

"你们知道他们如何制作黄油和牛肉吗？牛吃的是什么？它们是怎样被杀的？这些都很恶心。畜牧业就是一个'谋杀'行业，并且你们也参与其中。我不想参与，并且再也不会参与了。"这些素食主义的基本知识是索尔和贾斯廷在网上为尼克下载的，尼克回到厨房，打开了一包豆腐。弗雷德和贝琳达看到尼克笨拙地端起了平底锅，倒上了食用油，将豆腐切成小块儿。

"你确定不吃牛排，就吃那个？"弗雷德问。贝琳达瞪了他一眼。

"别担心，从现在起我自己做饭吃。"

在 1998 年的塔拉，过得太自在也就意味着无聊，至少尼克的伙伴们是这么认为的，但回过头来看，尼克确实觉得当时的自己比较快乐。他在一家名为"超棒豆仔"（Kool Beanz）的有机农场餐厅找到了一份收拾餐桌的工作，那儿的饭菜尝起来比名字还要棒，他还跟一名厨师一起在汤姆·布朗公园（Tom Brown Park）骑车，在那儿他参与建立了一个正规的自行车赛道。

公园很大，里面有茂密的松树、白杨树和南方的槲树，但是当尼克第一次看到这里的自行车越野赛赛道时，他发现地形一般，还很狭窄，只有两个人造假山，缺乏他想要的斜度或深度。极限运动的预赛不到几个月就要举行了，他需要合适的赛道，因此尼克自己对赛道进行了改造，每次都用铲子挖点凿点。克莱顿和贾斯廷经常看到他在上午开着砍价买来的克莱斯勒（Chrysler）敞篷车进入学校，衣服因为挖掘和修塑赛道而溅上了许多泥点，很显然黎明时分尼克就去改造了。他的努力得到了回报。不久，尼克就已经可以完成空中旋转 360 度，甚至能够在落地时进行后空翻。预选赛还有几个星期就开始了，尼克却在此时伤到了大腿：自行车座把大腿豁开一个口子，伤口非常严重，离他的股动脉只有几英寸，他将一个月不能骑自行车，极限运动的梦想也破灭了。在那个周末碰巧珍也在塔拉，她和贝琳达再一次把尼克送到了急诊室。

"你几乎失去了一只眼睛，现在又差点刺穿你的动脉，"珍说，"你什么时候能不再这么胡闹？"尼克坐在她们之间，他被架起腿，没有说一句话。他们在等待止疼药处方，他却不想吃。

"不要再有类似事情发生了，到此为止吧，我再也承受不了了。"贝琳达满是忧虑。他们三个人凝视着远方，贝琳达看见尼克的眼泪划过脸颊，她把头倚在儿子的肩膀上，听他啜泣着悼念那破碎掉的梦想。

那天晚上尼克把他最喜欢的电影《碧海蓝天》看了20遍。后来，等家人都睡了，他把自己锁在浴室里，把浴缸放满温水，先把自己受伤的大腿悬在水面上，再把头埋在浴缸里面，用一只旧手表计算自己憋气的时间。三分钟时，他开始感到疼痛，身体因收缩而颤抖，生理反应令他想呼吸新鲜空气，但尼克用自己的意志力来克制这种冲动。每次肌肉收缩，胸腔发出咯吱响声，他的笑容反而越深。

他们的摇滚舞台维持了不到一年，但它依旧发挥了作用——将铁路广场变成了塔拉最酷的地方。短短几个月内，他们将这间已经倒闭的500平方英尺的仓库变成一座热闹非凡的朋克宫殿。他们预告Converge及Dillinger Escape Plan等知名乐队将来这里演出，他们的节目反对以"金属音乐、焦虑、希望和放纵"为特征的流行表演。

这个舞台解散以后，贾斯廷、克莱顿和索尔经常在佛罗里达周围转悠，去看他们喜欢的直刃族乐队现场演出。贝琳达很少让尼克和朋友们一起参加这些音乐节。就像珍之前照顾他一样，现在尼克是妹妹们的保姆。尼克花了自己所有的空闲时间来帮助弗雷德把他们的新家建造得美丽像样之后，贝琳达就准许了尼克周末去参加"盖恩斯维尔"音乐节（Gainesville Fest），它是北佛罗里达最受欢迎的音乐节。

那是一个星期五下午，天空蓝得令人目眩，男孩们挤进了贾斯廷的小货车里出发上路。大约还有一个小时到达盖恩斯维尔时，他们为给车加油找了好半天站点，最终在一个低级的卡车停靠站停了下来。尼克发现一辆运牛的卡车停在两个挂车中间，司机不知道哪去了。透过木板缝隙，他看见一双忧伤的牛眼睛，它的鼻子卡在了木板中间，尼克轻轻地抚摸着它。它旁边是一只小牛犊，有着天真无邪的双眼，小细腿摇摇欲坠。它多大了？一周？两周？他又看了一眼母牛那美丽温柔的大眼睛，透过它的双眼，尼克那刚自我认定的素食主义者之魂逼问着他的内心：它们会不会被运往乔治市场，死在他爸爸拉里的刀下？小牛会即将成为牛肉吗？他能做些什么来阻止这一切？他检查了后门发现没有锁，此时便脑洞大开，丝毫不顾随后的破坏行动。

贾斯廷和克莱顿觉得刚才发生的事就像慢镜头动作：一位好朋友蒂姆（Tim）踹开后门，尼克跳进拖车，引导奶牛妈妈和她的小牛跑到人行道上，其余的牛匆忙拥挤着涌出拖车。奶牛们在停车场乱跑，有些牛看上去吓坏了，其他的则乐在其中。一些牛径直跑向机场和供水站附近的绿草地，开始大口咀嚼草叶。路上的汽车不得不停下来，加油站的老板惊奇地看着这一切。这时卡车司机拨开人群从餐馆跑出来，追逐着尼克和蒂姆，而两个男孩则向小货车冲刺。贾斯廷加速开车，滑开一侧车门，男孩们跳了上来，贾斯廷又踩紧油门冲了出来，所有人都歇斯底里。卡车司机仍继续追赶他们，贾斯廷加快了速度飞驰而去。当警笛响起时，他们早已逃之夭夭。

尼克高中毕业之后，他就和贾斯廷还有另外三个朋友租了间房一起住。他们的新家是一个非常温馨的中产阶级房子，周围也是秀丽高雅的20世纪中期中产阶级砖房，挂满美国国旗，有不少篮球框，街道两旁高耸着松树和橡树。他们把这个地方叫"J据点"（The J Spot），当尼克和贾斯廷带着他们搬家的箱子出现时，周围邻居做好了最坏的打算，而也就像他们整天担心的，每天都会有一些奇奇怪怪的人来到这里，曾经还有一个人从南方的农场小镇搭了数小时的便车来到这里。

那人就是阿龙·舒科（Aaron Suko），他是由贾斯廷举办的一场热闹的聚会而入他们圈子的，当时尼克在给他的新女朋友米歇尔（Michelle）写信，她21岁，粉头发，是 Scrotum Grinder 乐队里的成员，美得惊艳。由于在自己的房间注意力没法集中，尼克把他的桌子、落地灯、办公椅和沙发搬到后院，露天写作。他写到兴处，两眼冒光，阿龙非常好奇。"你在做什么？"他问，一屁股坐进沙发里。

"在写我人生中最重要的一封信。"尼克边说边敲着字。

"哦，"阿龙说着站了起来，"那抱歉打扰你了。"

"并没有。"尼克说。他的思路基本已完成，从桌子前直起身，示意阿龙坐回去。"没关系，你可以随处走动。我们这里有一个严格的门户开放政策，没有特定的私人空间。啊对，我叫尼克。"

阿龙来自佛罗里达州的奥本代尔（Auburndale），是一个上帝、妈妈和足球胜过一切的地方。在那里，孩子的童年会被毁掉，变成一个书呆子，聪明安静，还会带着酒瓶底一般厚的眼镜。假使孩子的母亲是学校图书馆管理员，父亲是崇拜神秘的卡车司机，那便更是如此。阿龙高中毕业那天晚上，搭便车到了塔拉哈西并在佛罗里达州立大学学习语言学。他在课堂上表现出色，但不善于社交，闲聊和典型的大学聚会并没有吸引他。听说了尼克一伙儿后，他来到了 J 据点。

"我是阿龙，你在给谁写信？"

"就这个女孩。"

"嗯，看起来不错呀。"

"实际上，她是一个真正的女人，非常优秀，思维方式也很特别。她很有创意又温柔亲和，也决不会学坏。她能激发我的灵感，我想写信告诉她这些对于我的重要性，但是我们不能以彼此想要的方式在一起，因为她在坦帕，而我却在这里。"

再早些时候，阿龙在客厅偷听索尔说话，后者激愤地说直接行动[①]的优点，以及在首都华盛顿即将举行的抗议国际货币基金组织活动的重要

[①] 直接行动指用罢工或抗议等行动来迫使公司或政府改变某事。——编者

性。随后他在厨房碰见了贾斯廷和克莱顿，当时贾斯廷正滔滔不绝地讲述自己要在塔拉哈西开素食餐厅的计划，而克莱顿漫不经心地弹着吉他，调子出乎意料地好听。现在又碰见了尼克，通过交谈他知道尼克从社区大学辍学了，现在正在担任佛罗里达州立大学学生电影的主演并将要在那里学习。这是一个充满怪人的圈子，大家都拥有有趣的甚至是稍纵即逝的热情。不用再面对浪费时间的闲聊，阿龙第一次觉得自己不再是古怪的家伙：他终于找到了自己的归宿。

"该死的地理位置。"阿龙说。尼克傻笑着，阿龙也跟着笑了起来。

千禧年很快就到了，在新年前夜，尼克和塔拉的伙伴们涌进公社的聚会，去听克莱顿爸爸的 Harvest Gypsies 乐队演奏，这是密克苏基的传统节目。尼克只穿着 Speedo 泳衣、防风衣，头戴着牛仔帽。一群伙伴围着篝火跳起了舞，在午夜放烟花，然后开车去海边，迎接一个新的世纪。尼克仍穿着他那套装束，表情急躁可面庞又是那么英俊，对马上到来的一刻既感到紧张又稍显怪异。天快亮了，预示新的一年也即将到来，尼克放松下来钻进沙子里沉思。阿龙和索尔发现了他，也倒在他的两边。尼克伸出胳膊搂住他们的肩膀，这时一缕粉红色光束划破天际，从地平线上蔓延开来。

"你脑子在想什么，自由的牛仔？"索尔问。

"死亡吧。"

"死亡？但是这个世界没有结束啊？千年虫 ① 也就是一场恶作剧，对吧？"阿龙开玩笑道，"眼下这一切不是一场梦。它也不会是的！"

"我们都会成功的，不是吗尼克？"索尔接过话头，他跪在尼克的脚下。他和阿龙用电影里的陈词滥调逗他，"告诉我们，尼克。说出来，我

---

① 千年虫问题可以追溯到 20 世纪 60 年代，当时计算器内存非常宝贵，故而编程人员一直借助使用 MM/DD/YY 或 DD/MM/YY 即月月／日日／年年或日日／月月／年年的方式来显示年份，但是当年序来到公元 2000 年的 1 月 1 日，系统却无法自动辨识 00/01/01 究竟代表 1900 年的 1 月 1 日，还是 2000 年的 1 月 1 日，所有的软硬件都可能因为日期的混淆而产生资料流失、系统死机、程序紊乱、控制失灵等问题，由此所造成的损失以及灾难是无法估计想象的。——编者

们将会成功！"

"该死的，我们当然会成功，"尼克说，无法抗拒，"这不需要原因，因为我们生来就无法被挫败！我们将一起度过今后的所有困难并达到成功！"当太阳升起来的时候，朋友们仍在大笑，毫无困意，但很快尼克再次陷入沉思："我也知道死亡是一个不好的词，现在我在思考生命。"

"生命吗？这可是一个不同的词。"索尔说。

"比如生命的意义？"阿龙问。

"比如人寿保险，"尼克说，"今年爸爸给我的18岁生日礼物就是人寿保险。"

"哇！哪个爸爸？"阿龙问。

"当然是拉里·梅沃利，"尼克说，"十万美元，这就是我的价值。"

"如果你死了，倒是真会有这么一笔钱。"索尔笑着说。

"但这也可能取决于他怎么死的。"阿龙说。尼克忍不住笑了。

"你知道真正有趣的是什么吗？人寿保险本是一份给我的礼物，但是拉里买了它却不是为了我，而是因为他的继子现在是卖保险的。实际上，这是一份给他继子的礼物，拿到第一笔生意也会激励他做得更好。"

"这太不可理喻了，"阿龙感到内疚，"抱歉啊，尼克。"

"那就把它这当作离开这里的另一个理由吧。"索尔说，阿龙没明白索尔的话。

"索尔今年就会搬到费城，"尼克解释，"他想让我也去，还向我宣传了好一通，承诺在那什么都会实现的。嘿，索尔！你又在那嘀咕什么呢？"索尔站了起来，清了清嗓子。

"生活是紧迫的！生活是无意义的！没关系！那就旅行！探索！活下去！"

索尔敬了个礼，然后立正站着。尼克摔倒了他，动作干净利落，虽然他的体重和肌肉比不上索尔。但要不是因为止不住笑，索尔一定会顽强地反击。阿龙也加入其中，压在尼克身上，很快他们都闹够了，躺在地上盯着明亮的天空，大笑着直到喘不过气来。

他们嘲笑生命的荒唐，感慨扭曲的出身，戏谑未知的前程，揶揄自己空空如也的银行账户，调笑尼克"丰厚"的寿险保单，无奈于他们对世俗的反抗。他们属于神圣的一代，这代人既感觉人们索求太多，又不愿向世俗妥协。他们深受杰克·凯鲁亚克[①]（Jack Kerouac）和《蠢蛋搞怪秀》[②]（Jackass）的影响。他们凝视着天空，面对着蓝色的大海与崭新的一年，千禧之年就这么到来了，人生也赤裸裸地摆在他们面前。逃离这的一切似乎顺理成章，这是可以达成梦想的唯一举动。

"我的前半生都住在佛罗里达，"尼克说，"在外面会有一个更大的世界。"

"在2000年，我们应该花时间去做从来没有做过的事情。"阿龙说。

"对，"索尔赞同，阳光洒在他们身上，"让我们去做从未想象过的事情吧。"

也是在那一年的春天，尼克离开佛罗里达前的最后某天里，他独自开车去了沃库拉泉国家公园（Wakulla Springs State Park）。它位于小镇南部16英里外，每天泉眼冒出2.25亿加仑（1加仑≈4.55升）泉水并形成一条小河，河水流经14英里到墨西哥湾。这是一个原始的生态系统，周围有芦苇丛、生长了五百年的水松、蓝鹭、鳄鱼和海牛。在沙滩上还有一个小型游泳区域，地表以下大约30英尺处有一片石灰岩洞穴，来自地壳的泉水从那里喷出。

尼克喜欢来这。他从来没有见过任何人下去潜水，可能是因为没有人有胆量这么做，但潜水对于尼克来说毫不费力。趁管理员不注意时，尼克会游到一个洞口，每次一点点往里面探索。有时他会跳下15英尺高的平台然后借冲力潜下去。他特别明智，知道如果没有灯、明确的线路和水

[①] 杰克·凯鲁亚克（Jack Kerouac，1922—1969），是美国"垮掉的一代"的代表人物。他的主要作品有自传体小说《在路上》《达摩流浪者》《荒凉天使》和《孤独旅者》等。他以离经叛道、惊世骇俗的生活方式与文学主张，震撼二十世纪五六十年代美国主流文化的价值观与社会观。——编者

[②] 《蠢蛋搞怪秀》是由Jeff Tremaine执导，约翰尼·纳什维尔等主演的一部喜剧片。影片讲述了一帮疯子经历各种危险刺激、匪夷所思的故事。——编者

肺装备，人会死在洞穴里，所以他不会游得太深。他在水下感觉到平静和安详，这就足够使他高兴了。尼克经常在浴室练习憋气，但他的宝贝妹妹总是敲门着急上厕所，他便厌倦在家练习了。在沃库拉尼克可以自由掌握时间，潜到深水处探索。他享受着充满想法和乐趣的生活——出演学生电影、自在地给米歇尔写信，有时跟克莱顿打鼓弹吉他。在水下他也很快乐：他可以再次成为一名极限运动员，水下是自由的。此外，捉龙虾季节即将来临，他需要恢复良好的状态，以便再次加入"邦佐"队伍开启另一项捉虾行动。

最后一次潜水，他看见三头海牛漂浮并优雅地旋转。他花了一两分钟跟踪了它们。但这也已经够久了，久到他身体收缩感褪去。仿佛掉入一个甜蜜的梦乡，但随即头开始刺痛，他便赶紧向水面游去。尼克没有负重，也可能就是这点挽救了他的生命。浮出水面时尼克醒了过来，望着树顶，管理员对他咆哮："我最后一次警告你，不许潜水！你赶紧从水里滚出来！快点！看我不好好收拾你一顿！"

尼克已经分不清方向了，费力游到岸边。他已经短暂昏迷了一会儿，现在只能仰浮在水面上。在2000年的春天，尼克躲过这一劫，但他当时甚至都不知道有多么危险。多年以后，他参加了自由潜水课程，学习如何克服短暂昏迷，为此他几乎成了一名统计学家。

5
2014年度"加勒比"杯，罗阿坦岛，洪都拉斯（一）

2014年5月27日，十几名潜水员和观众挤在50平方英尺的游艇船头上俯瞰竞赛区域，这里离罗阿坦岛约一千米。少数人聚集在水中，在划定比赛区域的黄色线外分别是五名救生潜水员和三名裁判。尽管雷恩·查普曼自己有一个全新的团队，他还是再次带领本场比赛的救生队。此次比赛的资深裁判由来自芬兰的基莫·拉赫蒂宁（Kimmo Lahtinen）担任，他同时也是国际自由潜水发展协会的主席。接下来的一周，基莫、雷恩和他们的同行都会往脸上涂抹防晒霜，并用衣服包裹住所有裸露在阳光下的皮肤。但这也没办法，热带的太阳总是很厉害，白皮肤的外国人在大海中暴露几个小时或几天就会很倒霉。

但在"加勒比"杯自由潜水竞赛进行时，可就不会如此顾及了。比赛第一个上场的是瓦利德·布迪亚夫（Walid Boudhiaf）。他的父母分别是突尼斯经济学教授和法国医生，瓦利德出生于里昂，在突尼斯长大，从小就是一个有天赋的游泳运动员，只要有时间，他就会花几个小时和朋友在海里捕鱼，但直到2005年搬到哥伦比亚首都波哥大（Bogota）后，他才接触自由潜水。2007年，他可以在泳池中憋气超过七分钟，在哥伦比亚的圣安德列斯岛（San Andres）徒步旅行时他遇到了一名教练，这名教练带他在近海进行深度训练。

此后，他逐渐取得了缓慢而稳定的进步。他对此次达成102米的目标深度很有信心。因为他不仅在 2013 年罗阿坦岛的比赛上赢得了银牌，而且在几天前的训练中也下潜到了 112 米。但他认为这仅是一个开始，之后他将在"自由攀绳下潜"项目中挑战更深的纪录，接近他自己的极限，并有潜力去打破世界纪录。然而，102 米仍旧是一个处女地，因为在竞赛中，瓦利德下潜深度从未超过 100 米。

"加勒比"杯最适合运动员发挥了，第二届比赛就在国际自由潜水发展协会的众多精彩赛事一览表里脱颖而出，因为那场比赛里聚集了世界纪录保持者威廉·特鲁布里奇和阿列克谢·莫尔恰诺夫，以及前世界纪录和当前美国纪录保持者阿什利·查普曼（Ashley Chapman，雷恩的妻子）。此外还有来自委内瑞拉的前世界冠军卡洛斯·科斯特，他是自由潜水比赛中第一个潜水超过 100 米深的人。

100 米深度是划分潜水能力的标准。潜到 100 米就需要潜水员尽力去屏住呼吸，在水下压力不断攀升的情况下学会放松，能够忍受氮醉，并熟练掌握"弗伦泽尔—法塔赫"的"嘴部填气三步法"。再则，潜水员需要游泳运动员般的游泳能力，在上升过程中与负压力做斗争，与此同时他们会极度渴望呼吸，而由于乳酸堆积和肋间肌收缩，他们的双腿感觉就像着了火。

在训练中实现这样的壮举是不可思议的，而在比赛中面对竞争的压力，一举一动都在观众和评委的观察下，达成突破更是难上加难。因而那些能够下潜到 100 米并得到白牌的运动员会被看作顶级自由潜水运动员。去年尼克成为美国第一个穿单脚蹼打破 100 米纪录的人时，他的壮举在自由潜水的论坛、聊天室和"脸书"上得到盛赞。"深蓝"（Deeper Blue）是最大的自由潜水论坛，有 36 000 名成员，遍布世界各地，并且每月网站上有超过 20 万的独立访客。尼克的 100 米潜水在"深蓝"上带起了一阵狂潮。虽然他迈入赛场才一年，但实现 100 米潜水后，来自世界各地的自由潜水员都认为尼克会成为打破世界纪录的潜在种子选手。

瓦利德偏爱"自由攀绳下潜"项目，因为他拥有强壮的上身，但腿却和芦苇秆一般纤细，他的生理结构比较适合参加该项目。此外，"自由攀绳下潜"项目的世界纪录似乎是最易打破的。在单脚蹼项目中不可能打败阿列克谢,众所周知"恒重无蹼"项目中威尔的地位也不可撼动,但瓦利德在训练中下潜过 112 米,这使得他渴望于本周打破威尔在"自由攀绳下潜"项目中的 121 米纪录。那次潜水训练前所未有地成功:瓦利德在水下可以很容易地掌握平衡,升回水面并没有感觉到眩晕。他知道应该可以做得更好,所以他迫不及待地想要比赛早点开始。

瓦利德的肌肉轮廓分明而瘦削,穿着 Orca 专门为自由潜水者设计的一种抗浮力的湿式潜水衣,连接竖钩的挂绳从潜水服胸部的中间突出。所有的深度竞争比赛都必须配有挂绳这一安全设备,因为它们将运动员固定夹在测量目标深度的竞赛线上,并且附设一个配重悬吊系统,如果激活就能在几秒钟内将运动员拉回到水面,即使运动员失去意识,超出了救生小组的救援范围。现在大多数运动员喜欢 Velcro 生产的一种可以快速释放的挂绳,他们将其绑在自己的手腕或踝关节处,就像冲浪板皮带一样。瓦利德的挂绳相对来说是过时的。当被固定在竞赛测试线上并开始倒计时,他不由自主露出微笑——面前是一片浩瀚的蔚蓝色大海,海边长长地延伸着一片白色沙滩,在阳光下闪闪发光。

罗阿坦岛有 40 英里长,岛的西南海岸有一处名为西湾海滩(West Bay Beach)的地方,棕榈树成林,秀丽的绿色山丘生上长着好多矮小丛林。罗阿坦岛是洪都拉斯海湾群岛中最有名的海岛之一,吸引着追求新鲜的美国背包客、洪都拉斯首都的高收入人群、世界各地的潜水员和美国的退休人员。这里有穿比基尼的美女、身着速比涛(Speedo)专业泳衣的运动爱好者以及挺着啤酒肚的富人;人们或系着腰包,或背着双肩包又或手拿男士钱包;酒鬼和探险家也常聚集在此。他们整天躺在白色沙滩的休息椅上,喝果汁朗姆冰酒,也会到蓝绿色的浅滩上游玩。有些人会抓戴上面具,穿上脚蹼,跳到与海岸平行的一片美丽迷人的珊瑚礁上,这些珊瑚礁向开曼海沟(Cayman Trench)倾斜并最终在那里消失,开曼海沟是一个 12 000 英尺深的水下峡谷,至今还没有人探过它的底部。罗阿坦岛水底情况适合深度下潜,同时还有 30 米的可见度,因此,自由潜水组织在这举办"加勒比"杯比赛再适合不过。

倒计时结束，瓦利德弯下腰向后翻身潜入水中。"瓦利德·布迪亚夫，自由攀绳下潜项目，挑战102米！"播音员喊道，"潜水时间3分钟50秒。"由于这里的海水十分清澈干净，过了一会儿瓦利德才消失在蓝色的海洋中。

在比赛中等待潜水运动员回到水面是一种奇怪的感觉，尤其是在早期自由潜水比赛里，三大项目中的每一项比赛运动员都有六次潜水机会来获取最终得分。从积分榜上来看，早期的潜水纪录往往并不重要。随着时间推移，比赛会越来越紧张刺激，因为运动员们适应了节奏，开始挑战自己的极限，而且每次潜水都会是决定冠军的关键。然而，这次是在尼克去世后举办的第一次重大潜水比赛，瓦利德的节奏令人担忧。他不到两分钟就到达目标深处，但他的上升看起来只比海螺的速度快一点儿。"我发现他在90米处，"播音员说，"已经过去了2分20秒！"瓦利德可能需要足足一分钟才能上升到50米处。

救生团队在焦急地等待并随时准备下去救援，雷恩第一个下去，其他人都在旁边凝视着这片无尽的蓝色水域，祈祷瓦利德突然出现。发生了第一个悲剧后，马上要再面临第二个了吗？瓦利德从阴影中出现，给出了否定的回答。他以优雅的节奏游上来——右手推进，滑行；左手推进，滑行。当他达到水面时紧紧抓住了赛绳，用主动应急呼吸法短促地吸了三口气，过了一两秒钟才开始呼气。到水面时他已经耗尽了氧气，此时应急呼吸法帮助瓦利德迅速吸收了大量氧气。当然，新鲜氧气到达大脑总需要一段时间，到了身体极限的运动员第一次吸入空气后可能头晕目眩、失去控制。如果出现这种情况，他的嘴有可能低于水面，那就会从裁判那里得到可怕的红牌，潜水成绩则被取消。

瓦利德此次并没有感到头晕，但几乎喘不过气来，他恢复得稍慢但是身体状态依旧还算稳定，这次潜水像他希望的那样干净利落又轻松。基莫拿出一张白牌，看台里爆发出庆祝的声音，大家也都松了一口气。瓦利德也为自己的祖国突尼斯刷新了国家纪录，加入了"100米俱乐部"，同时为 2014 自由潜水赛季赢得了一个安全的开门红。

比赛前一夜，33 个报名参加"加勒比"杯的潜水员聚集在西湾海滩的圣西蒙海滩俱乐部（San Simon Beach Club），这里民风淳朴，满是乡村风情。运动员们来自阿根廷、智利、哥伦比亚、委内瑞拉、墨西哥和洪都拉斯，拉美的潜水员通常需要前往欧洲参加世界级的赛事，现在在一个讲西班牙语的国家比赛，大家很是兴奋激动。阿根廷人埃斯特班·达尔翰贝（Esteban Darhanpe）自 1999 年就住在罗阿坦岛，他在 2013 年创立了"加勒比"杯自由潜水比赛。第一年他亏损了，还失去了一家潜水中心的工作，那个夏天所有的时间他就在度假屋里安装地板，但他从未想过放弃这项赛事。"每年我们都会有更多的竞赛选手来参赛，"他说，"这才是我在乎的。"他为这个赛事倾注全部心血甚至为七名运动员支付路费。"我为冠军掏路费，也为破产的人掏路费。"今年，破产而来参赛的人里包括委内瑞拉的伊鲁·巴利奇（Iru Balic），她是女子冠军。

"加勒比"杯就要揭开序幕时，委内瑞拉的街道却正进行着"公民不服从[①]运动"，其经济接近崩溃。商店货架空无一物，由于法律禁止，像伊鲁这样的平民不可能从委内瑞拉银行把自己的钱取出来用于海外消费。在过去，政府会资助伊鲁和卡洛斯·科斯特在国际赛事上竞争，因为他们的好成绩会在国内媒体上报道。但自 2014 年 5 月起，资助参赛的日子看来已经结束。

伊鲁和她来自哥伦比亚的朋友坐在一起，她浓密的棕色头发上插了一朵栀子花。裁判基莫在这次比赛的开幕式上解释了竞赛规则，然而他并没有公布评分标准就结束了发言。接下来是雷恩上台——因为有更重要的事情需要讨论。

"自从尼克去世，我们就一直在讨论一件事，"雷恩说，"坦白讲就是肺挤压。"雷恩有六英尺高，体型轮廓分明，湛蓝的眼睛，红润的脸颊，

[①] 公民不服从（Civil disobedience），指发现某一条或某部分法律、行政指令不合理时，主动拒绝遵守政府或强权的若干法律、要求或命令，而不诉诸于暴力，这是非暴力抗议的一项主要策略。——编者

波浪似的金黄色头发，带有北卡罗来纳州人典型拖腔拉调的说话方式。雷恩当时 40 岁，信心十足，好胜且富有魅力，非常吸引人但不会让人有压迫感。他是一个天生的运动员，在大学期间打棒球，然后在北卡罗来纳州的威明顿市经营自己的合同业务，再后来他辞职去扬帆航行又全职训练自由潜水。"我们会一直关注你的情况，如果发生任何不对劲的事情，你就应该尽快同克里和史蒂夫交流。"他指了指 38 岁的克里·霍洛韦尔（Kerry Hollowell）医生和她 46 岁的男友史蒂夫·本森（Steve Benson），后者是一名内科医生助理。这对情侣在北卡罗来纳州的格林维尔同一家医院工作并一起生活，他们也熟识尼克。"照顾好自己并好好休息，但是如果你开始咯血，我们是有权力不让你参加比赛的。"

"这不是打击，"伊鲁说，"而是给予关心。"伊鲁和尼克也很亲密，她头上的花就是纪念尼克的，一年前他习惯性每天早晨都给她带来鲜花，那时候她是女子纪录的保持者。作为委内瑞拉在此项运动中最有成就的女性，伊鲁很受人喜欢并值得崇拜，她有着美丽的大眼睛，聪明机智，可以毫不费力地让他人为自己倾倒。

站在雷恩旁边的是他的妻子阿什利，她是一个身材高大健壮的美女，真正的卡罗来纳乡村女孩。她的棕色长发飘逸在肩膀上，怀里小心翼翼地抱着九个月大的婴儿。2012 年，她创造了一个世界纪录，本次比赛成了她产后复出的盛会。"看到你们都在这，我感觉太棒了，"她说，"非常遗憾尼克再也不会同在了。我们更应该相互支持依靠。当时大家齐心把尼克挽救回来，但是失败了。也正因为那次失败，我不再想失去任何朋友。"她强忍着泪水停顿了一下，为了让大家听得更清楚，"以后我们每次参加比赛时，都应该铭记尼克的逝去。他是第一个在潜水比赛中遇难的，同时他更是我们的朋友。"

第二天早上，在瓦利德令人紧张的潜水之后，阿列克谢·莫尔恰诺夫与他的女朋友兼教练玛丽娜·科扎科娃（Marina Kazakova）出现在竞赛区域。玛丽娜是一名运动员，同时也是演员和模特。阿列克谢穿着一件连帽金色潜水服，在阳光下闪烁光芒，他保持直立且两只手持平，准备在他最不擅长的"恒重无蹼"项目中下潜到92米。如果达成，这将是他的个人最好成绩和国家纪录，但是对于阿列克谢来说这只是个过渡。整个职业生涯中，他把所有的精力都投入到了"恒定重量"项目中，也因此拥有此项目128米的世界纪录。在2014年他会改变重点，想要缩小在"恒重无蹼"项目中与威尔保持的世界纪录的差距（10米），超过对手并成为世界上最出色的全能型自由潜水运动员。

阿列克谢的潜水进行得波澜不惊。他的潜水最终宣布为3分10秒，并且自始至终都进行得很顺利。当他浮出水面，玛丽娜不停地按动她的GoPro运动摄像机，将他的成功一刻记录下来。"胜利，阿列克谢，胜利。"她用他们的母语欢呼，满脸自豪。他强烈吸气令自己清醒镇定，他们等待着裁判的决定。

阿列克谢得到了白牌。

很快就轮到威尔进入比赛水域。对他来说，2014年上半年一直很不顺利。一月，他本以为能够和国家地理频道签一笔大单，让其电视直播自己在科纳（Kona）挑战世界纪录，但在签此项合同之前，16名夏尔巴人（Sherpas）在珠穆朗玛峰遇难，登山季节所有活动暂时取消，该频道计划在2014年播出的电视纪录片因此流产。当新电视台领导处理这件事时，他们认为为一个新兴运动的挑战纪录支付350万美元风险未免太大，于是该协议被放弃。但是当威尔游进比赛区域，他认为这并未带来多少沉重的负担。令他难过的是朋友的去世：他决定将2014赛季的初次潜水献给尼克，宣布在"恒重无蹼"项目中下潜72米。

这个深度对于威尔这位世界纪录保持者应该是容易的，下潜时他发挥得很稳定，但他有所分心，在目标处出现了氮醉。他花了过多时间来寻找标签，上升的速度也不理想。当露出水面时，他有些迷失方向了。幸好卡拉·汉森（Carla Hanson）在现场。

卡拉是新港滩市（Newport Beach）本地人，曾经作为自由潜水员在迪恩斯蓝洞参加威尔的培训并得到资格证书，现在卡拉是国际自由潜水发展协会的裁判。事实上，在尼克遇难的那场"蓝洞"挑战赛中，她是三名裁判之一，但是现在她不再直接参与竞赛，而选择做一名有价值的兼职教练。身为前自由潜水运动员，她清楚地知道运动员在呼吸期间最需要什么，她响亮而高亢的声音驱散了到达水面这一重要时刻的缺氧阴霾。听到喊声威尔向她游了过来。

"呼吸！"她喊道，"抓住绳子，威廉！呼吸！"他处于半清醒状态，周边的视线因不稳定的护目镜变得模糊不清，但是慢慢地轮廓变得清晰了。"护目镜！"卡拉大叫道，威尔努力将他的护目镜移到额头上。他卖力地眨了两下眼。然后第三次眨眼时，好像从压力颇重的梦中惊醒过来。

"我没事。"他说，看着裁判，做了"OK"的手势并完成了比赛。基莫亮出白牌，威尔欣慰地笑了。尽管这是一次向尼克致敬的潜水，但并不是威尔希望达到的结果。而阿列克谢看起来进行得不错，他很强大。威尔的状态和表现却不尽如人意。

正如赛前承诺的，雷恩和克里一直在观察。雷恩示意了一下克里，克里便把威尔叫到她在平台上搭建的诊所，那里备有应急物资。她将对潜水员进行成套测试，包括检测他们的血氧饱和度，让他们咳嗽看看有没有出血，通过听诊器听呼吸。威尔通过了检查，很快坐回了赛区，大口呼吸以恢复体力。

这种潜水后彻底检查的程序并不是运动员必须完成的，因此有的运动员很恼火，他们不愿意咳嗽，宁可多呼吸几口氧气或吃一些蛋白粉。但2014年不再是一个往常的赛季，不管运动员喜欢与否，在这一年每个事件都脱离不了之前的阴影，克里·霍洛韦尔是在执行任务：确保尼克的悲剧不会再次发生。

6
革 命

尼克刚离开家乡时，美国民众正对政府怨声载道，"公民不服从运动"此起彼伏。抗议者手持着各种标语走上街头："让政府远离贪婪成性的财团企业""服务人民，不要唯利是图""提高最低工资"。和平主义者呼吁减免军费预算，将节省下来的资金用于提高教师工资。索尔与尼克和这些抗议者一起从本杰明·富兰克林大道（Ben Franklin Parkway）走向费城艺术博物馆（Philadelphia Museum of Art）——电影《洛奇6：永远的拳王》（Rocky Balboa）使得这条路线名声大噪。此时游行中"呼唤与回应"环节开始了，有人拿着扩音器呼喊："民主就应该这样！"索尔和尼克跟着人群大喊回应：

"民主就应该这样！"

人们这样一呼一应，继续前进。当走到博物馆时，唱和声渐渐平息，一群宣扬女性主义的啦啦队吸引了人们的目光。

对索尔和尼克来说，这些的确很有趣。2000年7月，费城既有狂欢，也有革命，他们正好赶上一场渴望变革的重要运动。他俩希望这个世界在追求利益和效率的同时也能够兼顾公正和团体精神，来到费城的成千上万的人们也有着同样的梦想。多数积极分子都是因为自己最关心的问题才走上街头，每天游行的主题也不尽相同。今天人们会关注工资不平等，明天还会关注环境问题等。

随着共和党全国代表大会的临近，"故意毁坏主义"也迅速蔓延，这简直是当地官员和警察的噩梦。共和党全国代表大会两天后就要举行了，事态紧急，执法者无暇顾及哪些是依法行使抗议权的非暴力积极分子（99%的游行者属于这一类），哪些是无政府主义者。对于警察来说，这些都是需要一口气全部解决的难题。

对费城来说那段时期也很重要。在20世纪90年代，费城甩掉了其后工业化和高犯罪率的帽子，努力成为一座革新的宜居城市：房价不高，小型企业繁荣，这里有像纽约那般激动人心的繁盛，而又不会像那里一样充满咄咄逼人的竞争。在未来一周全国性的电视媒体报道将会再次让费城成为全国瞩目的焦点。可是激进主义分子涌进了这座城市，市长、州长和企业领袖唯恐一年前西雅图噩梦般的事件再次发生——当时数万名群众在街头游行，使交通陷入混乱。他们堵在建筑物门口，爬上摩天大楼悬挂巨幅标语。西雅图的抗议运动让许多美国人了解到了经济全球化的问题，因为数天以来新闻媒体一直在报道游行者与当地执法部门的冲突。

索尔第一次参加这种运动是在首都华盛顿特区，那是去年四月，人们举行了一次游行，该游行是继西雅图运动之后第一个重要的抗议活动。在那之后，索尔返回了塔拉哈西，向朋友们描述参加游行的女孩们：她们聪明性感，又温柔大方。他告诉尼克人们接下来会在费城游行，只要到那里去并愿意在费城西部游行或静坐来反对那些陈旧派人士，就可以得到一张床、一辆自行车和约会的机会，这一点吸引了尼克。

随着共和党大会的临近，费城敦促、威胁甚至乞求抗议者在"法定抗议区"活动，这一区域位于一条人行道旁封闭的四分之一圆弧内，远离大会的入口，也远离多数媒体的照相机。但是这些积极分子却只关心"公民不服从运动"的成败。

位于樱桃街1501号的友谊中心（Friends Center）为这些积极分子提供了活动场所。这是一座砖砌建筑物，其中最古老的建筑可追溯到1856年，这曾是城市里贵格教派（美国最大教派之一）的主要会议厅，一个多世纪以来积极分子都聚集在此。刚建好时，废奴主义者在此进行会面并组织活动。在19和20世纪之交，它又成了妇女选举权运动的总部。

尼克在友谊中心一楼大厅遇到了索尔和另一个活动家——杰茜卡·马马雷拉（Jessica Mammarella），这里挤满了抗议者：有20世纪60年代以来就参加抗议的银白长发老者；有新近兴起的文身又穿耳孔的朋克；还有扶老携幼的非洲裔示威者，其中一些人已经花费几十年来追求平等和公正。杰茜卡的母亲十几岁时就把她生下来了，她在费城郊区长大，在抗议活动中负责活动后勤。她的工作也包括照顾新人，引导他们。她将索尔和尼克从友谊中心带到一个街区外全新、先进的费城会展中心，上面多彩的LED灯在宽街闪闪发光。

"我们需要占领一条完整的游行路线。"

离开了富兰克林大道和友谊中心，尼克和索尔来到费城西部一个废旧的有轨电车回车场。杰茜卡和她的团队花了500美金在这条贫穷的街区租了一间特别大的两层砖砌仓库，街道对面是Mount Olive房产项目，仓库的主人经营着一家地板材料公司。他们在这个旧仓库里打造游行道具，也准备费城抗议活动的重要仪式——一部木偶戏。

这是一部相当复杂的木偶剧：用彩色链条将141个12英尺高的道具骷髅连接在一起。木偶的制作是由佛蒙特州一个著名的政治剧团协助完成的，剧团名为Bread & Puppet。抗议者那天将带着这些木偶穿过市中心，在他们自己划定的路线上游行并通过用金属管制作的装置将彼此固定在一起，以堵塞交通。

索尔带领着一个游行队，他招募了尼克来帮助自己，尼克用自行车杂技吸引众人注意力来开辟一条通道，这样索尔和其他人就可以拿好道具到达指定位置，然后尼克在某处就能骑车安全离开。在此期间，尼克几乎成了全职的勤杂工，每当杰茜卡需要任何东西时，她会找他来帮忙。她总是喊他的全名，比如"尼克·梅沃利，我们需要更多的胶合板"，或者"骑上你的自行车，尼克·梅沃利，我需要你跑一趟一元店"。他很愿意听她的盼咐，去五金商店或大型垃圾站来寻找所需之物。有时候会独自前往，但他经常要求珍·凯茨（Jen Kates）陪他一起去。

当他第一天来到电车回车场时，就和珍就注意到了彼此。她21岁，非常迷人可爱，头上顶着自己剪的深色短发，有着白皙的皮肤、一双乌黑的眼睛和一张樱桃小嘴。珍在费城出生，她最近才从北卡罗来纳州的阿什维尔（Asheville）搬来参加抗议活动。定居阿什维尔之前，她在牛津大学专研人权法和希腊悲剧，尼克与珍以前约会的对象完全不同，那些都是知识分子类型的人。

"他很迷人，拥有不寻常的性格，"她说，"自我认知清晰，但他不知道哪里真正适合他。"尼克不会参与政治讨论，他倒宁愿练习自行车特技，让珍坐在车把上，带着她大胆地在破旧衰败的费城角落转悠。"他沉浸在自己的生活方式里。"她说。每次他们出去吃饭，他都会去喜欢的咖啡厅，在那里老年人下棋会友，咖啡浓烈香醇。他也时常去印度餐厅吃廉价的素食自助餐当午饭。尼克告诉她跟她在一起的每一刻都像是在享受探险。她想过和他接吻，但尼克从来没有主动尝试过。这并不重要，模糊不清的关系或许对目前紧迫的游行工作和两人间的浪漫只有益而无害。

这之后保罗叔叔和"邦佐"号的队员需要尼克去马拉松，因为又到了捉龙虾的季节，尼克回到塔拉哈西家里，想着理清下一步该做什么。

几天之后，珍从她祖父母的家里给尼克打电话，她目前身处于西棕榈滩（West Palm）附近的博因顿沙滩（Boynton Beach）。"我要带你去佛罗里达礁岛群，"他说，"你一定要去那里看看。"

"嗯，听起来很有趣。我们什么时候去呢？"

"15分钟后我将从这里离开，我们大概六个半小时后见。你收拾一下做好准备吧。"

"尼克，这太疯狂了。不能因为我随便给你打了个电话，你就什么都不管不顾了。"

"怎么了？没什么问题呀！"

"我不知道，但这么仓促简直是无理取闹。没有人会这么做。"

"确实是！"他说。她咯咯地笑着算是同意了。

索尔经常谈论克莱顿如何会谈恋爱，因为他总是可以逗女孩子们笑。

贾斯廷则会亲热地搂着女孩，带着她整天一起看电影，而尼克会带她们尝试刺激有趣、突如其来的恋爱。正如所形容的，他挂了电话，带上露营装备，检查了他那"少女杀手"的油量——这是一辆1976年的庞蒂克Grand Prix系列汽车。他的叔叔保罗让尼克开着它去上高中，因此也给这辆车起了这么个拉风的名字，在尼克17岁时将这辆车送给了他。几分钟后，尼克已经驱车前往427英里外的博因顿海滩。

天刚黑，尼克在珍的祖父母家门口按响了门铃，珍出来迎接了他。她的祖父和尼克的祖父都是第二次世界大战时的空军老兵，尼克想要知道关于那个时期的每一个故事。他们看了会儿老照片，聊了好几个小时。第二天早上她的祖母打包好他们的午饭，将其放在蜡制衬纸里，这些纸是她从谷类食品盒里省下来的，尼克喜欢它，因为他也做过相同的事情。

"你有意识到你就像一个老奶奶吗？"珍在他们去小哈瓦那（Little Havana）的路上问道，在上1号高速公路之前，他们想去那里喝一杯古巴咖啡。他瞥了她一眼，"就像一个在大萧条时期长大的人，拒绝扔掉任何东西。"

"谢谢你的夸奖了。"他说。

他们从迈阿密海滩（Miami Beach）上了高速公路，改变了方向进入佛罗里达大沼泽地，停下来远望鳄鱼和蓝鹭，看蛇滑行，并聆听红树林内风吹过那沙沙的声音。在日落时他们迅速通过了基拉戈，当在七里桥的脚下停下来时，弯弯的月亮已高悬于天空之上，皎洁的月光足以照亮长堤，这座长堤简直是工程界极简主义的奇迹。天空晴朗而黑暗，他们仍然没有亲吻，在进入温暖的墨西哥海湾后，他们脱掉了衣服，只穿内衣涉水。他指向石斑鱼峡谷对珍说："我们去那儿吧。"

珍有些紧张。"你会没事的，"他说，"有我呢。放松些，往后仰。"她信任他，也就不那么紧张了。他拉着她的手腕，向前方游去。水流因他们的游动而开始打旋，游泳时每一次划动手臂尼克都能从水面发现闪闪磷光。他从水中抬起手，闪着蓝绿光芒的水滴顺着他的手腕流下来，如毛毛细雨般滴落到珍的脖子、胸部和肚脐上并继续流淌。他们被微小发光的浮游生物包围着，它们将大海变成了一片仿佛闪烁着蓝色迷幻电子光的区域——这些生物天生用来分散捕食者注意力的伎俩。

"难以置信！"珍说，她胳膊上晶莹剔透如珍珠似的水珠分外美丽，尼克眼睛周围也有类似的水珠。尼克时而像鸭子，时而像海豚那样呈"8"型在她身边游来游去。当他终于想出来换口空气时，她调皮地用水泼他，他们开始了一场疯狂的水仗，天空在这海水的衬托下也映着蓝绿色的光辉。水面泛起了涟漪，似乎具有将他们命运相连的力量，一个是来自东北部的知识分子，一个是西佛罗里达爱幻想的屠夫之子。

那天晚上他们蜷缩在汽车里过夜，直到太阳升起才离开，穿过佛罗里达西海岸。他们在路上一直听着尼克的磁带，这些歌曲都来自直刃族朋克乐队，如"The Weakerthans"和"Pedro the Lion"。二人不停地说话，尼克开车累极了就停在一家廉价的旅店休息，他们在那里共度了甜蜜的一夜。他们一路开到了塔拉哈西，珍坐飞机回南佛罗里达。这次离别，下次见面就不知道要等到什么时候了。

两个月后，克莱顿和尼克进入了"4040"，这是一家费城的地下朋克俱乐部，但离倒闭也不远了。室内潮湿黑暗，音响系统破旧不堪，"The Weakerthans"正打算登台。尼克很紧张的同时又饱含期待。自从上次汽车旅行后，他和珍几乎没有说过话，而今晚他们将再次相聚。灯光照下来，人群欢呼雀跃，尼克和克莱顿穿过拥挤的人群来到舞台前面，发现了珍。

"我了解你。"她说。他没有说话，只是看着她的眼睛。她伸手搂住他，乐队开始演奏"Confessions of a Futon Revolutionist"，当音乐响起人群跳上跳下、尖叫并互相碰撞时，他绕着她也摇摆打拍。

他们走出去吸烟，休息了一会儿，静静地看着对方，天气很冷，呼吸形成了一片白雾。尼克穿着套头衫，外面只裹了一件牛仔夹克，冻得直打哆嗦，还没有真正准备好迎接冬天的到来。他刚刚从塔拉哈西的家搬出来——终于逃出了佛罗里达。来到后也住在只有冷水的房子里，没有暖气，也没有暖和的衣服，觉得格外冷。珍决定带他回家。

她先把他带到了父母城外的农舍，还是殖民时期的建筑。第二天他们开始找住的地方。他们从不讨论彼此的关系，也从来不说"我爱你"，就任由双方对彼此的界限这样模糊不清。两个人在费城南部的工薪阶层区域租了一个20世纪初的联排住宅。它比垃圾场好不了哪去——房基有裂口，开裂的木地板有些倾斜。家具是他们在街角和巷子里找到的，冬天费城最大的问题是没有热水，他只得在炉子上加热洗澡水，并抱住她取暖。

珍在当地一家面包店找到了一份工作。尼克则做起了自行车快递员，他大概是极限自行车赛手中唯一做这种职业的人。但他喜欢在"天堂"发送站（Heaven Sent）的工作：一名带着费城当地口音、声音沙哑的老妇人做签派员；脏乱的木制办公室带有麦斯威尔咖啡（Maxwell House）的味道；同时他可以骑着自行车漫游费城。

在家里，他为珍发明了寻宝游戏，在他们小屋里总是藏一些为她准备的信件和礼物。一个礼物是他们去礁岛群游玩的纪念册，里面有尼克手绘的插图和自己创作的小诗；另一个礼物是蜡封口的玻璃瓶，里面是海水和贝壳。他甚至做了一个后工业化的捕梦网，用旧玻璃镜片、绞线和羽毛制成，这些材料全部是他在街上收集的。

他们会花很长时间骑自行车，经常去费城西边的印度自助餐厅，虽说珍并不喜欢去那么偏僻的地方，而且感觉不自在，但她总是会同意前往。这听起来完全不可理解，但他就是这么个不可思议的人，这也正是珍欣赏他的地方。吃自助餐时，他向珍坦承自己想成为一名演员。"可是没有人会来费城开始演员之路，"她说，"你得去纽约。"他耸耸肩表示赞同，把一块萨莫萨三角饺放在珍的盘子里。

星期六晚上，他们会点一份外卖披萨，坐在黎顿豪斯广场（Rittenhouse Square）的砖砌小路上吃，周围的美国梧桐树上悬挂着白色提灯。在周五他们会加入午夜"单车临界量[①]"组织，骑到椒盐脆饼工厂（Pretzel

---

[①] 单车临界量（Critical Mass），又名临界量或临界质量，指世界各都市举办的单车集结上街活动，通常是每个月的最后一个星期五举办一次。——编者

Factory）直接从传送带上抓下新鲜、温暖的饼干。但恋爱关系不确定的缺点就是难以长久。珍还是离开了他，然后彻底搬出了他们的房子。她希望他讨厌她，他肯定是受伤了，尼克告诉珍，自己不会责怪她。

尼克在费城周围徘徊，仍旧做着他的快递员，当他听说一名来自布鲁克林的电影导演要来镇上拍摄一部关于费城激进分子和非法居住者的独立电影，他就搬回了费城西部。试镜海选就要开始了，导演希望雇佣一名真正的激进分子去扮演电影里的角色：她称之为"真实的激进分子"（actorvists）。尼克对此很感兴趣。

试镜在宾夕法尼亚大学附近的一间音像店举行，这家店现在已经不存在了。尼克来参加时，被要求填写一张个人信息表，并附上一个简短的个人陈述。他看见一堆参加候选的激进分子，有些人在咯咯傻笑并拿一些无聊的事情开玩笑，也有人看起来有些紧张，他们依次坐在导演、导演助理和摄影师面前的塑料椅上进行试镜。

导演有着雪白光滑的皮肤和一头红发，一双棕色的眼睛看起来很真诚，说起话来细声细语。轮到尼克时，他递给导演一卷学生电影的带子和信息表，然后开始读他的台词。她对他富有张力的表现和男主角般的长相印象颇深，但是她需要的是一名配角，其实就是临时演员。导演看了下尼克的信息，上面显示他25岁。

埃斯特·贝尔（Esther Bell）跟她的助理来费城拍摄第二个故事片时刚30岁。她的第一部电影是"Godass"，2000年在美国的电视网上映，此时她计划拍摄一部由他人出资的独立故事片，记录那些激进分子。她不喜欢预先的剧本，但不想失去拥有30万美元预算的机会，因此她打算在飞机上自己重新写剧本。尼克试镜后的那天晚上她看了尼克的学生电影：他被相中了。

埃斯特善于拍摄纪录片风格的电影，这意味着演员和船员都将扎根在他们扮演的角色里。尼克无法理解自己的运气怎么这么好，无意间就得到了第一个专业表演的机会，他会尽可能地好好完成。他邀请全部15名演职人员来到他那杂乱无序的老旧房间居住，这里曾是一座豪宅，现在仅剩一个残骸。他也成为剧组业余的采景人员，寻找城市周围的位置来拍摄，相当于剧组全能的后勤服务人员。晚上费城热闹精彩的意大利市场（Italian Market）休市后，他搜遍熟食店、面包店、橄榄油店和巧克力店的大垃圾桶，将食物和真正的垃圾分开。他的信条是宁缺毋滥。在尼克的帮助和照顾下，剧组的演员和工作人员吃得跟电影明星一样丰盛。

拍摄已经进行了 21 天，在埃斯特最初来到尼克住所的某个晚上，她和尼克两个人在他的房间里讨论自己新写的剧本。对完台词后他们的目光锁定在了一起，疲惫又充满兴奋。房间里一片狼藉，他的床单非常脏，窗台上还有凌乱的烟头，但这些并没有影响到埃斯特高涨的情绪。她也很兴奋，尼克感觉到了并马上吻了一下她。起初她很犹豫，埃斯特对拍摄期间与他人的关系有严格的规定，但是此时她打破了这个规则。他们的吻变得温柔而绵长，她脱掉上衣并关了灯，两人共度了一个美好的夜晚。

几天后，赞助商撤资了，埃斯特在刚开始拍摄时自己先垫付了拍摄资金，一直等着承诺的 30 万美元划到她银行账户。现在她出现了财政危机，还要把这个不幸的消息告诉演员和工作人员。她先跟尼克说了这件事。

那天晚上她先向尼克吐露了自己的心声。她跟他讲述自己十几岁时在南卡罗来纳州悲惨的生活，尼克也告诉了她有关自己的一切，但是他所谓的改变命运的日子与他在报名表上的年龄不大一致。"尼克，你究竟多大了？"埃斯特问道，她的头枕着尼克赤裸的胸膛，而他的手指缠绕着她的红色卷发。这是一个七月闷热的晚上，他们的皮肤不断渗着汗水。"你的试镜表上说你是 25 岁。"

"是吗？"

"天啊，"她说着坐了起来。

"嘿，冷静下来。我 20 岁了。我们的关系完全是合法的。"

"勉强算是吧。"埃斯特感到困惑。尼克成熟、体贴、能力优秀并且工作也非常努力。他的厨艺也特别棒——锅碗瓢盆一应俱全。他怎么可能这么年轻呢？她环顾房间的四周，非常的肮脏，屋顶漏了，墙上的洞大到胶合板都无法修补，简直就像电影《搏击俱乐部》(Fight Club)里的场景。不同于剧组里的演员和工作人员，尼克在得到这个演出机会前就住在这，仅仅还是一个孩子就这样无休止地过着这样的生活。埃斯特躺下来，蜷缩着身体，嘟囔道："我觉得这一切都很糟糕。"

拍摄终止了，尼克带埃斯特去联合车站赶她回纽约的火车。在路上，尼克告诉埃斯特他和阿龙将要去古巴，还准备违背美国旅行禁令顺道去巴哈马。尼克从来没有出过国，所以很激动。埃斯特也为尼克感到兴奋，但也有些许难过。尼克告诉埃斯特他爱她，要她相信他。

尼克递给埃斯特一封信，让她在火车上打开。他们向对方亲吻告别，尼克目视着她找了一个靠近窗户的座位坐下，火车开走时她向他挥手。当费城在视野内逐渐远去、火车驶进了乡村时，埃斯特拆开信封。里面是用拍立得拍摄的一朵在废墟中怒放的向日葵。她曾告诉过尼克一些关于自己遭受性侵和强奸的事情，她跟尼克吐露的秘密比对任何人说的都多。"你已经经历了太多糟糕的事情了，"上面写道，"但你就是幸存下来并怒放的那朵花。"当回到在威廉斯堡的公寓，她爬到屋顶上，看着东河对面的双子塔和连接纽约与曼哈顿的美丽的架空索桥，再次读了一遍尼克的信。她想，我这是恋爱了吧，但她不知道何时或者是否还会再见到尼克。

大概一个月后，阿龙和尼克坐在古巴湿地上的一小块干土堆上，边上的石灰岩洞穴里满是清澈的淡水。包围着他们的低矮丛林似乎是凭空出现的，在它下面是接近地球深处的洞穴网络。和墨西哥的尤卡坦半岛一样，古巴的那些天然地下暗河都是上好的浅滩潜水和水肺潜水胜地，不少游客在水中玩水、潜水并戏耍，其中一个人向他们游了过来。

他是来自哈瓦那的救生员，乐观而友好，说着聒噪而快速的西班牙语，想要挑战尼克他俩，看看他们能潜多深。阿龙从来没有见过尼克去深处潜水，他们那时在古巴已经逗留三个星期了，但大部分时间都花在了市区：他们在哈瓦那壮观的海滨大道上漫步，总是坐在树荫下，抽着雪茄观察来往的行人，有时和当地人聊天。两个人在当地市场上买材料，自己准备食物，从一个城镇搭车到另一个城镇，他们先搭乘运输甘蔗的卡车，然后跳上三等火车去往圣地亚哥，那里天气闷热潮湿。他们在贫民区漫步，有时停下来看孩子们玩棍子球游戏，晚上他们在坑坑洼洼的广场上吹凉风。尼克与阿龙同当地老人一起喝咖啡，欣赏路过的美女，还和当地的男孩在哈瓦那俱乐部喝到凌晨。

  由于阿龙懂当地语言，他们的行程一直很顺利。在这个世界上最友好的国家里，遇到的所有新来的人都会告诉他们在此独特的生活体验。他们在每个酒吧、公园和含早餐的旅馆都会得到下一站该去哪的建议，带上廉价的朗姆酒，秉持着20世纪80年代直刃族回归简单生活的精神搭乘运输甘蔗的卡车去旅行。每当发现了一个海滩，尼克都喜欢下去在海里长时间游泳，但首先要教会阿龙掌握水下平衡技巧，这样他们就能够在离岸珊瑚礁看看能不能捉到什么。运气不好也没有关系，尼克愿意追寻阿龙的踪迹，与他最好的朋友之一在沙砾上潜行。然后哈瓦那救生员来挑战他们了，地点是一个石灰岩无底坑。

  "它有多深，你觉得？"尼克问救生员。

  "不清楚，大约100米深。"他说。尼克点点头抓住他的面具，以他的西班牙语水平还是能听懂这洞有100米。"看看我们俩能下潜多深吧。"那个救生员随即提出挑战。

  "明白。"尼克用西班牙语回答，然后跳入水里。尼克从来没有测过自己可以潜水多深，但是他断定这个救生员水平不高，所以决定试一试，管对手是救生员还是谁。

  "失败者买朗姆酒。"救生员用英语说，附之狡猾的一笑。

  "好。"尼克说。

  指针到了"10"，阿龙开始倒计时，两个竞争对手都在做深呼吸，然后跳入水中消失不见。阿龙看着石灰岩洞穴的边缘，不时看看他的手表又翻翻钱包。他们以最少的预算旅行——20美元一天。尼克真的能在救生员的地盘上战胜他吗？大约30秒后他得到了答案。救生员早早就浮出了水面。

"你朋友在哪？"他上气不接下气地问。阿龙耸耸肩。救生员担心尼克，回望着水面。尼克不见了，他喃喃道。事实上尼克只是潜得越来越深，直到救生员看不到他。阿龙看了眼自己的表，尼克在水下已经待了一分钟，而且他刚刚超过一组从洞穴出来的水肺潜水员，这些人简直不相信自己的眼睛。

快到两分钟了他才浮出水面，像海豚那样拍打水花。阿龙搭了把手，把尼克拖到石灰岩平台上。"好了，"他说，稍微有点喘不过气，"让我们去喝朗姆酒吧。"

救生员在诺萨拉海滩（Playa Guiones）（Playa Guiones 位于哥斯达黎加，此处应为原文失误，可能是吉隆滩［Playa Giron］）附近的村庄买了一瓶 Blanco 龙舌兰送给他们。尼克二人在猪湾附近的白色细沙滩上用小塑料杯将这瓶酒喝光了。几个人都喝得醉醺醺的，尼克和救生员轮流在后面推动救生员那辆沃尔沃老爷车，车里播放的涅槃乐队的歌曲模糊不清，他们就这样一路回到哈瓦那。

古巴乡村景象就像一个真实的梦境：马车颠簸在路上，后面拉着装有木材的货车，渔港里挤满了颜色鲜艳的木制独木舟。他们摇摇晃晃地追着破旧的装有甘蔗和烟草的卡车和从田里回家的"突突突"的拖拉机。救生员已经醉倒了，让人有些心烦，尼克和阿龙停在路边休息。"哥们儿，我以前也知道你在水里很厉害，但我现在怀疑你简直是超人。"阿龙说。

"不是啊，"尼克说，"我可能天生如此。"

"这已经无关天赋了，哥们儿，这太令人惊叹了。"

埃斯特的电话响了，这天是 2001 年 9 月 11 日，现在上午九点刚过。埃斯特的那些波西米亚朋友们很少能在十点前醒来，所以不太可能是他们打来的电话。她以为是家里打的，就没接电话，但是它一直在响。当她终于接听而得知消息后，她放下电话一句话都没有说，光着脚跌跌撞撞地爬到楼顶。埃斯特还穿着睡衣，她看到了双子塔的其中一座楼顶烈火熊熊，黑烟腾起卷进天空。没过多久第二架飞机就撞上了双子塔的另一座建筑物，两个小时内双子塔都倒了，拦腰从中间折断了一半。她又惊又怕，吓得没有力气移动。

阿龙和尼克本应在"9·11"事件后的第二天穿过巴哈马往回飞，当他们抵达机场时还不知道这个新闻。当时美国的领空封锁，一个同行的乘客在登上飞机时告诉他们了原因。飞机最终在弗里波特港着陆，他们被困在大巴哈马岛（Grand Bahama Island）上，在一个大型赌场度过了三天。

快一个星期后埃斯特才离开她的公寓。和许多纽约人一样，她感觉世界要毁灭了，因此决定安静躲在家里等待下一个巨大的打击。9月16日下午，埃斯特坐在她的桌子旁俯瞰着贝瑞街（Berry Street），她看见一辆出租卡车停到楼下，她走到窗边想更清楚地看看从车上下来的人是谁。她揣测或许是一个时髦潮流的新住户吧，也有可能是一个来自曼哈顿遭遇了"9·11"事件的避难者。

结果是尼克跳下卡车，他拿着一个页边卷起的笔记本，纸张上面潦草地写着埃斯特的地址。尼克的另一只胳膊抱着一台缝纫机，他抬头一看，看见埃斯特正从她开着的窗户往下看。"你就在那啊！"尼克喊道，笑容充满了感染力。

"你怎么坐卡车来的?!"

"因为我要搬家！"

"搬去哪?!"

"就在这！"他喊着。埃斯特心潮澎湃，嘴唇朝向布鲁克林浅蓝的天空颤抖着，擦着左眼的泪水，一滴眼泪又流到了她的右脸颊上。尼克一回到美国就给她打了电话，但从来没有说过会来看她，更别提搬过来。这就是人们常说的戏剧化吗？

"我爱你！"她低声说。

"什么?!"他问。

"我说，我爱你！"

7
2014年度"加勒比"杯，罗阿坦岛，洪都拉斯（二）

"加勒比"杯的第二天，阿什利·查普曼到达了竞赛区，西湾的风景依然迷人：阳光高照，享受日光浴的人们穿着比基尼卧在白色沙滩上，啜饮着饮料，搅动着里面的菠萝块。水下的能见度非常棒，这片蔚蓝色的世界看起来像天堂。阿什利先采用仰泳姿势，用她的指尖勾住绳子，身着银色连帽紧身潜水衣，脸上戴好护目镜、鼻夹，穿着单脚蹼。观众低声议论着，她以海豚式踢腿顺利地下潜了20米，又以流线型的自由落体降到75米深处，然后优雅而有力地返回水面。

第一天比赛并不顺利：阿什利和她的主要竞争对手——克里斯蒂娜·萨内斯·德·圣马里纳（Christina Saenz de Santamaria）都收到了红牌。即便是最好的潜水者，比赛节奏慢热也会很常见，但比赛刚开始就有两个不合格的成绩实在是说不过去，这样她们二人都需要在剩下的四次潜水机会中得到三个有效分数。也就是说比赛的第二天里，她俩都需要拿到有效分数。

克里斯蒂娜并不是阿什利的唯一竞争者，索菲·雅坎（Sophie Jacquin）也是可以与她匹敌的绝佳对手。克里斯蒂娜和阿什利都高而苗条，长胳膊长腿——适合潜水的先天身体特征，索菲则是潜水员中体型最好的。她在法国出生，但基本上在瓜德罗普岛（Guadeloupe，一个法属小岛，位于加勒比地区）长大。索菲没有竞争对手的身高优势，但是她的胳膊精瘦强壮，大腿满是肌肉，腹部结实有力。比赛第一天，索菲无蹼潜到 53 米。而在阿什利下水比赛前，索菲在"自由攀绳下潜"项目中刚刚打破国家纪录，潜到了 73 米。当裁判亮起白牌时，她尖叫欢呼，欢快地敲打着水面。两次潜水都获得了白牌，索菲状态可以说非常不错。

阿什利不像生活在热带的索菲或克里斯蒂娜，后者在泰国的涛岛（Ko Tao）居住，但是她在这项运动中具备过人的竞争天赋。一般女性的肺活量是 4.2 升，令人难以置信的是，阿什利的有 9 升，甚至超过了特鲁布里奇和阿列克谢，他们的肺活量分别是 7 升和 7.5 升。尽管她体格健壮，但阿什利从小并没有进行过体育训练，也没有参加过游泳队。她在北卡罗来纳州的里奇兰兹（Richlands）小镇长大，那里的女孩更有可能成为选美皇后而不是拼命的运动员。小镇里只有不到一千人，很少有人想过出去环游世界或上大学继续学业，阿什利却想把这两项都完成。她在北卡罗来纳州大学的威尔明顿分校（附近有海滩）研究环境工程，在大学期间她接触了极限飞盘运动，这是一个对身体素质要求很高的游戏，既像橄榄球又像足球，同时也具有极限运动的特点。如果一个人参加的第一个竞技体育运动是极限飞盘，那么这个人多少有些古怪。阿什利一直很古怪，但在飞盘运动场的表现却不俗，她惊人的速度和优雅的动作吸引了雷恩的注意。

雷恩天生就是一个运动好手，他喜欢阿什利表现出来的技巧。有一次她在一个大型比赛中折断了自己的夹板，雷恩用环氧树脂和胶带将夹板粘好了。他心灵手巧、懂得哄人又结实强壮，笑起来迷人极了。雷恩还有两只拉布拉多猎犬，一只巧克力色，一只黑色，他去哪儿它们就跟着去哪儿，无论是工作、吃饭还是练习飞盘，没多久她就注意到了这个人和他的猎犬。练习后的一个下午，她坐进他的福特 F250，告诉雷恩自己几周后会随着美国和平部队去国外。他心里有些丧气，但并没有表现出来。雷恩告诉了她关于自己的工作——为学校和托儿所搭建操场，然后他邀请她去乘船游玩，当然还有他的两只猎犬陪伴。

他们驶向雷恩的房子，这是一座可爱的隔板房，位于近岸内航道附近，可以俯瞰到壮观的河口，离海滩不到两英里。门前系着一个小汽艇，上面有个单人敞篷驾驶座，两只狗跑向船并跳了上去，阿什利和雷恩跟在后面。他们开动汽艇从河口出发，苍鹭和海鹰在附近盘旋，夕阳点燃了西边的天空。后来阿什利并没有加入美国和平部队，她早已跟雷恩陷入爱河，舍不得分离一分一秒，

雷恩的父亲以前是一名生物学家，也是水肺潜水教练。20世纪70年代中期以来，雷恩的父亲就一直担任北卡罗来纳州大学威尔明顿分校的水上运动安全主管，雷恩六岁时就被带去练习水肺潜水。长大后雷恩边训练棒球边享受大学生活，有时也会花上一点时间去海里潜水，但是一旦毕业后开始工作，他就越觉得有一股强大的力量把他推向大自然。他喜欢在沼泽地、附近的树林和深水下寻找乐趣，积极探索。2007年，他又迷上了潜水捕鱼，并在国际自由潜水技能培训学院学习相关课程。

阿什利搬来跟雷恩一起住，也开始接触自由潜水，这对情侣很快就积极致身于运动生活。他们成了国际自由潜水技能训练学院的教练员，开始在他们的帆船"尼拉女孩"号教课。二人在加勒比海和佛罗里达群岛航行、教学并训练，阿什利还成了竞技性自由潜水比赛的常客。从2010年到2012年，她参加了全球范围内的竞赛，同时成为美国自由潜水国家队的队长，赢得了五项国家纪录（两个泳池和三个深度纪录），并打破了一项世界纪录。在此过程中，雷恩一直都是她的教练和专业救生潜水员。他们甚至抽空举行了婚礼。

倒计时数到零，阿什利大口呼吸，直到她的肺部充满空气，最后默念了一段祷文。然后转身跳进水中消失，2分30秒后，她再次返回水面，抓住绳子，面对裁判，轻松地去掉她的鼻夹和护目镜，并摆出"OK"的手势。但她并没有说出那几个单词，嘴唇因缺氧呈现出青色，她不停地呼吸，时间一秒一秒地过去。"说'我没事'！"卡拉·汉森冲她喊道，"说呀！"

"我没事，"阿什利说，拿出了找到的标签，证明自己潜到了75米深。当裁判拿出白牌，她拥抱了卡拉，翻了下眼珠并松了口气。

接下来，该到克里斯蒂娜了。她前一天 78 米的潜水目标可能有点过于野心勃勃，所以这次她调整到了 76 米，对一般人来说看似差别不是很大，但那些追求潜水极限的人知道，深度每增加一米掌握平衡就变得越来越困难。如果她能下潜到 76 米并成功返回，她仍然会超过阿什利成为目前比赛中下潜最深的女子运动员。

克里斯蒂娜保持身体垂直，同时做呼吸调整。她的丈夫兼教练欧塞维奥·萨内斯·德·圣马里纳（Eusebio Saenz de Snatamaria）穿着黑色潜水服在她旁边，低声指导并鼓励着她。她先开始小口吸进空气，之后不断加大吸气量。过去十年，克里斯蒂娜赢得了八项国家纪录，包括在澳大利亚举行的"恒定重量"项目比赛的 85 米纪录和"自由攀绳下潜"项目的 80 米纪录。就像 100 米深度对于男性运动员的意义，对于女性运动员来说 80 米是一个很难达到的深度，而克里斯蒂娜是世界上潜水最深的女性之一。像阿什利和索菲一样，她成功了。当裁判亮出白牌时，欧塞维奥紧紧地拥住她，亲吻她的双唇。

"我今天感觉很好。"她边说边在游艇上擦干身子，也坚持认为比赛中无论对手如何表现，最终的竞争都是来自个人内心。"最后你只是在挑战自己。"

阿什利则有不同的观念。"我需要的东西是，"她说，用鼻尖轻蹭着她宝宝安妮（Ani）的脸颊，从他们的甲板上向克里斯蒂娜点头致意，"记分牌上的成绩。"

"阿什利，我们的手机里都存满了安妮的照片，她真可爱呀。"伊鲁·贝利奇说着，弯下腰给了这对母女一个拥抱。自由潜水员们在"脸书"上几乎都关注着彼此，安妮的每张照片都会成为网上的焦点。阿什利点头微笑，为刚才的话感到些许内疚。

伊鲁是卫冕冠军，身高仅有 5.1 英尺。她虽然身材矮小，但比赛时意志却无比坚定。伊鲁只有 28 岁，但她在这之前已经克服了家庭悲剧和政治动乱带来的种种困难，来追求自由潜水职业生活。在委内瑞拉，她是自由潜水领域第一人并保持了数项国家纪录。其实伊鲁的出身不错——她的父亲掌管一家商业捕鱼公司，他们有着想要的一切：海边的现代房屋，司机接送女孩们去上弗拉明戈舞蹈课程，他们甚至在加拉加斯也有一处豪华公寓。"我们从小就被宠坏了。"她说。

后来，她家的房屋在一次山体滑坡中被摧毁，所幸每个人都活了下来，但是她父亲的生意被毁掉了，他失去了所有的船和卡车，还有居住的房子。在委内瑞拉并没有保险这一说，所以这个家得重新开始。伊鲁曾经放学后就去弗拉明戈舞蹈班上课，现在她放学后只能工作。她们一家最后在祖母的小商店里落脚，她在店里销售一种名为 cocadas 的甜椰汁饮品。伊鲁的妈妈开始卖肉馅卷饼，他们把这个小商店扩大成了一个餐厅，伊鲁和她的妹妹每天放了学都在这帮忙工作。他们的生活少了些光鲜，但是家人的关系更近了，甚至可以说更幸福快乐了。家里承担不起天主教学校的学费，但是修女们为了能让女孩们正常上学，给她们提供了奖学金。

高中期间，伊鲁和她的家人住在加拉加斯，那里的学校教育水平更高。当时委内瑞拉由查韦斯执政，犯罪率高、腐败严重，国内民怨沸腾。但当时伊鲁还是个孩子，她没有为这些而烦恼。当她还是个小女孩的时候，就有一个梦想，那就是学会水肺潜水。

2001 年，她去找卡洛斯·科斯特学习，后者当时正在为成为世界上最优秀的自由潜水员而做准备，那时他在加拉加斯教授自由潜水和水肺潜水课程。他告诉伊鲁可以在他所创立的水肺潜水俱乐部参加收费偏低的课程，这样她可以随时随地跟俱乐部一起参加组织的训练旅行活动。但首先需要向俱乐部证明她的实力，当时有 95 人竞争 25 个会员的名额。俱乐部制订了一个紧急训练计划，他们必须在一系列健美体操项目中奔跑跳跃，只有最优秀的运动员才能被允许入部。伊鲁那时只有 14 岁，身材矮小，但她有着体操运动员般强壮的双腿和无限的热情，这样的她是不会被拒之门外的。

潜水训练也不是那种典型的周末课程，它包括体能训练和自由潜水课程。伊鲁一直以来都渴望学习水肺潜水，但她更喜欢自由潜水的自由自在和片刻的安静。俱乐部组织了一场小型的泳池比赛，那时她仅 15 岁，属于少数几名女性参赛者之一，同时她又是最年轻的，大多数人都把她当作团队里的小妹妹宠着，而在比赛中她带着小脚蹼一口气游了 90 米。这虽说并没有达到世界纪录的水准，但离国家纪录也不远了。这个成绩令她的教练印象深刻，意识到她是一名正冉冉升起的自由潜水届之星。

2005 年，伊鲁在尼斯第一次参加了世界锦标赛。她曾在巴西和古巴参加过泳池项目比赛，而这是她第一次参加深度项目竞赛，同时她也是最年轻的竞争者，只有 18 岁。她在"恒定重量"项目中成功下潜到 56 米，打破了委内瑞拉纪录，在该项目女子组中排名第八。

当时委内瑞拉政府会资助自由潜水运动员，查韦斯政府不仅会资助运动员的各种海外比赛，还会奖励成绩最好的潜水员一间位于首都加拉加斯的公寓，并提供一些津贴，以支持其在家做日常训练。次年，伊鲁在埃及又参加了世界冠军的争夺赛，最终她打破了自己保持的国家纪录，排名世界第六。但大学生活马上来临，伊鲁要转而专心于自己的学业。大学毕业之后，她又继续参加自由潜水比赛，在 2013 年"加勒比"杯自由潜赛期间，她六天内打破五项国家纪录，轻松取得女子组的冠军。2014 年是不同的一年，竞争依旧像往常一般激烈，但她的脑海里始终忘不掉一个影子，那就是尼克——她的朋友、偶尔的训练伙伴、很有魅力的同行——在领奖台上再也看不到他了。

分心是自由潜水竞赛的最大障碍。保持冷静是至关重要的，运动员需要吃好睡好，保持平稳心态。如果分心，运动员就会有压力，在水下不免发挥失常，伊鲁这次比赛就因分心而失利。比赛第一天，她试图在"恒定重量"项目中下潜 67 米，但因没有掌握好平衡导致耳膜穿孔了。伤口不是太严重，但她不能参加第二天的比赛了，潜水失败次数越多，她再次尝试的希望就越小。

她加入了啦啦队。随后几天，来自智利的丹尼尔·科尔多瓦（Daniel Cordova）、来自墨西哥城的亚历杭德罗·莱穆斯（Alejandro Lemus）、卡洛斯·科斯特和索菲娅·戈麦斯·乌里韦（Sofia Gómez Uribe）——一个来自哥伦比亚麦德林地区土木工程系的学生，都赢得了各自的国家纪录。每次他们成功打破纪录，在伊鲁的带领下船上就会爆发出欢呼声。

卡洛斯·科斯特在拉美裔潜水员中特别受欢迎。他也是唯一一个在美国出生的拉美裔世界冠军，他赢得了2004年塞浦路斯世界锦标赛的冠军，也成了第一个一口气能下潜100米的运动员。在2005年尼斯的比赛中，他成功卫冕世界冠军，在"恒定重量"潜水项目中创下了105米的世界纪录，但在2006年，悲剧发生了，他在埃及"无限制潜水"训练中受伤。

"无限制潜水"项目危险性很大，因为自由潜水员和水肺潜水员一样，在极深处时他们的血液流动时会产生气泡，那么潜水员避免患上减压病（即潜水病）的唯一途径就是缓慢上升，让这些气泡在此过程中被再次吸收。如果运动员上升过快，气泡杂乱流动会卡在心室，使得心脏停止跳动，气泡也可能堵塞脑血管造成中风。卡洛斯就发生了这种不幸。

当他从180米的深处返回浮出水面后，他的左侧身体瘫痪了。卡洛斯花了五周时间在埃及和德国进行高压氧治疗①，也参加了理疗，帮助他的身体恢复运动能力，但是回到委内瑞拉，他不得不重新学习基本的游泳技巧。一年后，他在2007年国际自由潜水发展协会个人深度世界锦标赛的"恒定重量"潜水项目中下潜103米，取得了第三名的成绩。2009年他在"巴哈马蓝洞深度挑战赛"的"恒定重量"项目中下潜110米，再次获得第三。2011年在卡拉马塔举办的世锦赛上，他在"恒定重量"项目中下潜116米，获得了银牌。尽管他有病史，但仍在这些项目上取得了瞩目的成就。当他在罗阿坦岛的"恒重无蹼"比赛中下潜61米，又赢得一个国家纪录时，迎接他的是船头的整个拉美运动员团队，大家一起祝贺他，用Daft Punk乐队歌曲"*Get Lucky*"的曲调高唱：

"*Mi presidente es Maduro*，

---

① 在高压（超过常压）的环境下，呼吸纯氧或高浓度氧以治疗缺氧性疾病和相关疾患的方法，即高压氧治疗。——编者

me gusta mucho freediving."

（翻译：我的偶像是马杜罗①，我迷恋自由潜水）

5月31日，即比赛的最后一天，在女子冠军争夺赛中，伊鲁和其他人为阿什利·查普曼献上了一首歌曲。正如赛前预测的那样，索菲、克里斯蒂娜和阿什利之间的竞争非常激烈，都有望拿下冠军。前一天，似乎克里斯蒂娜先占有优势。在"恒定重量"项目中，阿什利挑战80米时觉得她的左耳有轻微挤压，于是下潜到67米就返回了，她在掌握平衡方面有些问题，更不想冒险毁坏她的耳膜，所以只能看着克里斯蒂娜在"恒定重量"潜水项目中达到80米的出色发挥，加大了其领先优势。比赛过后，阿什利裹着她那印有美国国旗的毛巾，坐在索菲旁边，双脚轻轻搅动清澈迷人的海水。她感觉稍微有些沮丧，但很快又振作起来。"不管谁赢，我们都会一起喝啤酒，"她对自己说，"还有冰啤酒，更好喝。"

"或许还能抽根烟。"索菲笑着调侃。她很快就潜到75米，赢得在这次比赛中的第二个法国纪录，这项成绩至少可以赢得一枚铜牌，对索菲来说已经很满意了，但阿什利想要冠军。

比赛最后一天，阿什利穿着印有美国国旗的比基尼，从运送运动员的独木舟上下来，到达了比赛区域。她很放松，准备在"自由攀绳下潜"项目中挑战75米的深度。据她和雷恩的计算，如果成功，她就会在本次竞赛中获胜。

潜水的前一晚，运动员必须宣布他们的目标深度和预计潜水时间，从而使得比赛组织者能够合理安排比赛日程并安装水底标签，并让救生潜水员知道下水迎接运动员（距离水面30米处）的大概时机。比赛接近尾声时，宣布目标深度的环节仿佛变成了一场国际象棋比赛：每个运动员都会估计竞争对手的下潜深度，然后宣布自己的目标深度，以便提高赢得比赛的几率。

---

① 尼古拉斯·马杜罗·莫罗斯（Nicolás Maduro Moros）是委内瑞拉当时的总统。——编者

最后一天就要来临，截至目前克里斯蒂娜在"恒定重量"项目中已经下潜到了80米深，在"自由攀绳下潜"项目中下潜到78米，在"恒重无蹼"项目中下潜到45米。阿什利在前两项紧随其后，即在"恒定重量"和"自由攀绳下潜"项目上分别潜到75米和70米，而在"恒重无蹼"上她优势明显，下潜到57米。

顶级比赛有两种计分方式。国际自由潜水发展协会的评分系统是每下降一米算一分。通过这个计算，克里斯蒂娜以203分领先，阿什利则位居其后得到202分。"巴哈马蓝洞深度挑战赛"的评分系统略有不同：每个比赛项目的冠军都会获得100分，而该项目其余的潜水员则按照自己成功下潜的深度比例得分。例如，在女子"恒重无蹼"项目中，阿什利会得到100分。克里斯蒂娜因下潜45米将获得79分。通过这个计算方式，在竞赛最后一天克里斯蒂娜共得到279分，阿什利则领先获得284分。

问题在于没有人知道评委们会使用哪个评分系统。虽然本次比赛其中一名评委向克里斯蒂娜和欧塞维奥提过他们使用的是国际自由潜水发展协会评分系统，但赛前会议上并未正式宣布。阿什利和雷恩则假设国际自由潜水发展协会用的是他们去年在"巴哈马蓝洞深度挑战赛"使用的评分系统。结果两名运动员都在宣布着不同的数字，并确信只要潜到这个数字，他们就赢定了。

克里斯蒂娜先下水。她宣布要在"恒重无蹼"项目中下潜到50米，如果成功，她就能在国际自由潜水发展协会评分系统中再多得五分。她认为，即使阿什利在"自由攀绳下潜"项目下潜到75米，所得的额外五分也不足以超越她，她仍会以一分的优势获胜。也就是说，这个目标达成与否就会定下胜负，可她是否会成功呢？

克里斯蒂娜扶着她右手边的赛绳，平静地呼吸，戴着水下护目镜面向大海。欧塞维奥再次在她附近予以指导和鼓励，他的左手搭在她的右肩上。还有10秒钟下水，他后退了几步。倒计时数到零，她仍然小口吸着空气。记零开始后，运动员必须在30秒内开始他们的潜水，15秒后她下潜了。

每个人，包括阿什利在内，都以为她赢定了。大概一分钟的时间她就到达目标深处，拿到标签并塞进兜帽里，然后蛙泳返回水面，克里斯蒂娜紧闭着双眼，很快她感到热带阳光穿过深蓝的大海一束一束地照射下来。她开始轻快地上浮，穿过水面抓住赛绳。麻烦来了：她面朝的方向是错误的。欧塞维奥在哪？评委在哪？如果她一直过度缺氧，这种状态可能会导致比赛成绩无效。但克里斯蒂娜并没有放弃。欧塞维奥喊着指令，她转过身来面对他，摘掉鼻夹和护目镜，做出了手势，说"我没事"，然后举起标签。

"保持呼吸，"欧塞维奥说，"保持呼吸，亲爱的。"评委亮出白牌。人群开始欢呼。欧塞维奥把她抱入怀中，和她在水中转圈庆祝。他们慢慢地亲吻，庆祝克里斯蒂娜赢得"加勒比"杯冠军（他们以为已经夺冠了）。

"别管他们，"雷恩告诉阿什利，"做好我们该做的。"阿什利点点头，穿上她的银色套装，跳进海水里。

"来个'愚蠢的吻'，来个'愚蠢的吻'！"哥伦比亚潜水员索菲亚·戈麦斯·乌里韦在船头呐喊。阿什利有一头浓密的赤褐色头发，被她的湿式潜水服兜帽紧裹着，看起来不像正常的圆锥形。她微笑着挥了挥手，游到比赛区域。雷恩在那等着，看看她还有什么要说的。这时他们看上去要温柔地亲吻对方了，但阿什利却伸长湿漉漉的舌头舔着雷恩的脸，这就是所谓的"愚蠢的吻"。看台爆发出笑声，雷恩也笑着耸了耸肩。冠军还不一定是克里斯蒂娜和欧塞维奥夫妇的。

比赛最后一天人比平时更多，他们纷纷跳到海水里加入到运动员中间，其中包括来来回回花好几天时间观察运动员的几名游客，他们询问运动员的设备、竞赛情况和运动本身。差不多有 50 人或站在船上或在水中围观，阿什利此刻正在放松，她的膝盖被一块泡沫塑料条支撑着。倒计时结束，阿什利做好肺部空气填充，很快就潜到水里，她期望自己可以正常发挥，得到她的第一个"加勒比"杯冠军。

播音员用声呐跟踪她的进度。1 分 45 秒后她到了目标深处，2 分钟后她上升回到了 60 米，在这个平时很费力很痛苦的阶段进行得格外顺利。2分10秒时她上升到了50米，然后她开始降低回程的速度，但幅度不大。2分45秒后，人们在水面可以看到她的身影了，但她花了25秒才露出水面。她的比赛任务几乎完成，现在就由卡拉·汉森引导她做接下来的事。

"呼吸，阿什利，呼吸！"卡拉喊着，"拿掉鼻夹！做手势！说'我没事'！"阿什利照做，调整了呼吸（这至关重要），摘下她脸上的所有装备，做了一个"OK"的手势，最终说出了那三个字："我没事。"她的声音听起来筋疲力尽，同时又像是得到了解脱。欢呼声从船上爆发出来，啦啦队领队伊鲁似乎也认为阿什利刚刚赢得了比赛。她带领着一起唱 "Get Lucky" 这首歌，很快每个人都开始跟着唱。

> "Yo soy，North Carolina. Me gusta mucho freediving."

不久后当克里斯蒂娜和阿什利在船上见面，第一次出现了两名运动员都认为自己会赢得冠军的情况。虽然这并不涉及任何奖金，但气氛仍显得尴尬和奇怪。两人都投入了时间、精力和竞争的热情。于本周早些时候提及这一问题时，甚至连基莫（主裁判和国际自由潜水发展协会主席）都不知道这次比赛将如何进行评分。他说，这要取决于埃斯特班，他是赛事组织者，但也没有人确切知道埃斯特班对这方面做出了一个什么决定。如果这两个评分系统产生同样的赢家，结果就无可置疑，就像在男子竞赛中那样，但事实并非如此。一番商议后，出现了一个非官方的公告，声称阿什利赢了。在和阿什利走到一起时克里斯蒂娜很失望，"我不知道正确的计分方式，"她说，"如果知道的话，我会去下潜得更深。但现在不管怎么说，都无关紧要了。还是恭喜你。"

"可惜就是差这么一点。"阿什利回答。

然而，那天晚上在颁奖典礼之前，出现一个惊人的逆转，克里斯蒂娜被宣布成为冠军，仅仅领先一分，现在轮到她来向阿什利表示遗憾了。阿什利最后一次潜水也可以潜得更深，她肺部仍有空气。那天早些时候，当她以为自己能赢时,她还说:"如果你想赢,就要光明正大地赢,而不应该是由某些其他原因获胜,不然那种感觉并不爽快。"现在她就因此而无比失落。

"这场比赛赢的感觉更糟,"克里斯蒂娜说,"而我确实感觉很糟糕。"

"我有点悲伤。"在颁奖仪式过后阿什利承认。她自然想赢,但事后想想,对尼克的怀念也让她难过。穿着优雅的礼服赤脚走在沙滩上,她喝着喜爱的冰镇啤酒,盯着大海,此时星星闪缀在漆黑的夜空上。虽然尼克死在雷恩的怀里,但阿什利对他的逝去耿耿于怀甚于雷恩。"有时候,我觉得这片乌云始终笼罩在我的头上,"她说,"每当我品尝浓缩咖啡时,我就会想起他。"

8
布鲁克林崛起

日出时,尼克凝视着威廉斯堡的排排屋顶,他从古巴带回来的名贵咖啡在煤气灶上汩汩起泡。烧好后他给自己倒了一杯咖啡,开始享受美味。他喜欢的球星德里克·杰特(Derek Jeter)在前天晚上系列赛的两场比赛中都打出了一记获胜的本垒打,尼克与富有才华的爱侣埃斯特生活在温馨甜蜜的布鲁克林,彼时他只有20岁,一切似乎都可以成为可能。

边喝着咖啡,他边盯着下面人行道上的酒鬼和瘾君子,他们刚从Kokie's酒吧走出来,其中有几个是纽约最臭名昭著的家伙。有些人喝了数小时的酒,有的人则待了数天,在拉着窗帘的隔间吸食有粉状添加物(苏打粉、糖、肌酸、婴儿泻药)的可卡因,是由尼克所在建筑物的一楼服务员非法提供的。尼克总是避开Kokie's,但他仍爱威廉斯堡。

这有最好的社区:不同种族聚居,工人阶级住在这里,他的祖父母就在这种环境中长大。清晨他穿过刚搬来的波兰和中国移民,慢吞吞地走向Tribeca面包店,或者去百吉饼店——约翰尼·巴格甜甜圈店(Johnny Bag o'Donuts)——威廉斯堡唯一一家百吉饼连锁店,尼克现在是这家店的一名学徒。

尼克和埃斯特住在波兰移民区的北部尽头(the North End),这些移民早在20世纪90年代初期就搬进了这片陈旧的砖房。位于百老汇南部的威廉斯堡看起来仍旧像是被战火横扫过一样,这座曾经繁荣的工业城市像是被摧毁了,破旧的建筑物很久以前就被废弃或用木板封死。埃斯特

20 世纪 90 年代中期来到这里，部分少有人居住的房子是飞车党和毒贩进行非法交易的地盘。但尼克来到时这里奇迹般地变好了，第二波移民浪潮正在到来，但是咖啡馆、酒吧和餐厅屈指可数。租金很便宜，两居室的公寓一个月租金 950 美元，带有阁楼的仅需 1200 美元。

艺术家、作家和逃兵役者络绎不绝地来到这里。大多数人会在早上赶往曼哈顿上班前光顾百吉饼店，尼克在大桶里冒着蒸汽的生面团前汗流浃背，然后将硬皮脆面包圈从烤炉中运进运出。他有时也会在前台招呼客户。约翰尼则负责现金出纳，他经常穿着紧身运动短裤和背心，喜欢浏览成人网站。如果迷人的、具有艺术气息的姑娘走进来吃早餐，约翰尼都会对她们评头论足。当时第二波移民中，来到威廉斯堡的女孩儿们周身都环绕着艺术气息，往往也都很有吸引力。

"嘿，尼克，她在看我。"他低声用地道的布鲁克林方言说，似乎是把自己当成霍华德·斯特恩（Howard Stem）了。这一次他是在谈论一个身材高大、双腿修长、绑着金色辫子的德国姑娘，她的穿着有安妮·霍尔（Annie Hall）的风格。"哦天，她太性感了。你问问她是否想在百吉饼里加些奶油干酪，我们这可是有城里最好的奶油干酪。告诉她，尼克。"其实不管是否听到约翰尼这话，她都会再光顾的。因为毫不夸张地说，别的店里还真做不出这么棒的百吉饼。

尼克很快就将埃斯特的家打造出自己的风格。他充分发挥自己的厨艺天赋，筹集了铁锅和高品质的菜刀，购买了缝纫机和一堆二手旧货店的衣服，外加两辆小轮车和一个带有衣架式天线的旧收音机，他在消防通道上用它来收听洋基队（Yankees）的比赛和美国国家公共电台（NPR）。他还收有唱片，这时尼克对唱片的兴趣已经开始从简单的直刃族转换为复杂的爵士乐，塞隆尼斯·蒙克（Thelonious Monk）的音乐是他的最爱。他会在深夜听歌，兴奋地躺在硬木地板上，沉浸在波普爵士音乐的天堂里。

他仍有悸动不安的灵魂，这就意味着他永远都想去创造新鲜事物。当他注意到厨房角落里堆积了许多拉瓦扎咖啡的罐子时，就决定把它们捆在一起，做成咖啡桌的桌腿，桌面则是用他找到的废弃木材制作的。每次他在街角上发现可利用的家具材料，尼克就会把它放在自行车车把上然后骑车带回家。尼克有一把现代主义风格的中世纪绿色鳄梨木扶手椅，它是尼克找到的最好家具。既可以当作办公椅，又可以休息时用，几乎成了他在家里的大本营。

尼克不光在垃圾站寻找可用的家具，他在食物上也想尽办法节约开支。Tribeca 面包店的厨房位于威廉斯堡的工业码头附近，距离德里格斯大道（Driggs Avenue）不远，那时店里每天要提供足够多的面包救助这个城市的流浪者。尼克有机会就去那里，和来自波兰还有中国的移民一道吃面包，老年人几乎把这里当成了社会保障食物的供给站。有时埃斯特也会加入尼克，一起寻找免费的面包。

他们还会去麦凯伦公园（McCarren Park）附近一家老旧的巧克力工厂的垃圾站搜寻。十年后，公园将计划重新投入使用——修好池塘并恢复其功能；在草坪播种并修剪整理；警察也会开始在此处巡逻负责治安。但当时这个公园就如同一个废弃的地狱。不过，他们仍然可以在一小时内找到足够吃三个月的优质黑巧克力，因此在这个危险区域他们必须无所畏惧。

二人一起度过的第一个圣诞节里，尼克和埃斯特在曼哈顿的一个救世军商店发现了一棵价值 1.99 美元、五英尺高的磨砂塑料圣诞树，也为彼此准备了圣诞礼物。在位于第三大道和贝瑞街拐角处的嬉皮士临时小屋里，尼克和埃斯特用他们自己的方式庆祝圣诞节。一起享用找到的面包和自制的团子——这个土豆团子由梅沃利家族特有秘方制成，然后就边吃找来的黑巧克力边待在屋顶看下雪的景象，享受静谧与美好。

纽约使尼克身心振奋，这与时尚的夜总会和顶级餐厅无关，而是因为这里的人间烟火。这里充满混乱，嗡嗡声与隆隆响声交替萦绕在耳边；各项运动丛生；艺术家在这里尽情挥洒灵感；激情和痛苦并存于逐梦者的心中。一切都欣欣向荣，一切也都日新月异。从纽约的地铁、街角和公园可以全方位地观察到人类的情感和成就。

尼克骑着他的小轮车穿过威廉斯堡桥（Williamsburg Bridge）和住宅区，一直骑到上西区（Upper West Side）的滨河公园（Riverside Park）。这地方有绿色的草坪、高大的梧桐树和足球场，除此之外还有一个滑板乐场，他可以在里面骑车，顺着 U 型池跃到 12 英尺高的上空翻身，在哈德逊河上方滞空几秒钟。有时他会在离家很近的地方练习，先在布鲁克林大桥上反复磨练，然后在连通曼哈顿那侧的石头和砖砌成的桥塔下穿梭，位于桥下的布鲁克林银行公园（Brooklyn Banks Park）吸引了无数小轮车和滑板爱好者前来练习。不同于佛罗里达，纽约的跨文化包容氛围与贝纳通（Benetton）服装的品牌理念[①]如出一辙，深为尼克喜欢，他觉得在此处有归属感。

每次回家，尼克都会带着碰撞摔倒造成的瘀肿、擦伤或很深的伤口，他几乎不向埃斯特提到这些伤口，而是自己去洗个澡然后再全身浸入浴缸里放松。有时候他会练习闭气，为此埃斯特非常紧张。他会在水里憋气两分钟，接着是三分钟，然后整整四分钟才出来喘气。在这种强度下，他的眼睛似乎在燃烧发烫。

尼克最喜欢威廉斯堡的海滨，当时这里是一个带有后工业特征的开放场所，既有迷宫般的碎石堆，还有许多已经倒闭的破败不堪的工厂，海面布满铁丝网和漂移的垃圾。当阿龙和索尔分别来看望尼克时，尼克带领他们穿过栅栏上的一个洞，来到一个 19 世纪末 20 世纪初的废弃码头，它位于荒废的多米诺糖厂（Domino Sugar Factory）附近，是欣赏东河两岸夜景的绝佳地点。摩天大楼闪烁天际，河水温柔地撞击着桥塔，演奏出重重妙乐。

在纽约灵感无处不在，尼克想要好好利用。他来到这里也有两个原因：首先他想跟埃斯特在一起，其次他想成为一名演员。埃斯特觉得他有男一号的长相和才华，她也想帮他实现梦想。她那时正担任加拿大音乐电视网"MuchMusic"节目的分段制片人，经常被邀请去参加出品人和导演

[①] 贝纳通服装试图超越性、社会等级及国别而反映一种生活的哲理。——编者

的聚会，正好她便带着尼克一起参加并把他介绍给他们，但是尼克通常不说话也不想刻意交际。大多数时候，尼克只充当聚会里背景板的角色。

作为一个DIY天赋能手，尼克想要拍他们自己的电影，和埃斯特一起写剧本。他的想法总是围绕父子关系破裂和修好的话题。埃斯特也试图充满热情地去创作，但是她知道完成一部伟大的剧本需要数年的时间，融资就需要更久了。另外，他们已经有了一部尚未拍摄完毕的电影，电影资料装在DV磁带的塑料桶里，在储藏室积灰。埃斯特翻找出了这部电影——"*Exist*"，反复观看后她脑海中逐渐将这部电影的框架描绘完整。尽管他们只拍摄了三分之一的场景，这部电影仍有一定价值去再改善添造。她和尼克决定写一个新版的剧本，而其中尼克将从配角变成主角。

尼克扮演愤青托普（Top），他与常青藤毕业的黑人教育活动家杰克（Jake）不和，本·巴特利特（Ben Bartlett）扮演杰克。托普反对主流文化，他认为主流文化一成不变且毫无新意。杰克虽然反对他但仍然相信正义和民主，但是当一名警察在追捕逃犯的过程中被射杀时，杰克受到怀疑并被指控，于是他逃走了，杰克的妹妹求助于托普去找哥哥。

这部电影耗时费力，拍摄一天花费五美元。电影有种游击风格，公园、他们的公寓、街角和屋顶都是拍摄场所，历时超过五个星期。"那时我的创作生活、性生活和爱情生活全都是与这个人共同经历的。"埃斯特说。这样的生活令人身心振奋，但它也容易让人冲动。他们会吵架，无论是在拍摄现场，还是拍摄结束，争吵无处不在。二人关系紧张，尼克是个急性子，他对自己期望太高，自我要求也严厉。如果他忘了台词，或搞砸了一个顺利进行中的场景，他会对自己发火并大加训斥，埃斯特就得经常安慰他。他俩都有全职工作，时间和精力的紧缺也使得一切雪上加霜。

那时，尼克已经放弃了百吉饼店的工作，开始在纽约电影和电视制作行业担任制片助理。准备编辑电影"*Exist*"时，他被安排到了喜剧中心（Comedy Central），在一个新的、低成本的喜剧综艺节目（注意：非工会的）的艺术部门供职。该节目由来自华盛顿郊区的戴夫·查佩尔（Dave Chappelle）主持，他是一个前卫又年轻的黑人喜剧演员。

"*Exist*"拍摄完毕后，埃斯特到处寻找电影的剪辑师，似乎没有人能完成这项工作。凑巧的是尼克刚好遇到了一个失业的电影剪辑师，并把他带回家，问题便迎刃而解。

尼克在全市唯一专门的越野自行车公园——穆拉利公园（Mullaly Park）遇到了罗恩·安成（Yasunari Rowan）。在布朗克斯（Bronx）一个旧洋基球场的阴凉处，4号特快列车从头顶隆隆开过，他们轮流在车道上骑车并在空中表演翻身技巧，周围是哈莱姆河（Harlem River）断崖旁的廉租公寓楼。罗恩今年27岁，出生并成长于下东区（Lower East Side）。他在血统熔炉里长大，是个有着摩卡色皮肤、蓝眼睛的黑人，完美融合了非裔美国人、爱尔兰人和美洲土著的血统。罗恩和他的伙伴们也一起听朋克音乐，不受管束，喜欢到处滑滑板。他和尼克有很多共同点。

他们一起骑车回家，但直到天黑才发现两人是邻居。罗恩用他的大众汽车将尼克送回威廉斯堡。在路上，他提到自己通过剪辑电视节目插播的广告来勉强度日。尼克和他聊起"*Exist*"这部电影，又讲述了自己想从电影里传达的积极应对生活又不受拘束的态度。当他们到达贝瑞街，尼克邀请罗恩去他家审阅一下电影镜头。他们回去之前，埃斯特已经准备要放弃这部电影了。罗恩看了几个镜头，又用滤镜做了几个对比试验，帮助匹配镜头。几分钟内，他已经完成了以前四个剪辑师需要在一个月内完成的工作。

埃斯特和罗恩上夜班时，尼克为查佩尔的短剧精心制作了一些滑稽搞笑的道具。比如他制成了一条巨大的岩石裂缝。他们的电影需要配乐时，尼克叫来了他那住在塔拉哈西的音乐家朋友克莱顿。最后影片首映，其中一位演员谭德·阿迪宾皮（Tunde Adebimpe）（收音机节目上一个前景不错的乐队节目的主唱）也来到了映后派对并献唱。

当时的美国独立电影经常会受到企业资助而精心打造，相比之下埃斯特·贝尔的小成本独立制作电影虽然不完美，看上去过于认真，但充满了执着到底的精神和诗意。在影片中，尼克看上去易怒、天真、神经质又自信，就像一个躁动不安的反叛青年。埃斯特和尼克一起努力，取得了相当不错的成就。

2003 年,"Exist"这部电影在深受好评的鹿特丹国际电影节放映,反响不错,它有可能在数周后举行的柏林电影市场(Berlin Film Market)上发行。但是制作和推广电影的过程中巨大的压力累垮了埃斯特,她患上了甲状腺疾病。她经常感觉疲惫无力,性欲也下降了。尼克虽从未抱怨,但他认为她最终还是会离开,于是两人的关系开始渐渐疏远。她承诺鹿特丹电影节后去休息一段时间,直到恢复健康。

本次电影节他们受到了像摇滚明星一般的待遇,大家都以新奇又惜才的眼光打量着他们。尼克、埃斯特与电影的六名演职人员一起参加了电影节,入住于市中心华丽的四星级酒店。埃斯特认为这还仅仅是个开始,二人惺惺相惜的合作与浪漫以后一定会越来越好。但尼克对这里的浮华炫目没有什么深刻印象。他还只是个 21 岁的热血青年,自由在向他招手,但他的时间很紧迫。

电影上映前夕,尼克为参加电影节身着得体的黑色西装,同时抽着卷烟,他和埃斯特吵起了架,当时她正在做头发,准备迎接媒体的采访。"我现在明白了,"他说,"你在控制我们的关系,做所有的决定,这一点我受够了。""先别吵,"她说,"我要做接下来的采访,我们可以稍后再讨论这个吗?"

"不,"他回答,"我的意思是,可以等你采访完。但我想说的是我不再爱你了。"埃斯特不知所措地怔住了。她踩着高跟鞋没有站稳滑了一下,接着突然抓住了手提包,冲了出去。她的头晕晕的,勉强做完了采访,但仍努力去介绍她的电影。尼克没有在电影首映式上出现,而是坐上火车去了机场。

埃斯特继续她的宣传之路,除了喝酒应酬,剩下的一周都在混混沌沌中度过。她依稀记得柏林,但不记得怎样坐飞机回到美国。她尝试让"Exist"在国内上映,但它还是卖不出去。他们的电影只引起人们短时间的注意,刚冲进市场时充满生机,但现在它的热度和新鲜感已经消失。当她回到公寓,尼克坐在那个他喜爱的椅子上吸烟并写着日志,唱机里播放着蒙克的音乐。

"我要离开了,"他说,"这就出发。"

"哪里,尼克?你要去哪?"她盯着他,凝视着他青春和英俊的脸庞,感受他急躁又天真的脾性。他一直都在冒险,也一直过着糟糕的生活,直到也摧毁了她。不过,她仍旧非常爱尼克,有一种想要保护他的冲动。尽管未来的日子还要经历很多磨难,但至少在这里——在这个公寓里,尼克会照顾好他自己。制片助理的工资不高,好在这间房的租金便宜,他在这里就像在家一样。她把自己的东西尽可能都打包进一个袋子里,抱起她的猫,去了朋友家住。她很快就搬去了纽约北部的小木屋里恢复健康,一年内都没有回过威廉斯堡。

那个时期,尼克的日志记录了他在一个暴风雨夜去海滨的心境:

漫步在飓风中,雨点如刀割,六英尺高的浪头飞溅在我的身上,狂风似乎将我变成了理想中那个成熟冷静的自己。

尼克全身心地投入自己的工作中。那时候,《查佩尔脱口秀》(*Chappelle's Show*)的第二季正在进行拍摄,第一季已经有了较好的收视率,目前为止可以说是成立不久的喜剧中心所获得的最大成功,但它的预算还是很低。尼克在艺术部门工作,经常一个人做五个人的工作。他帮助弗雷德建造自家房子学到的技能全部都开始得到发挥。他可以搭建、喷漆,也可以操作钻机,所有这一切都能够以极快的速度完成。他一周工作 90 个小时,骑着他的小轮车或新买的死飞车上下班。拍摄第一季时他们会聘请群众演员和一些喜剧新人演员装扮成名人,而在第二季,大明星们都不请自来。苏珊·萨兰登(Susan Sarandon)刚在这周客串,韦恩·布雷迪(Wayne Brady)就在下一周登台。查佩尔如果表演了极其逗趣的模仿,比如模仿里克·詹姆斯(Rick James),那么自然里克·詹姆斯接下来就会出现在节目中。

《查佩尔脱口秀》的员工在拍摄节目时就像一家人,特别是当他们卷入一种文化现象时。当时，戴夫好比理查德·普赖尔（Richard Pryor）再世，他的未来一片光明。曾有一部大片和一票难求的舞台剧向他抛出了橄榄枝，但他不为所动。他也没有去好莱坞，是一个活得很真实的人。

周末，尼克会和罗恩一起骑自行车。他们在麦卡伦公园建立了自己的跳台，也会去喜欢的滑冰场和极限小轮车场地溜达。拍摄间歇，尼克会给同事们在墙上表演极限小轮车绝技。在威廉斯堡几乎每周都有新的饭店、酒吧或俱乐部开业。Kokie's关门了，新的商家又到这里重新开业，但不再非法贩卖可卡因，也没有了知法犯法的警察。

尼克喜欢深夜，但他不是嬉皮士那一类的——尽管他符合特征。他在纽约的夜晚喜欢乘坐史泰登岛的渡轮（Staten Island Ferry）经过自由女神像，欣赏着摩天大楼的霓虹灯照耀下的海滨。周六多数情况下他会坐地铁PATH线到新泽西去看望他的外祖母乔茜和外祖父约瑟夫，在他们的后院帮忙，做一些两位老人干不动的杂活，然后在客房过夜。

脱口秀第三季拍摄前，戴夫·查佩尔签署了一份5000万美元的协议，剧组的精神面貌也发生了改变。之前，戴夫跟他的搭档编剧写90%的节目素材，但是随着能够筹到更多的金钱，戴夫不得不去参加越来越多的应酬。参与创作的时间减少了，编剧人员增加了。戴夫出现了信贷危机，但剧组成员还不知道。他的事业正如日中天，将会拥有想要的一切，但眼下的还不能使他满足。

戴夫·查佩尔失踪的那一天，脱口秀节目被取消了。尼克是从他认识的一个女孩那得到了信息——她刚刚在曼哈顿的一台自动取款机那看见戴夫，他取出了大把的钞票，银行卡也不要了就想走人。尼克的朋友在排队处拦住了他，戴夫当时态度还不错但看起来有些心烦意乱，状态很不对劲。当她的短信发过来时，工作人员和制片人们已经等了戴夫四个小时，尼克必须宣布这个消息。那天晚上，节目被正式取消后，工作人员聚集在尼克的屋顶。他们喝着威士忌和比尔森啤酒，相互讲着自己的故事，直到凌晨才散去。戴夫·查佩尔像彗星一样划亮了天空，他们都在追随着他的脚步。

《查佩尔脱口秀》取消后，尼克在工作人员里最好的一个朋友摩根·萨比亚（Morgan Sabia）的帮助下进入工会。尼克作为道具师每天能赚450美元。他从事商业广告项目，帮助重新开启了一档叫作"The Electric Company"的儿童节目。和罗恩一样，摩根就像尼克的哥哥，他告诉尼克既然他俩都在工会上班，就要扔掉破烂的二手衣服，每天必须穿得体面，还得喷除臭剂。尼克听了他的话，顺从地涂抹滚珠式除臭剂，穿上正装，这样一来尼克就再也不缺工作了。父亲拉里很少打电话问候他的情况，但保罗叔叔经常和他联系，保罗感到非常自豪：尼克一分钱不带就去了纽约，现在他混得也还不错。

生产道具只是尼克维持生计的一份工作，他仍然对表演充满热情。他加入了阿基亚·斯奎蒂耶里（Akia Squitieri）的新日演艺公司（Rising Sun），开始在一系列小型百老汇演出中担任主演。阿基亚来自新泽西，他和尼克一起表演经典作品，同时也初次演绎由约翰·帕特里克·布雷（John Patrick Bray）等新兴编剧所写的剧作。

他们最好的合作是"Hell Cab"，尼克在其中扮演一个长期忍受白班夜班交替的出租车司机。这五个月里几乎每天都要去尼克的公寓排练，从2004年11月到2005年1月，每周四到周日都会进行演出。尼克一如既往地追求完美，对自己特别苛刻，无论是排练中或演出后，他经常对自己发泄不满。阿基亚总是安慰他，直至他情绪平复。

排练间歇时，他们会一起做饭和聚会。尼克教演员们如何制作自家秘制的土豆团子，还会在他的咖啡桌上摆上精美的奶酪和干果。通常，一两个演员会在绿松石色的墙壁旁弹吉他，墙上装饰着《查佩尔脱口秀》的纪念品，其中包括尼克制作的巨型岩石裂缝道具和"ASS MILK"车牌。有时候他们也会敲打一会儿鼓类乐器，在他的客厅窗户下方永远都可以找到一大堆鼓类乐器。唯一不来参加聚会的演员是一个名为萨哈（Saha）的年轻尼泊尔移民，他扮演尼克的出租车司机对头，其表演属于面无表情但又爆笑的风格。萨哈承认他从来没有吻过一个女孩，或者参加过一次聚会，甚至一滴酒都没喝过。尼克和阿基亚没有给萨哈施加压力，只是默默地希望他会加入大家来到聚会。

"虽然相处不长,但大家在一起的时候是幸福的,和一家人一样,"阿基亚说,"尼克对此贡献很大,他的公寓成了我们共同的家。"

该演出在东村(East Village)的圣马克(Under St. Marks)上演,这是一个混凝土墙环绕的破旧黑匣子小剧场,大堂的瓦片剥落了,椽子上布满蜘蛛网。它年久失修但一直在使用,尼克很喜欢这地方。由于好评如潮,他们每天晚上的演出门票都被抢购一空。

"梅沃利出色地扮演了这个善变的司机,这个角色并不好驾驭。"汤姆·彭基思(Tom Penketh)在Backstage论坛上这样评价。

"在台上整个演出中,梅沃利都出色地完成了出租车司机角色的塑造,创造了一个富有人性和同情心的角色,他的努力真正地征服了我们。"马丁·登顿(Martin Denton)在纽约剧院网站(NYTheatre.com)上写道。

"他的发光时刻要到来了,"阿基亚说,"但是他还是一如既往的谦逊,特别关心他人也很在乎集体。"周五演出后,有一半工作人员都会在他公寓的地板上过夜。第二天早上他们醒来,尼克会去煮意式浓咖啡,大家一起做早餐,然后再一起去剧院。他们为实现在布鲁克林的自由梦想共同努力奋斗。

在这个系列演出将要结束时,拉里·梅沃利长途跋涉到了纽约观看儿子在舞台上的表演。他与卖给尼克寿险保单的继子一起来到纽约。他们来时已经是晚上了,拉里带来了一大堆香蕉,在人群中发放。落下帷幕后,当尼克和其他演员来到台上谢幕的时候,拉里给尼克投掷了香蕉,很快每个观众都用黏稠的水果来投掷演员。在拉里的眼里这是尊重演员的表现,也是一个历史悠久的戏剧传统,尽管其他人并没有听说过这个传统——在伊丽莎白时代的观剧传统里,观众向演员投掷鲜花来表达对出色表演的欣赏。

对于那些喜爱尼克的人来说,这是一项奇怪的举动:一个自恋的父亲把儿子最好的闭幕晚会表演当成是自己的成功。尼克却泰然自若,他从来没有向任何一个纽约的朋友说过他父亲的一句坏话,但通过"香蕉"

事件拉里被邀请到了庆功宴上。

那天晚上，"Hell Cab"的所有演员和他们最亲密的朋友都来到尼克的住所庆祝，喝着Red Stripe啤酒，播放音乐整夜跳舞。萨哈也出现在这里。他破例喝酒了，尼克还让他亲吻了在场的每一个女孩，萨哈笑得合不拢嘴。阿基亚在冰箱里摆放了一瓶上好的香槟，准备在闭幕这晚一起享用。尼克弹出瓶塞，递出酒瓶让大家倒酒。有人建议想弄清楚他那间小淋浴室可以挤进多少人，于是他们一个个往里涌进，最后竟有17个人挤进了这间电话亭大小的浴室，大家挤得头晕出汗，快被压扁成肥皂泥了。阿基亚、萨哈和尼克笑得喘不过气来，这里充满了欢歌笑语，还有爱。

9
2014年度"加勒比"杯，罗阿坦岛，洪都拉斯（三）

"加勒比"杯的第三天，男子卫冕冠军威尔·特鲁布里奇穿过连接赛区和游艇，又划出比赛范围的黄色绳子，游到了比赛区域。他看起来很平静，双手交叉在肚脐前，晃动不平的水面搅动着他的内心。威尔的状态渐入佳境。他本届比赛第一次潜水，即无蹼下潜到72米向尼克致敬的那次，表现不如他的预期。因此他接下来想在"自由攀绳下潜"项目中下潜111米，这应该很简单，也可以轻松完成。然而也只有威尔或者阿列克谢会对一口气潜到111米这一目标深度胸有成竹。

那一天强风使水面浪花泛起白沫，海洋深处水流汹涌咆哮。威尔处于往常的位置上——在两个救生浮标之间休息，白色浪花冲到他的脸上并推挤着他的身体。一艘快艇以极快的速度经过比赛区域，赛事官方人员挥舞着他们的手臂，敦促艇上的船长改变航向，放缓船速。船长转向了，但是他并没有减缓速度，威尔还有一分钟就要潜水了，却被这艘船的尾波溅了一身水，但他没有畏惧退缩。

这次潜水却没有威尔想象中那般容易。当他在水下超过80米深时，声呐就减弱了，在水面上没有办法跟踪检测到他的位置，威尔返回时声呐又捕捉到了他的位置。刚露出水面时他有些摇晃，看上去要因氮醉而晕倒，但是卡拉尖促有力的叫声唤醒了他。尽管他得到了白牌，但并不是以往的最佳状态。

接下来第二天，威尔穿着单脚蹼又要挑战 111 米深的目标，还是阿列克谢最擅长的"恒定重量"项目。这次的潜水仍然感觉像是在追求排位而已，而不是挑战极限，但是如果威尔成功的话，他将会拥有所有三个项目的成绩，而且他还有三次机会来刷分提高排位。更重要的是，一张白牌将确保他会稳固总排名第一的位置。

十秒钟倒计时，播音员开始计数，威尔逐渐往肺部吸进空气，每次都吸进一大口，吸了 40 次后，他转过身向前游去，然后海豚式踢腿潜入水中。虽然各项条件达到了理想状态，但声呐再次失灵，下潜到 20 米后仪器屏幕上就显示不出威尔的位置了。根据威尔 3 分 15 秒的预估潜水时间，雷恩让自己的安全小组做好准备。

"我们要按时下水，"他说，"也就是在 2 分 30 秒的第一个安全时间点。"那时威尔正在返回并已经上升到了距水面 40 米处。安全团队在水下 25 米处遇见了他，跟着他回到水面，他的上升动作迅速，看起来没什么问题，状态远远好于前两次潜水。所以这一次卡拉没有必要将他从眩晕状态中唤醒。他头脑清晰冷静，只是稍微喘不过气来。当白牌亮出时，威尔稳稳地排在成绩榜首位，但接下来其他人也相继全力以赴。

瓦利德·布迪亚夫正紧随其后。他在开幕那天取得了 102 米深的成绩，然后休息了一天，现在准备挑战"自由攀绳下潜"项目中 106 米的目标深度，以此冲击他个人最好成绩和国家纪录。和威尔一样，瓦利德喜欢背身跳水。倒计时开始时，他的左手抓住了绳，通过大口吸气小口吐气的方式来把空气储存到肺部。开始下潜时，他没有翻身，而是轻轻地将身体后仰作弓状进入水中。

推进，滑行，再推进，再滑行，他很快潜到了 20 米深，开始自由下落，闭上眼睛享受这个过程。声呐在 80 米以下就不起作用了，无法追踪他的位置，因此没有人知道他随后在极深位置所发生的遭遇。瓦利德自己也并未料到之后的事情。他专注于保持平衡和倾听提示音，在他接近 106 米时提示声会响起。

他第一天比赛就取得了成功，但他也知道那场潜水花了很长时间，所以他就在脖子增加了重量——用胶带包裹着的马蹄铁状的项圈，是用自行车内胎做成的，里面充满铅弹，起到了对抗正浮力的有效作用。他下沉得非常快，当铃声响起时他已经通过了赛程最后区域。挂绳用力将他拉住，径直地在最底端弹了一下。他对这个下落速度非常惊讶，但仍保持冷静，氮醉的痛苦难耐快使他的大脑失去知觉。瓦利德抓住目标标签，固定在潜水服的兜帽上，并抓住绳想往回升，但是当他向上拉时，发现自己动不了。他又试了一次，依然不行。

于是他往下移动了一米，惊恐地发现他的挂绳在网球处打结了，这个网球在底板下方作为浮标明确目标位置。氮醉开始持续不断地影响他，血液中不断积累的氮可以扭曲人的感知，使人出现耳鸣等症状。一些可怕的想法不断侵入他的思维——他远离水面 106 米，没有人知道到底发生了什么，也没有实况视频，他知道声呐在这种深度不起作用。"人生第一次我感觉很害怕，"他后来说，"我在想的唯一一件事就是告诉上面的人们卸掉配重系统"。

有那么一会儿，他以为自己会死，由于氮醉他神志严重不清，根本没有想到应该解开潜水服与绳线之间的钩锁，只顾着和底板下的绳结纠缠。如果他解开了绳索，就可以早点开始上升，但也有可能由于在 100 米深处花费了太多的时间，再加上身体和情绪的双重压力，会过早缺氧，在安全小组无法到达的深度发生昏厥，并漂离绳索。其实如果真的这样做的话（解开挂钩），他也很可能会失去生命。

麻醉的感觉逐渐侵蚀四肢和头脑，瓦利德心中的紧迫感和恐惧也随之增加，他最终成功解开了纽结，向水面游去，仍然沿着固定的线路。他的身体收缩来得过早。上升回 90 米时，他的神经系统高度警惕，因为迫切需要氧气，肋间肌不断震动并打了一个寒战。瓦利德通常没有这种状况，平时约上升到 40 米时才会有这种反应，他认为这是一个不祥的征兆。但是当他在 30 米与雷恩碰面时，他还依然清醒。雷恩固定在 30 米深处，等了近 20 秒来寻找瓦利德的生命迹象，看到他身影浮现才松了口气。当瓦利德出现时，他准备摇动赛绳以通知结束计算时间。

基莫在水面上看着瓦利德上浮，但没有前去帮助他。他对赛组人员摆出手势说明没问题，然后退后，为瓦利德浮出水面腾地方。瓦利德的潜水历时4分05秒，他浮出水面，护目镜和鼻夹已经移除。他说着"我没事"，并摆出"OK"的手势，但他没有坚持下去。七秒钟后他的身体开始抖动。潜水员把这称为神经失控或"桑巴舞"。有的运动员经历过这种"桑巴舞"过程而意识还清醒，瓦利德则昏厥了，一位安全救生队员及时用胳膊环住他让其倒在了自己怀里。他只是昏厥了几秒钟，但是开始不断咳出粉红色泡沫状液体。这是水肿的症状，瓦利德的肺部被挤压到了，他的嘴里、喉咙和肺充满了血液和血浆。

　　由于哺乳动物的天性，通过潜水反射会将过多的血液和血浆送入肺部的血管。正常潜水时，血液会流向四肢而不会进入肺部，但是瓦利德的情况是血管膨胀，加上额外的压力和剧烈的运动，他的肺部血管经历了一次出血，也使得呼吸系统出现水肿。当他咳嗽的时候，血液就会喷出来。

　　"这明显就是肺部损伤。"克里说，人们很快就回想起尼克的悲剧。然而，瓦利德吐出的血比尼克那次多得多。克里将正压式氧气呼吸器戴在瓦利德的脸上，以便帮助他将液体排除。一小时后，他的肺部似乎恢复了正常。

　　与此同时，竞赛还在继续，阿列克谢仍要下水比赛，准备在无蹼状态下下潜到96米，创造一个新的国家纪录。当他到达比赛位置的绳索附近时，埃斯特班·达尔翰贝感到无比激动："阿列克谢将挑战96米，离世界纪录仅有五米之遥。如果他这场比赛一切顺利并在接下来两天感觉良好的话，也许我们可以期待他在这里创造一个新的世界纪录吧。"

　　威尔却表示怀疑。"阿列克谢在'恒重无蹼'项目落后我9米，"他说，"90米和100米的区别很大，但是我们还是拭目以待吧。"

　　阿列克谢当然想获得好成绩，他认为自己赛季初的良好状态应该归功于最近才开始的重量训练。开始练习自由潜水时，他会借助瑜伽来辅助放松，这样在深海身体组织就可以变得更加灵活，心态也更加平和。但随着下潜深度的增加，他发现重量训练在长时间下潜应对负浮力时会提供所需的力量和速度，如果他保持着强有力的节奏，返回水面时就不会过度缺氧，这样也可以减少对于长时间屏息的依赖了。

威尔没有太多的肌肉。他身高 6.1 英尺，体重仅为 160 磅。但他很强壮，四肢修长形状硬朗，但看起来很协调并不笨重。他总是留一头短短的棕色头发，几乎是一个素食主义者，有时他会吃自己在巴拿马珊瑚礁捉来的海鲜来为自身提供丰富的蛋白质。

阿列克谢身高 6 英尺，体重 180 磅，他有赛车手一般坚实的大腿，上半身肌肉线条分明。他的金发蓬松，发际线稍有后移，温和的举止就像海边完美的天气那样悦人。他不吃碳水化合物，而是吃各种各样的蛋白质，他从富含大量蛋白质粉的冰沙中获取每日所需的卡路里，这些冰沙总是要随身携带，不管是在他莫斯科的家时、在达哈布（Dahab）训练基地时，还是在罗阿坦岛参加比赛时。

自由潜水中每个天赋都可能成为潜在危险，而所有的劣势则可能成为优势。那些拥有巨大肺活量的运动员，比如阿什利·查普曼——身体更适合上浮，但这样也会影响用氧效率，因为他们必须更加努力才能下沉。拥有较小肺活量的运动员下降得很快，但是在长时间潜水中他们所储存的氧气量比较少。同理，体型庞大的运动员对氧气的需求也会很多。所以阿列克谢在泳池中积极训练他的肌肉以适应缺氧的环境，就可以依靠转化出的力量在氧气耗尽前浮出水面，关键是要让身体适应各种条件并找到平衡。威尔更倾向于维持身型精瘦并保持高效。2014 年，阿列克谢选择依靠力量竞逐，这次"加勒比"杯的比赛，人们普遍认为力量就是一切，迟早阿列克谢会超过威尔。

倒计时开始，还剩 10 秒钟时，阿列克谢开始吸入空气储存到肺里。他撅起嘴唇，就像进食含氧分子的意大利面一样往嘴里吸气。在他下潜和上浮过程中会消耗大量氧气，他估计自己的潜水会花费 3 分 45 秒。肺部吸满空气后，他翻转身体，在水面上休息了一下，然后先以鸭式入水再以蛙式用力向下游去。阿列克谢游了四下，就已经达到 10 米深；游了八下后，就已经下降到 20 米处，从人们的视野中消失了，然后他开始自由落体下潜。

"触底了！" 1 分 55 秒时播音员宣布，观众开始欢呼。声呐这次没有丢失他的踪迹，每隔 10 米播音员便更新一次他的进展。而困难也才刚刚开始，尽管他到达了目标深处，但他花的时间还是过多。如果穿了单脚蹼，阿列克谢可以以每秒 1.2 米的速度上升。由于没有单脚蹼，他的速度约为每秒 0.8 米。他佩戴的潜水电脑每次都会跟踪并绘制他下潜的数据，因而他对自己的进度了如指掌。和威尔等顶级潜水员一样，这些细节使阿列克谢可以及时调整并增加速度，这样也就可以多下潜几米。

阿列克谢意识到时间紧迫，他加快了速度，3 分 45 秒时他已经升回到水下 10 米了。10 秒后即在 3 分 55 秒时他浮出了水面，但奋力游泳消耗了他的体能储备。他挂绳索时把方向弄错了，远离了裁判而面向观众的小艇。"胜利！" 玛丽娜喊道，"阿列克谢，胜利！" 她用俄语告诉他保持呼吸，他试图边挂上绳钩边呼吸，但在第二次吸气时他失去了知觉，向后落入水中。裁判们后退，安全团队赶过来，但他们并没有抓住他。有时，运动员并不会就此丧命，即使没有救生队的援助也可能起死回生；只要运动员的气道不落在水面之下，他们就被允许在 15 秒钟内尝试完成口号和手势，还可以赢得白牌。

但是阿列克谢一直昏迷，他的头部一下沉，雷恩就抱住了他的头，保持他的气道在水面之上。玛丽娜不停地呼唤他，"阿列克谢，胜利！" 当运动员在水面上昏厥时，他们其实仿佛就在浅睡一般，他人往往可以用鼓励的话，或者让风吹吹他们的脸来将其弄醒。雷恩摘除了阿列克谢的鼻夹，玛丽娜催促他继续呼吸。不到十秒钟，他醒了，并恢复了正常呼吸。

当阿列克谢游过去看医生时，威尔跃下平台，穿着单脚蹼靠着游船。他的无蹼纪录仍旧超过阿列克谢 9 米，观众区的人群在低语，思索这两位潜水高手里究竟谁会在这次的水下较量中最终胜出。

"我认为他在训练时达到过那个深度，" 威尔边说边咀嚼着他自制的素食蛋白质棒，"但在比赛中完成这一目标并不容易。在'恒重无蹼'项目中存在一个指数曲线，4～5米的差距有时对个人而言会特别难以跨越。也可能只是今天大家的表现比较糟糕，单是短暂的意识丧失也会影响到比赛发挥。"

阿列克谢并不认为瓦利德的问题会影响到自己的表现，他更关心自己的速度："当然，如果得到白牌就更好了，但所有这些小问题，多多少少都影响了你的准备。每一张红牌都会给你有价值的信息，告诉你问题出在哪里。"不过，他已经暂歇一天比赛，现在又得到了红牌，也就是说他还可以潜水三次，仍然需要在"自由攀绳下潜"和"恒定重量"的项目中得分。当被问道他是否会在参加"恒重无蹼"项目后继续尝试该项目、再多下潜一米就满意了的时候，阿列克谢回答："我目前需要休息，明天再说，"他又补充，"我并不关心总排名，其实也并没有太多的奖品。如果有一定数额的现金或者车子作为奖励，或许我还会争取金牌，但现在我只是把这些比赛机会来当作对自己的训练。"

阿列克谢指的是每年都在迪拜举行的静态闭气竞赛，获胜者可以得到一辆路虎，而亚军则会得到一辆日产尼桑。在过去的三年里，他赢得了一辆路虎和两辆日产尼桑，他在迪拜把这三辆车全部售出，总价超过15万欧元，可见这位俄罗斯人很务实。2013年他致力于延长他在"恒定重量"项目中的深度纪录，这一纪录是他在希腊的卡拉马塔（Kalamata）举行的 AIDA 个人深度世锦赛（AIDA Individual Depth World Championship）中创造的。2014年，他想在"恒重无蹼"项目中有所突破，不会因为短暂晕厥而改变自己的比赛计划。

那天晚上，威尔和阿列克谢一起吃晚饭。他们谈到了训练和战术，以及听说的在尼克死亡后 AIDA 要做出的医疗改革。如果运动员在一项运动或行业已经达到顶层，通常会理解自己的人就是竞争对手，所以他们二人很自然就会成为朋友。

但是他们的竞争关系并不总是那么友好。最显著的争议发生在2013年的卡拉马塔，阿列克谢打破了"恒定重量"项目的世界纪录，下潜到了128米，他成了金牌得主，也让他成为有史以来竞技性自由潜水中下潜得最深的人。然而那次潜水有许多争议，但最让威尔气恼的是阿列克谢升回水面的系列步骤。威尔和另一位实力相当的对手——法国人纪尧姆·内里（Guillaume Néry）认为阿列克谢在摘下鼻夹后做了两次"OK"的手势。清除所有设备是水上安全协议（即升回水面后要完成口号和手势）的开始，两次"OK"的手势就应该得到红牌。在视频里，阿列克谢似乎先用左手，然后又用右手做出了"OK"的手势，但裁判并没有这样认为。如果重新判定给阿列克谢红牌的话，威尔就会赢得该项目的金牌。他直接面对阿列克谢并告诉自己和内里分别提出了抗议。

当一个运动员潜水结束后，一个或多个运动员都可以提出抗议，评委们会在当天下午或晚上倾听他们的抗议。那些得到红牌的运动员往往想取消红牌而发出抗议。但在世界锦标赛中竞争会变得很激烈，运动员总是对彼此的成绩提出抗议。

"比赛有原则但也要有常识和公平竞争意识，"阿列克谢对这一事件做出回应，"我完成了自己的潜水，浮上来时没有出现颤动，没有"桑巴舞"，也没有中间昏厥，我是干净利索地完成了任务。我告诉他们，如果他们犯了一些规则上的小错误，裁判给了他们白牌，我是不会去抗议的。我跟他们谈了我的意见，但他们没有按照我的想法做，所以潜水后有些争吵，但人们并不反感此次争议。我很高兴他们没有[继续进行抗议]，但这次情况特殊而且敏感。一个世界纪录会由此诞生，他们正试图把它从我手里夺走。"

阿列克谢现在正试图从威尔身上夺走比赛的荣誉。尽管他第一次尝试失败，阿列克谢知道他已经有潜到96米的成绩，如果他第二次能超过96米，他相信自己仍有机会挑战威尔在无蹼项目的纪录。

在此次这个近乎完美的时机，阿列克谢决定挑战威尔的纪录，因为威尔最近一直在他自己擅长的项目中出现问题。准备"加勒比"杯比赛时，威尔的训练进行得并不顺利。作为在无蹼项目中唯一一位达到100米的世界纪录保持者，威尔现在却在比赛中努力突破90米深度。这点很是令人警惕，因为他自小时候就生活在帆船上，不带脚蹼游泳一直是他最喜欢的运动。

威尔·特鲁布里奇出生在北英格兰，他从两岁起就与他的哥哥萨姆还有父母在公海附近巡游，之后也在停靠的任意港口工作或玩耍。澳大利亚、托托拉岛（Tortola）、塔希提岛（Tahiti）——无论他们在哪儿停靠，威尔和萨姆都会花大部分时间潜到水中捞贝壳。当威尔八岁以后，他们搬回了老家新西兰，又继续在船上生活了五年多，夏天在南太平洋的瓦努阿图（Vanuatu）和大不列颠岛的新加勒多尼亚（New Caledonia）两地度过。两兄弟偶尔会在水下比赛看谁潜得更深，威尔说不到十岁时他就可以一口气潜到 15 米。

在 2002 年，当时威尔 22 岁，他放弃了在奥克兰市的遗传基因工程师的职业——他早先承诺过会从事这项职业，不孕不育基因工程实验室的生活让他感到无聊，于是他搬到伦敦工作并环游世界。一天晚上，他的室友从泰国涛岛旅游回来，告诉威尔自己在那见到了自由潜水员。威尔非常好奇，然后就在网上搜索了这项运动，上面一些训练方法吸引了他，比如在床上就可以练习屏气，有时也可以在游泳池做憋气游泳，但自己在家练习的成效并不显著，因此他收拾好行李准备出发去外面继续练习。

2003 年伦敦的冬天寒冷刺骨，威尔就把大部分时间花在了洪都拉斯湾群岛，选择在乌提拉岛（Utila）训练，他没去罗阿坦岛，因为相对来说乌提拉的环境对背包客比较友好。他每天都待在水里，经常一天潜水超过 40 次。他很少用脚蹼，因为从小就不怎么用。蛙泳是他惯用并且信任的泳姿。他搭便车去有潜水设备商店的近海地带潜水，他可以在水下穿过布满软珊瑚的峡谷，穿过被硬珊瑚覆盖的石壁，那些硬珊瑚为五颜六色的热带鱼类提供养分。他那时是独自潜水，没有人同他一起在水面盯着他的动向，这是极其危险的，但当时并没有更好的办法。"记得有一次潜水浮出水面时，我整个身体和大脑感觉嗡嗡作响，但很刺激，想要再试一次。"事实上他的身体正在发出信号警告他应该停止潜水，否则会昏厥。就像尼克那次在佛罗里达的潜水一样，威尔也很幸运。

在岛上潜水的日子里,他一直没有用深度测量计,但最后一天他带上了。他游向更深更暗、直到阳光也不能穿透的区域,经过了一小波戴着水肺的潜水员,他们对他充满了好奇,但也既惊吓又敬畏。随着越潜越深,他便无法掌握平衡,因此转身游回水面。威尔深吸几口气,然后看了眼深度计:他不穿脚蹼潜到了46米,但实际上他从来没有跟教练专门学习过。和尼克·梅沃利一样,威尔·特鲁布里奇是天生的潜水员。

2003年的后半年他最终在撒丁岛参加了自由潜水界传奇人士翁贝托·佩利扎里开设的潜水课程,他也成了佩利扎里的明星学员之一。威尔从小就不是竞技性运动员,相比运动类项目,他倒是更擅长棋类。现在威尔正在逐渐成长为世界巨星,而使他区别于其他潜水员的地方就在于无蹼潜水优势,这对潜水员身体素质的要求也相当高。参加完培训后他仍留在撒丁岛,继续他的训练——划着独木舟到指定位置,然后潜下去把系船用具放到55米深处。这并不简单:他要不断躲开快艇和水母,还要与天气和海浪做斗争。撒丁岛的租金很贵,起初很难维持生计,但是他很快就签订协议,把佩利扎里一本名为"Manual of Freediving"的教程翻译成英语,这使他能够维持自己在岛上的生活。

2004年,佩利扎里训练威尔成为一名潜水教练,威尔也参加了第一次比赛,无蹼潜到55米。尽管他得到一张白牌,但浮出水面时他的面罩里都是血。威尔的鼻窦遭到了严重的挤压(当时水压损坏了鼻窦里的组织),接下来五个月他都不能潜水了。

在他鼻窦组织愈合的接下来几周,他边走路边练习憋气,并进行其他不用下水的锻炼来保持运动状态。那段时间威尔很低迷,因为他知道"恒重无蹼"项目的世界纪录是63米。他已经快接近了,触手可及。只可惜身体条件并不允许他去挑战。第二年,威尔完全康复,他在西西里岛参加比赛,不穿脚蹼潜到了65米,但是那时世界纪录已经不止65米了。

威尔取得了进步,但是他也知道要想打破一项世界纪录,他的居住条件要常年满足潜水环境的要求。2005年后半年,他听别人说起迪恩斯蓝洞是个适合潜水的好地方,于是就出发到达那里。随后不到18个月,也就是在 2007 年 4 月 9 日这天,他在迪恩斯蓝洞无蹼潜到 81 米,获得了他的第一个世界纪录。

"恒重无蹼"项目一直是威尔的强项,如果他失去了这个项目的优势,剩余的职业生涯将要怎样度过?威尔不是新星,他已经 34 岁了,与他的黄金运动年龄渐行渐远,而 27 岁的阿列克谢只会变得更强。但是随着比赛的进行,一件事使得比赛对威尔而言变得轻松许多:他已经想通了限制自己发挥的因素。

丝毫机械误差就可以置自由潜水员于死地,坏习惯如果未被发现就会慢慢渗入并成为潜水过程中很自然的一部分,除非它们被识别或者根除。好比在篮球运动中重新发现自己三分能力的射手,威尔回想着他准备潜水前的每一分钟,忽然想起了在把空气吸进肺部时,他有点眼冒金星,直到下降 50 米后才再次感到一种想要呼吸的冲动。这两个因素使他确信在潜水前的最后几分钟内自己过度吸气了。潜水之前的呼吸是一件奇妙的事情:一方面需要降低心脏速率和二氧化碳水平,这有助于延缓呼吸冲动并刺激波尔效应,血液中的血红蛋白自然结合更多的氧气,从而使肌肉在潜水时更有效地利用这些氧气。但是,如果二氧化碳含量过低,运动员将不能使潜水反射或波尔效应的作用最大化,这两项都是潜水员推动生理极限的关键。

在比赛的第四天,威尔尝试在"恒重无蹼"项目下潜到 90 米,此刻不再担心之前困扰他的问题了。他精准优雅地跳进水里,并准时在 3 分 35 秒后利落地浮出水面,没有任何眩晕的迹象。这次潜水对于他来说很容易,基莫亮出一张白牌。威尔在这场比赛中达到了领先优势,但是否会一直保持也有待观察,因为阿列克谢仍然专注于无蹼项目,人们不由得怀疑这次比赛是否还有竞争性可言,但也没用太久就得到了答案。

阿列克谢回到赛区准备开始比赛,平台上的运动员和粉丝踩着水往下看,威尔也在这些人群中。威尔希望观察清楚对手的潜水,评价他的准备,看看如果得到了白牌他的身体情况如何,以及阿列克谢与自己的纪录有多大差距。阿列克谢对威尔的举动浑然不觉。他伸直身体,眯起眼睛看着面前几厘米远的赛绳。比赛时间快到了，他继续吸气20秒钟，身体向前展开，并朝他的目标游去。他一直在水下待了将近三分钟，威尔吸了一口气，穿着他的双脚蹼游到25米深处，希望能赶上阿列克谢。他们碰到了并一起往上游。这一次阿列克谢比预计时间快7秒，他快速游向裁判，显得冷静又有控制力，标签在他的金色兜帽下闪耀。

"胜利！"玛丽娜脸上满是笑容，为他感到骄傲，"胜利！"阿列克谢微笑着，顺利地完成了水面上的系列步骤。

"一个新的国家纪录诞生了！"播音员在平台上宣布。

"干得漂亮，阿列克谢！"一名安全救生员喊道。

"这个过程还是很难的，"阿列克谢笑着说，"我可是听烦了这种话了，也许现在我应该试着一举赢得冠军了吧？"这天比赛结束的时候，威尔仍处在领先位置，但是他身上的压力越来越大。

阿列克谢已经瞄准本次"加勒比"杯冠军位置，与此同时威尔的潜水表现得也很好，西湾这里的氛围火热紧张，但是瓦利德一点也不激动。克里已经禁止他参加接下来的比赛。"我明白他们很小心不想再出现什么差错，但是我的身体也没有出太大问题。"他坚称。在106米处的可怕经历后，瓦利德也从未考虑过禁令。他请了一天假休息，又过了一天官方休息日后，他宣布在"自由攀绳下潜"中挑战108米的目标，该目标已经被提上日程却悬而未决，直到克里的禁令出现。

检测出是否有肺挤压非常困难，因为一旦肺部水肿消失（可能要几个小时），就没有办法确认肺部是否受伤。肺部没有神经，因此疼痛不是主要判定因素，等到发现大问题时就要靠超声波来检测了。受挤压后的三天，瓦利德没有什么遗留的症状，但克里仍旧不让他参赛。尼克的悲剧之后，克里不会允许再出现任何意外的可能。虽然她并没有根据科学论点做决定，但没人知道肺挤压的症状及如何恢复。克里只是觉得她要让人们对此有不同的意识。瓦利德试图改变她的想法，"虽然发生了一些意外，可是我的身体已经适应并恢复，没什么问题了。"他说。

"不，"克里说，"问题还存在，如果你再次遇到肺挤压，保不准会发生尼克那次的悲剧。"瓦利德发怒了,他不喜欢她总是考虑尼克的先例,而不是基于他自己的身体情况做决定,更让他生气的是埃斯特班和基莫支持她的决定,而国际自由潜水发展协会也没有出正式规定说明医生可以禁止运动员比赛。她希望他至少花几周的时间去愈合伤病,但也只能做到在接下来的比赛里不让他出场。

比赛的最后两天,威尔和阿列克谢第二次开启白热化的竞争。阿列克谢在"自由攀绳下潜"项目中很轻松地潜到112米,超过了威尔。目前他在三大项中领先两项,还没有进行到他最擅长的"恒定重量"项目。接着威尔震惊了所有人:他宣布在"恒重无蹼"项目中下潜到97米。

"他在训练中表现并不好,"一个安全救生潜水员低声说,"他都没有潜到过这个深度。"另一个也说道,但是每个人都想看他去尝试,因为看威尔不穿脚蹼潜水就像看尤赛恩·博尔特(Usain Bolt)赛跑或勒布朗·詹姆斯(LeBron James)飞扣一般过瘾。他细长的四肢有节奏地进行伸展和收缩,形成直角,像拥有超人般的力量一样毫不费力地向下冲,这套动作简直完美。

威尔在1分30秒下潜到80米深时,声呐逐渐不再起作用,当他上浮至75米深度时,人们再次在声呐探测的屏幕看到亮点。他已经在水下待了2分45秒,顺利而准时地于3分51秒后浮出水面,双手抓住绳子,全力让自己高出水面。这一过程没什么问题,随后他想要用右手摘掉眼镜时,身体却开始往下滑。液体护目镜经常会紧粘眼眶,威尔挣扎着费力摘掉了它,他开始上气不接下气,搅乱了冷静的情绪,做出"OK"的手势后呼吸有点费力,在水下摸索着标签,吃劲地挤出"我没事"这几个字。

他的嘴唇发青,停止了呼吸,即将失去知觉,卡拉立即扶住并提醒他:"呼吸!保持呼吸!"突然他清醒过来,说出"我没事"。接着,他摇摇头,叹了口气,让混沌的大脑回过神来,看到大约50名潜水员和观众在欣赏自己大师级的表演,他必须要完成任务,于是缓慢地拿出标签,但是裁判刚才见过它了便直接亮起白牌。威尔用拳头捶向水面,这是在提醒阿列克谢,自己一直是无蹼项目之王。他又回到领先地位,接下来还有一次潜水机会。

男子比赛没有评分系统的争议。进入比赛最后一天，威尔在"恒重无蹼"项目成绩为97米，"恒定重量"项目为111米，在这两项中都领先阿列克谢，而在"自由攀绳下潜"项目只落后他1米，阿列克谢在此项目成绩为112米，无蹼项目为96米。那天晚上他们都鼓捣数字，以确定能够给自己带来金牌的潜水深度和项目，最后他们都选择了单脚蹼项目。威尔宣布要在"恒定重量"项目达到116米，但这是阿列克谢的优势项目，后者宣布要在"恒定重量"项目中潜到123米，仅比他的世界纪录差五米。

"加勒比"杯的最后一天，解决完女子比赛的争议后，阿列克谢和威尔即将开始最后的潜水比赛。最后两天观众人群也增加了，游客租橡皮船划过来观看，而其他人在运送运动员的独木船上观看。将近60人或挤在船头，或在赛区周围的水里等待，尽管暴露在热带炙热的阳光下，但仍兴致满满。

5月31日下午12点27分，威尔以鸭式猛地扎进水里，再以海豚式踢腿游向深处，两分钟后威尔摸到底。播音员在他开始上升时记录时间，3分10秒时即在水下20米他回到人们的视线里。他浮出水面，按时完成系列动作，斜挂在绳索上露出了顽皮的笑容。人群中爆发出欢呼声。他的比赛就此结束。六次潜水得到六张白牌，金牌仿佛近在眼前。但金牌已经稳落到威尔的手里了吗，阿列克谢接下来将要用自己的表现来证明并非如此。

"有请俄罗斯人。"雷恩喊道，观众席发出欢呼声，底板被移至123米深。阿列克谢已经在"恒重无蹼"项目中创造了他这次比赛的极限，马上将是他在本场赛事中进行的第一次"恒定重量"项目下潜，同时也第一次超过112米深度。虽然110米和120米深度之间的压力差别并不大，但氮醉会成为一个真正的阻碍。随着潜水时间和深度的增加，更多的氮会在血液中聚集，从而麻痹大脑。氮醉对阿列克谢来说不是难题，另外他还会穿上单脚蹼，他16岁时就穿着单脚蹼游泳了。

阿列克谢出生在俄罗斯的伏尔加格勒（Volgograd），是伏尔加河边上一座不规则延伸的城市，地处南部的平原，曾经被称为斯大林格勒。他的妈妈——纳塔利娅·莫尔恰诺娃在他三岁的时候就教他游泳，他在五岁时就已经赢得 800 米仰泳儿童组国家纪录，很快也在自由泳和蝶泳中成为同龄组的冠军。阿列克谢在俄罗斯是个游泳神童，这种奇才会被送往体育学校，那里是专注培养奥运会冠军的地方。

体育学校在圣彼得堡，他在那转换项目学习了蹼泳。这项运动在俄罗斯、中国、巴西和整个欧洲都比较流行，蹼泳运动员要穿单脚蹼并携带特殊液压供氧装置，这样他们就能在水面之下游泳，并一直保持海豚式踢水。虽然很奇怪却又不失优雅，和传统游泳相比，速度要快得多。50 米蹼泳的世界纪录是 15.06 秒，由俄罗斯人帕维尔·卡巴诺夫（Pavel Kabanov）在 2014 年 7 月创下，这比 2009 年塞萨尔·切洛（Cesar Cielo）在巴西创造的 20.91 秒的 50 米自由泳世界纪录快了近 6 秒。希腊的威廉·保罗·鲍德温（William Paul Baldwin）拥有 34.18 秒的 100 米蹼泳世界纪录，这比 100 米蝶泳中迈克尔·菲尔普斯（Michael Phelps）保持的世界纪录快 15 秒还多。

阿列克谢转学蹼泳是为了体验游泳的乐趣，但他对于这项运动的兴趣也已经开始减弱。他并未计划将自由潜水作为职业，但最终还是选择了它。17 岁高中毕业，阿列克谢搬到莫斯科，在那他的母亲开始认真地让他投入自由潜水领域。她再次成为他的教练，2004 年去塞浦路斯参加 AIDA 世界锦标赛时，阿列克谢也跟着一起去了。他首次参加竞赛是在 2005 年，当时他 18 岁，在"恒定重量"项目中下潜到 82 米，排名世界第七。

九年后，即 2014 年 5 月 31 日，他首次尝试击败最优秀的自由潜水运动员威尔·特鲁布里奇，想要夺得总冠军。他需要在"恒定重量"项目下潜到 123 米，预计下潜时间 3 分 45 秒。声呐跟踪他潜到 90 米就停止了，他在水下已经待了 1 分 30 秒，观众充满了疑虑，播音员斜眼看着信号传输屏幕，寻找标记阿列克谢位置的数字信号。在 80 米处声呐搜索到了他的信号，正在回来的路上，这时已经过去了 2 分 40 秒。30 秒后他返回至 50 米处，安全潜水员沿绳索往下遇到了他。

阿列克谢加快了他回程的速度，3分35秒后人们在20米深处看到了他的身影。又过了5秒，他已经回到10米深处。他又加快了速度，并在3分53秒露出水面。"胜利！"玛丽娜说，"胜利！"只看一眼，她便知道他没事。

他一手抓住绳索，另一只手摘掉他的黄色鼻夹，很快做了个"OK"的手势，"我没事。"他边喘气边低声说。阿列克谢从身上拿出标签，这次评委不需要一起做决定。基莫径直亮出白牌，阿列克谢赢了。

那天晚上，在西湾度假胜地（West Bay Resort），运动员们聚集在海滩上一家精品店前，他们架起一个舞台，搭建出一个舞池并在甲板上放置DJ，准备为潜水员庆贺。潜水员们最终都喝到了自己渴望的啤酒和朗姆酒。埃斯特班在颁奖典礼上说英语，但是拉丁区不讲英语。"西班牙语！"他们欢呼着，"西班牙语！"毕竟是在洪都拉斯。

奖杯是当地的艺术家用贝壳做成的，用来代替奖牌发给获奖运动员。卡洛斯·科斯特在最后一天进行的100米潜水挑战中赢得了铜牌，威尔获得银牌，阿列克谢则赢得了最高奖项。之后这三名潜水健将进行了合影，并连同女子队的获胜者一起为活动海报签名。

威尔一如既往的举止得体，始终保持微笑。不管他是否承认，本场比赛的观众，包括几乎所有在场的运动员都认为自己见证了时代的交接。阿列克谢（继威尔之后男子自由潜水王冠的继承者）的胜利宣布着新的王者的诞生，至少理论上看是如此。无论人们在酒吧畅饮、在舞池放松扭动，还是赤脚漫步在浅滩都在不停谈论这件事。甚至晚些时候聚在山上的夜总会一起酩酊大醉时，这个话题也没有终止，但威尔对此不以为然。

10
在潜水中获得自由

2007年,尼克已经放弃了成为一名专业演员的梦想。他不想忍受选派演员的人打来的电话,电话那端像是在挑选畜生。有时为表现出对克拉夫特奶酪极度喜爱的场景,他就要准备20次,只为过这一个镜头,有时还要等着轮到自己。有时又要在美剧"*One Life to Live*"中与随便一个标致的美女拍摄亲热的镜头。他还在与阿基亚一起表演,虽然对表演的兴致退却,但他还是热爱这个城市,渴望自己的生活充满激情和冒险,渴望改变,期待一种新的生活方式,他的这种渴望与日俱增。与此同时,他周围的一切也确实发生着翻天覆地的转变。威廉斯堡正在蜕变中。

房地产投资已经蔓延到了哈德逊河边,这里将建立新的码头和海堤。摇摇欲坠的工厂和仓库经过改装,被翻新成复式阁楼建筑。他特别讨厌那些新建成的、看起来毫无特色的公寓,它们就像细菌一般散布开来。尼克曾经自由漫步的海滨也被栅栏隔开。

然后IT达人、律师、编辑、艺术家、建筑师和年轻家庭都来了。涌入的人中90%都是白人,他们改变了威廉斯堡的街景,也抹掉了属于它的味道。伴随着他们到来的是新的酒吧和餐厅,当然也包括新的门卫。租金飙升,每月高达四千美元。老租户只能哀叹抱怨他们曾经的所有。贝德福德大道突然成为城市里最热门的街道,新威廉斯堡甚至催生了不少乐队,如:Yeah Yeah Yeahs、Animal Collective、Interpol、Fischerspooner以及TV on the Radio,他们的崛起更使得这一地区变成了一个全国性热门景点。游客络绎不绝地来到楼下酒吧，它现在名为"The Levee"。

当尼克的朋友来时，他们会让尼克推荐餐厅和夜生活场所。如果摩根在旁，他会笑着接过话茬："尼克才不知道去哪里，他从来都不出去！"大多数时候，尼克会整夜坐在他的鳄梨木扶手椅上，透过窗户或在屋顶看着外面，边吸着烟边收听美国国家公共电台的节目或洋基队的比赛，收音机已经破旧到声音模糊。有时也听爵士乐唱片，在他的日记本上写写画画，想要弄清下一步要做什么。一天晚上，姐姐珍凌晨一点发来一条信息。

"你醒着吗？能聊会儿天吗？"

当时，珍在奥兰多市的丽思·卡尔顿酒店（Ritz-Carlton）做一名婚礼策划师，她精力充沛且工作出色。她的丈夫乔（Joe）是一名药品推销员，也赚了不少钱。他们衣冠楚楚，为共和党投票，在郊区有座漂亮的房子。换句话说，珍跟尼克的生活截然相反，但他们关系还是特别亲密，当尼克打去了电话时，珍在哭泣。

她被诊断为宫颈癌，需要用锥形切除术切掉宫颈的一部分，拿去做个活检。然后根据他们发现的癌细胞数量，第二步可能会切除子宫。乔从全力用爱积极支持她转变为一种纯粹的惊恐，害怕他一生的挚爱正步入死亡的深渊。即使她活下来，他们也不会有孩子了。

她以前并没有那么想要一个孩子。她和乔很热爱他们现有的生活，一起出去散步或者旅行，他们一直都未在经济上犯过愁。但是她想不到，现在自己会哀悼再也不会出世的孩子。乔试图安慰她，但是他的话太空洞，又絮絮叨叨说得太多。她继续工作，想要熬过来。在诊断前不久，丽思·卡尔顿酒店开始要求他们的婚礼和活动策划师考取侍酒师证书。她的考试还有一周，但她又已经登记准备做锥形切除手术。既然很快就要做手术，为什么她还非要学习，应付那个破考试？

那天晚上凌晨一点，一切对她来说似乎都没有了意义。最重要的是什么？从乔那显然已经得不到答案了。贝琳达做着最坏的打算，而拉里还有着自己的一堆麻烦——他的生意一片糟糕，开始利用信贷，几次用房子和商店做抵押贷款，希望能够拯救乔治市场。亲友都无法帮助她，她只能号啕大哭着看抽认卡，担忧极了，感觉比以往任何时候都更孤单，直到她打给尼克才感觉好些。"他在安慰人这方面真的很有天赋，"她说，"他没有强行想出什么话来安慰我，而是会让我拿出勇气积极面对，然后再来安慰我"。

"珍，你知道我爱你。"他说。尼克并不主张珍放弃侍酒师考试，他不想给珍出任何建议，而是让珍说出想法，并告诉自己能为她做些什么。她需要的是学习这些该死的抽认卡。她已经把这上面的100道题都做过了，然后就要向尼克口述问题和答案，他记下来，并随机问珍。

什么品种的葡萄生长在波尔多？
（赤霞珠、梅洛和白苏维翁。）
什么是浸渍期？
（葡萄汁接触皮和种子的时间段。）
一小桶啤酒有多少加仑？
（18。）
法国勃艮第地区，白葡萄酒含有百分之百的哪种葡萄？
（霞多丽。）

尼克不断考珍这些问题，两人聊到太阳都升起来了，他们还开了一些玩笑，笑着讨论关于酒的一些模糊琐碎的问题，还谈到了拉里、新威廉斯堡和地球上生命的悲喜剧。挂掉电话后，珍已经平静。

一周后，他们最小的妹妹——凯蒂要在佛罗里达州的盖恩斯维尔附近参加高中军乐队表演比赛。尼克为此赶来，贝琳达要求珍也开车过来，这样他们一家就能团聚了，她也可以忘掉不愉快的事。但珍刚刚做了锥形切除术的活检，外科医生警告珍癌细胞太活跃了，要谨慎对待。她被告知子宫切除是最安全的唯一方法。珍的情绪非常烦躁，她做完手术很不舒服，就没有跟父母坐在硬硬的看台座椅上，她跟乔走向了小卖铺。当尼克出现时,他们正在排队买东西。

"我跑向他,他也向我迎过来,给了我生命里最大一个拥抱,"珍说,"他抱着我大概有十分钟,并告诉我不会有事的。那个时候我从乔那里无法感受到的爱和支持都包含在尼克那个拥抱里了。然后我们回来看凯蒂的演出,我只是站在那里,他从背后用双臂把我搂在怀里,头枕在我的肩上,就这样抱着我。我们之间并没有说话,但他的举动和拥抱胜过千言万语。他给了我爱和保证。这是一个能治愈我的拥抱。它是无条件的,并神奇般地帮我度过了必须经历的一切。他是我最稳重的靠山。"

珍接下来还要面对繁杂的预后诊断和第二次医师意见、祈祷仪式和医治会议。或许珍的案例真的成了一个医学奇迹,她并没有切除子宫,而且很快就摆脱了癌症。两年后,珍和乔迎来了他们的女儿伊丽莎白(Elizabeth),尼克当上了舅舅。

从那时起,尼克开始参加天主教会的礼拜,教堂离他的公寓有两条街道远,名为"圣母安息(Our Lady of Consolation)"。教堂里铁艺吊灯上安有蜡烛形的灯泡,回荡着管风琴的旋律,30条长凳上零散地坐着约20名常来的教徒。尼克是这座空荡的、具有历史意味的教堂里唯一的年轻男子,他穿着既普通又不合身的西服,戴着从旧货店买来的领带,祷告时极为虔诚。一名19岁金黄色头发的波兰裔女孩注意到了他。尼克也看到了她,当他走近圣坛领圣餐时,总是向她点头和微笑,但她每次都没回应。她的生活是支离破碎的,此时并不需要一个新朋友。

这一段时间教堂成了尼克生活的寄托,他不再觉得人生没有意义或漫无目标。2009年,尼克开始为电视剧《绯闻女孩》(Gossip Girl)工作,这又是一部热剧,但他并不喜欢。他不喜欢那种魅惑和浮华,正在侵蚀威廉斯堡的这股潮流也不合尼克的口味,于是他的公寓就成了逃离外界的洞穴和避难所。

尼克二十多岁时多次去了捷克共和国旅游,他对古老欧洲风格的喜爱在他的公寓内随处可见:冰箱里放满了伏特加、波兰熏肠和斯力伏维茨酒,还在公寓的安全出口用不新鲜的面包喂鸟。公寓也满足尼克的风格品味——扭曲变形的天花板，开裂的地板；生火前要摇动输气管道，前门有六种不同的锁，每个都有对应不同的钥匙。周末索尔和阿龙来拜访，周日一大早醒来通常会看到尼克穿着大号的蓝色西装，胳膊下夹着一本《圣经》出门了。在威廉斯堡时代思潮的大环境下，尼克仍然是一个叛逆者。这一次，他好像回到旧社会——不再约会，道德观也发生了转变，成了一名无政府主义的修道士。

然而这些还是没用。工作不能让他开心，教会也没能完全填补精神上的空白。每年的龙虾季节，他仍然会和"邦佐号"成员一起行动，但这也并不够。他需要做一件任务型的事情。2011年秋天的一个深夜，也是珍癌症恐慌的四年后，他偶然发现了一个名为"New York Area Freedivers"的雅虎搜索社区。这是一个当地渔民和休闲潜水员的论坛，尼克高兴地发现他们会定期去位于宾夕法尼亚州伯利恒（Bethlehem）的一个废旧的采石场潜水。

Dutch Springs是一处坐落在一片绿色低洼山丘上的湖，半英里宽，周围遍布古老的橡树和年代久远的木屋。这里曾经是采石场，1972年被灌满水，也成了潜水员都渴望一去的地方，他们来这里寻找沉没在水底的直升机、赛斯纳生产的飞机、校车、军用卡车及其他古老的人文遗迹。"New York Area Freedivers"同样来到了这里，尼克询问能否加入他们的队伍。

下一个周末，他搭上了去往Dutch Springs的一趟顺风车，车主名为凯莉·罗素（Kelly Rusell），她很有魅力，是一名喜爱运动的老师，来自长岛。她开车到他的家附近，按动几下喇叭。尼克挥挥手，奔过去乘上了她的汽车。他身材高大、清瘦，头发现在已经齐肩。穿着卷起来的牛仔裤和人字拖，嘴里嚼着苹果。"他看起来很迷人。"凯莉说。

定期前往Dutch Springs的8名潜水员中有一个人名为迈尔·陶布（Meir Taub），他是一名年近40岁的IT顾问，自2004年他就一直和这个组织的成员一起自由潜水。他对自由潜水的兴趣来自一个友好的挑战，在佛蒙特州的滑雪胜地，有人挑战他在一个25英尺深的水池进行水下游泳。

他勉强游了10英尺，30秒后他就屏不住气浮了上来。当回到家上网搜索，发现一个叫马丁·斯特帕尼克的人保持着8分06秒的"静态闭气"项目世界纪录。迈尔决定去佛罗里达州向斯特帕尼克和他的搭档柯克·克拉克学习自由潜水课程。整个学习过程既包含生理学知识又可以习得自由潜水技术，此外还有冒险性和挑战性，迈尔很快就迷上自由潜水了。

当尼克出现在Dutch Springs时，作为这个组织里较为资深的潜水员，迈尔负责照顾新来的成员并判断他们的安全意识。尼克对他们的黄金法则一无所知：一个要在上面，一个要在下面（当一个人潜水时，总得有另一个人在水面照看）。尼克一来就按照自己的节奏和习惯潜水。

组织里的成员开始热身，他们沿着系在航标上的一根绳子往下潜水，航标系在湖面下32米最深处。尼克等不及了，他直接窜到满是淤泥的湖底，向上望着被阳光照得波光粼粼的湖面，并向凯莉吹泡泡。凯莉马上要潜水了，尼克突然出现在她后面，逗得她大笑起来，打扰了她准备呼吸。她觉得很有趣，但组织纪律不允许这样。迈尔瞥到了这一切，显得并不高兴。

他俩很快远离了绳索，一起探索这个湖里的其他区域。他们没有按照"一个在上、一个在下"的安全规定，尼克喊道："跟我来！跟我来！"凯莉无法抗拒，不仅因为尼克很可爱迷人，还因为她在尼克的身上看到了其他潜水员没有的东西——一种明显的喜悦。"其他人的潜水很技术化，而他的则显得很自然，"凯莉说道，"他似乎与水融为一体，充满诗意。也非常灵活，仿佛潜水是他的本能或者是他的第二天性。其他潜水员需要训练，尼克完全不需要。"

他们一起找到了直升机和飞机，游过老式军队卡车和一辆很大的黄色校车，尼克经过通道，假装自己是司机，与想象出来的孩子们打招呼。一天结束时，潜水员们聚集在附近的韦格曼小馆（Wegman's），这是一个自然食品店，出售咖啡和熟食，潜水员们在此补充能量并谈论潜水。尼克的滑稽举止惹恼了迈尔，他认为他俩太鲁莽。

"尼克，你潜水多久了？"他问。

"自我生来便从未间断。"他说。

"你有没有上过自由潜水的课程？"迈尔问道。尼克看了凯莉一眼。

"没有，我没有上过课。但在潜水方面我总是可以做到任何事，对我来说很容易。"

"这样啊，看来你需要一些培训。"尼克不敢相信自己的耳朵。对于迈尔的潜水技能，尼克没有什么特别印象，当听到这个在水下并不能帮助自己多少的人建议自己学习潜水课程时，尼克有些恼火。"当我俩潜水的时候，我把生命交给了你，你同样也要把你的生命交由我。"迈尔继续道，"你必须了解这个原则的重要性，也需要培训，这样你遇到紧急情况时就能做出正确的反应。"

迈尔建议尼克去上特德·哈蒂的课，这位老师来自劳德代尔堡（Fort Lauderdale），他是"动态闭气"泳池项目的美国纪录保持者。尼克随后在网上了解了这门课程。特德持有一个纪录，他的下潜深度令人钦佩，这激起了尼克极大的兴趣。然而当看到二级班的学员毕业时可以下潜到100英尺，屏息时间达到三分钟时，尼克笑了，不屑一顾。他的水平早已达到了这个程度，无需任何教导就能屏息四分钟。

他坐在手扶椅上，凝视着布鲁克林的夜晚。朝向安全通道的窗户噼啪作响，寒冷的空气宣布将要变天。现在已经是十月下旬了，树叶变成了金黄色和红色。Dutch Springs 很快就会关闭，直到来年四月份再开放。潜水季节结束了，而他的潜水才刚刚开始。如果参加自由潜水课程，他就可以下潜得更深。潜水捕鱼和龙虾是很有趣，但他更想享受为了潜水而潜水的感觉，迈尔的建议听起来也不像是有恶意，他这人是有些保守，但他没有说不许尼克再回去，他只是说参加这门课，我们一起继续潜水。尼克考虑到自己的时间安排。他不久后会在佛罗里达度假，那何不参加一门课程打发下时间？

2008年，出生在亚特兰大的特德·哈蒂第一次参加了自由潜水班，彼时他正在马拉松群岛经营着一家潜水店，生意很好。也是自那时起，他对水肺潜水不再着迷，而是转向了自由潜水。他一直喜欢竞赛，自由潜水中不断衡量时间和深度的特质吸引了他。在第一节课中，他的屏息时间为 2 分 45 秒，下潜到 75 英尺，但是就像尼克一样，他想要达成更多。这门课后，他也第一次注意到水肺潜水是那么吵闹。水肺潜水员的呼吸面罩产生的气泡在每个角落翻腾，从水面潜下来后那些气泡会把鱼类全部吓走，不利于与它们进行交流。当柯克·克拉克准备开启第一次自由潜水界教练培训计划时，特德报名了，并成为国际自由潜水技能培训学院第一批认证的讲师之一。

第一节课特德就发现了尼克过人的潜水天赋，但同时也注意到尼克的技术十分低效，他身体下拉时不够放松，如果他能够放松胃部，打腿练习踢得再好一点，就可以在深度潜水中节约更多氧气。可惜那阶段天气很糟糕，干扰了户外教学，所以他们只在游泳池做了必要的训练。在唯一一天开放水域训练时，尼克到达了 30 米（约 100 英尺）深，另外两天的开放水域训练被取消了。尽管如此，在 Dutch Springs 之旅后尼克已经对攀绳潜水着迷，在课堂上学到的内容更使他对自由潜水的相关知识豁然开朗。他不曾知道自己过去的潜水有多危险。但他又是如此的天赋禀异，从来没有计算过在水面和水底的时间，还经常独自潜水，也不知道有关哺乳动物潜水反射的知识，或深度增加意味着血液中氧分压的上升，又比如一口气是可能下潜到 100 米的。也正是从那时起，这个数字就停留在他心中。

上课过程中自然也会提到自由潜水比赛，特别是"Deja Blue"自由潜比赛，它是由柯克组织的，将于四月在开曼群岛举行，尼克对此很感兴趣并跃跃欲试。在比赛开始之前会有数周的训练时间，提供给运动员充分的机会在所有六个自由潜水项目中提高自己的能力。自从告别了极限小轮车比赛，尼克已经没有参加过任何比赛了，他渴望比赛，也告诉特德他有兴趣去参加"Deja Blue"自由潜比赛，如果可能的话，他也很想得到一些指导，这样就能在回到布鲁克林后继续练习。特德表示愿意指导他，但是需要收费。

课程结束后，尼克飞往奥兰多，在珍的家里度过了圣诞节，随着尼克的教女——亚历山德拉（Alexandra）的出生，他们全家从南部的塔拉哈西搬到了这里。受到课程的启发，他在厨房做自己拿手的土豆团时播放了关于自由潜水员的 YouTube 视频。他的三个姐妹和继父弗雷德在笔记本电脑旁挤着观看。贝琳达瞥了一眼，给自己倒了一杯酒，坐回到沙发上。这些视频惊险刺激，但珍、弗雷德和贝琳达却有些担心。

"你确定这样做你的肺会安全吗？"弗雷德问，"你对人体生理知识了解多少？有没有什么风险？"

"没什么好担心的，"尼克说，"课程教了生理学，并且统计显示自由潜水的风险要比开车上班的风险小很多。"

"他爱干什么就干什么！"贝琳达说，"如果他想去自杀，并把他的妈妈逼疯，那就让他去做！"珍看着贝琳达又倒了一杯酒。她嗜酒，喝多了又有些神经质，珍被尼克刚刚发掘的新爱好吓坏了，那天晚上她把尼克拉到一边准备好好谈谈。

"你真的喜欢自由潜水吗？"

"是的。"他说。珍笑了。

"只是……还是注意安全。"她说，尼克点点头。"答应我？"他再次点头。"好吧，你知道我们都爱你。"

"我知道。"他说。他们站在走廊上相互看着对方，亚历山德拉饿了，哭喊着想要吃妈妈的奶水。珍得离开了。

"我先去喂孩子吃奶了。"她紧紧地拥抱了一下尼克，走开了。

尼克待在昏暗的大厅望向周围的角落，他的家人在起居室里开着玩笑，很是热闹。珍抱起她饥饿的孩子，走向隐秘的地方，他在徘徊，享受着这样的场景。贝琳达看到尼克在看他们，朝他微笑。她从未真正理解过他，也不会试图去保护或是影响他，但是她骨子里是爱尼克的。尼克知道这些，他也深深地关心着家人，但从那一刻起他下定决心不能让家人们知道自由潜水的真正危险。如果他想成为一名潜水强手，就要迫使自己去冒险，而他的家人是不会喜欢也无法理解的。

圣诞节后回到自己家里，尼克开始抓住每个机会进行训练，这似乎是让他尽快忘掉演员梦的唯一办法。他完全戒掉了抽烟，并放弃了吸食所有烟草的习惯，也不喝酒了。特德教给了尼克一系列锻炼肺隔膜和扩展肺容量的方法，需要每天早上完成。晚上他要进行屏息训练，呼吸两分钟后，尼克会坐下来屏住呼吸，直到2~3分钟后身体的收缩使得肋骨吱吱作响才结束。他也因此得到提示，马上站立起来，只靠一口气尽可能多地走动，手里拿着一只划破的网球，当达到极限时就把网球扔掉。然后他走回椅子处，呼吸两分多钟，再次屏住呼吸，拿起网球，继续走得更远。他的公寓不大，不能够边屏息训练边散步，所以他在街道上练习。颇有进步之后，他开始做屏息冲刺跑训练。

"潜水就是忍受极限。"特德在先前的一个Skype电话上告诉他，"你不得不容忍稀少的氧气，也不得不忍受体内产生更多的二氧化碳，同时你还要承受乳酸增加所产生的不适。"冲刺训练使得尼克的四肢像着了火一样，乳酸带来的肌肉绞痛令他痛苦不堪。这一切都很难耐。

尼克也要进行泳池训练。他在两条街以外的大都会游泳池（the Metropolitan Pool）开始训练，这里过去是一座砖砌公共澡堂，现在变成了布鲁克林的一处公共健身场所——具有装饰艺术（Art Deco）经典风格的游泳馆，玻璃屋顶下是痕迹斑斑的青铜瓦，游泳池瓷砖之间的勾缝也需要清洗了，但尼克还是很喜欢这个地方。他会与那些年老的波兰人和哈西德派犹太人（Hasidic Jews）共用更衣室，他们是认真专业的游泳者，这些老人们希望在晚年维持关节的灵活性。尼克首先会在泳池边练习静态闭气，然后潜入水底，平躺在下方池底。看着人们慢慢悠悠来回游动。然后，他会一口气游个一两圈。他所训练的这一切都让救生员们无比担心，每当尼克出现，他们都会保持警惕以防意外发生。

一天夜里，尼克练习屏息走路时遇到了一群醉酒的学生，他们看到他手里拿着网球散步，肺隔膜和胸腔还在不断起伏。那时他已经憋气走了90米并试图达到100米。"那家伙实在是太诡异吓人了。"其中一个人说，声音大得足以让尼克听到。尼克笑了笑，走完了最后10米，然后坐在人行道上休息。他在邮件里与特德分享了这个故事，也提到了自己对第一次深度挑战的兴奋。他查了美国"恒定重量"项目的纪录是 90 米，为罗伯特·金（Robert King）所持有。尼克目前甚至还潜不到 30 米，但是他有种预感，自己是有可能潜到 91 米的。

特德欣赏尼克的信心，但是他也清楚以尼克现在的水平仅凭一口气潜不了那么深。潜得越深，平衡就越难掌握，特德严肃认真地跟尼克讨论了这个问题，后者在讨论前还试图证明自己的能力。特德告诉尼克先做重要的事，回到劳德代尔堡并完成二级培训。两周后，尼克来到佛罗里达。

特德对国际自由潜水技能培训学院的校友实行一个开放政策：他们可以同学员们一起在开放水域潜水，当尼克在纽约地区自由潜水员论坛发帖子说他要回劳德代尔堡时，迈尔决定和他一起去。他们的关系还不是很近，但向来节俭的尼克想和他合租一个酒店房间。迈尔同意了，但有一个条件：他要求尼克进入房间时必须保持安静，因为尼克经常深夜才回来，迈尔睡觉很易被惊醒，他想为潜水多休息。

一天早上迈尔醒来时发现尼克睡在走廊。房间有两张床，但他一直担心会打扰迈尔睡觉，因此选择穿着衣服睡在地板上。迈尔觉得自己就像个混蛋，尼克一笑置之。当他醒来时发现迈尔正低头困惑地看着他，于是打着哈欠解释说："我喜欢睡在地板上。"那天晚些时候结束了泳池训练后，尼克想查一下劳德代尔堡的公交时刻表，这样他就可以第二天早上去教会。

"不要找啦。"迈尔说，他以前不知道尼克是宗教人士，但由于自己在信奉传统宗教的环境中长大，对有信仰的人都很尊重，"我开车送你去教堂。"两天后，他履行了自己的话，并在教堂外面一直等到尼克结束。

特德拥有一艘 35 英尺长的船，可以将学员从劳德代尔堡码头运到深水区。一旦远离了浅滩，特德就在水面降下加重底板同时拉下索绳，并将底板调整到他们的目标深度。第三天训练结束时，尼克已经能够轻易地摸到 40 米深的底板了。回到布鲁克林，他在美国东海岸潜水论坛（the East Coast Divers forum）写下了自己的经验体会。虽然文章拼写错误百出，但字里行间流露出抑制不住的兴奋和惊奇。

> 在此记下我人生最好的一次经历。我在水中下沉时，特德的话回荡在耳边："如果你的头部位置正确，就应该能够看到水面。"我调整了姿势，看到了倒立的水面景观：风掀起波浪，载着潜水伙伴的船在水面摇摆荡漾。这时特德下潜到我身旁，一只手拿着运动摄像机，他永远在关心着我的水下动向。第一次超过自己30米的极限，我能真正感觉到水开始挤压我的肋骨，特德的话再一次浮现在脑海，"像Pilsbury面团人一样柔软。"至于胃和肺隔膜，我尽量放松，适应着海水挤压身体，用石斑鱼呼吸法再次往口中送气以便掌握平衡……从去他班上的第一天我便知道自己的潜水能力将迎来质变，我的能力提高很快，简直欣喜若狂。在过去三周我聘请了特德作为我的私人教练，我已经看到自己有了明显进步。当我跳入泳池或大海，以前的潜水梦想变成了现实……

与此同时，尼克与迈尔和凯莉分享他要打破金的纪录的想法。凯莉相信尼克，但迈尔对此持怀疑态度。他观看过尼克的40米潜水，但是他曾从事信息技术行业，相比梦想家更是个实用主义者。如果按照数据，尼克在参加潜水比赛前需要积累更多的经验，这样他才能创造那样的纪录。当时是2012年2月，尼克第一次沿绳索潜水是在去年10月。无论是否有天赋，没有人能够在那么短的时间内下潜到90米。

一天晚上，凯莉和迈尔在网上闲聊，谈到关于尼克的追求。凯莉理解迈尔的观点，但她的直觉认为尼克和别人不一样。如果别人可以潜那么深，尼克也可以。她提议打个赌，"赌注"是韦格曼小馆的一顿午饭。第二天，迈尔打电话给尼克，并承认自己与凯莉打赌的事。"是这样，我认为你不会这么快到达那种深度，"他说，"但是如果我没有尽自己最大的努力去帮助你，我会恨自己的。从现在起，我就是你的训练伙伴。无论你需要什么，也不管何时何地，我都随叫随到。"

当时，尼克已经买了一个单脚蹼，他融化了脚部收口以便能够更舒适地配合游泳动作。他还自己制作了脖子上的承重器，量身定做了一件湿式潜水服。大都会泳池不再让他练习静态闭气了，他们坚持认为他凭一口气最多只能游一小段距离。住在弗拉特布什（Flatbush）的迈尔知道布鲁克林有一家希伯来语教育学会娱乐中心，那里的泳池更深，它位于卡纳西（Canarsie）L型火车线路的终点，于是这里便成了尼克日后训练的地方。

大多数时候，他会赶上从贝德福德站出发的早班火车，偎依在刚刚从曼哈顿地区上完夜班往家赶的打盹乘客中间。几站后，L线路的火车从地下升至地面，在百老汇交界处的高架轨上穿行。从那段路开始，映入眼帘的都是老旧的石头、砖石遗迹和铁架桥，圆顶东正教教堂和地铁站的彩色玻璃窗一掠而过。这就是古老的布鲁克林，它一直如此，似乎从未改变，尼克喜欢伴着隆隆的火车声欣赏着它。

卡纳西那里的游泳池仅有四个车道宽，但迈尔和尼克很快就与救生员打成一片，所以救生员总是让他们单独占有一个泳道。迈尔倚靠着踢水板待在水面上，尼克则做一系列屏息游泳训练。首先他会游25码（1码≈0.914米），然后增加至50和75码，中间有两分钟的休息时间，而这些都只是热身。之后，他会完全放松再尝试一口气达到100码，最终突破到125码。

泳池训练之余，尼克还潜心于水上屏息训练。他会活动四肢，进行被自由潜水员称之为"呼吸训练表"的训练：进行一系列的屏息练习，旨在培养忍耐缺氧和体内二氧化碳过高时的能力。其中包括屏息散步和冲刺训练——屏住呼吸爬楼梯或慢跑，在正常呼吸和30秒钟的屏息之间交替转换呼吸模式。有时候，他会把自己逼到"半昏厥（小便失禁）"。在自由潜水成名的路上，这是必须要迈过的关卡，但他不以为耻，而是用严格的碱性饮食来增强一切必备的能力。

特德安排尼克的训练工作，后者通过邮件和网络电话向他汇报。每周尼克都会要求更多的训练，希望能够增加自己的运动量，但特德告诉他要一步一步来："我是一名竞技性潜水员,但绝不会那么艰苦地训练。"但是尼克不听。他就是想加大训练量使自己提升更快。

三月底,即去往开曼群岛前,迈尔、尼克和特德聚集在迪恩斯蓝洞进行训练。尼克带着两个袋子出现在岛上,里面装满了潜水装备,还包括17袋克里夫能量棒饼干,是他工作时从勤务部门偷带出来的,另外还有一件衬衫和短裤。有些人觉得迪恩斯蓝洞很可怕,是一个预示黑暗的不祥之洞,但尼克并未犹豫。能够走出游泳池来到深海里游泳,尼克很兴奋,感觉回归了自然。

练习潜水间隙,特德告诉他运动员的闭气时间和平衡能力将决定其潜水深度。罗伯特·金在"恒定重量"项目的美国纪录是90米,这说明在该项目中运动员需要闭气三分钟,也就意味着尼克需要静态闭气六分钟才有可能下潜到同样的深度。六分钟的"静态闭气"成绩在顶级自由潜水员中并不罕见,当尼克来到长岛时,他几乎快要达到这种水平了。但是没有人知道——包括特德、迈尔或尼克自己——在这样的深度下他是否能够掌握平衡。为了掌握平衡他不得不掌握"嘴部填气三步法",又称为"弗伦泽尔—法塔赫平衡术",这一方法曾经一度只教给经验丰富的精英潜水员。但到了2012年,大多数老师会毫不犹豫把这个方法广泛地传授给新学员。尽管比赛后运动员肺挤压的患病率已经开始上升,运动员还会被迫退赛休息一两天,但几乎没有人认为这种状况会引起致命的危险。

特德以较慢的节奏教尼克潜水,也尽力不让他那么急功近利。他告诉尼克:"我不是说你不能打破这个纪录,但它完全是一个不切实际的期望。"他俩坐在平台的边缘,看着墨蓝色的海洋,沙滩边缘的白色细沙不断漏进迪恩斯蓝洞。

"好一句鼓舞士气的话,那起码你也应该给我一些指导吧。"尼克说。

"我只是说这是不合理的。"特德边说边把底板降到了50米。接下来的四天,每次潜水特德都会为他调整底板,尼克也都能够到,并总是要求特德把底板降得更深。当特德想把底板再降低5米时,尼克就直接推到10米。当特德认为2米或3米已足够,尼克要求至少增加5米。训练之旅即将结束时，聚集在这个地方的专业潜水员都听说有一个美国潜水天才在这里进行训练。阿什利和雷恩·查普曼也恰好在这里。阿什利在此为挑战女子"恒重无蹼"项目的世界纪录做准备，尽管尼克和他们到开曼群岛才正式认识，他俩此时也已经注意到了他。

尼克喜欢长岛的一切。有着乡村式简朴风格的木制教堂、接近浴缸水温的蓝绿色海水，以及满是龙虾的近海珊瑚礁。他训练完毕就会去捕龙虾，和在马拉松群岛时一样。尼克认为这就是他想要的生活。他的潜水生涯才刚刚开始，但他也开始讨厌特德，在岛上最后一顿晚饭时告诉迈尔，他怀疑特德有意限制他。"想想吧，"尼克喝了一口 Kalik 啤酒，"他是一个竞争对手，肯定不想让我赢得纪录，因为他想自己独占。"

特德声称他一直在支持尼克，但他逐渐为尼克的做法感到震惊，意识到可能会有危险。"尼克对自己的成就感到兴奋。他不断进步，我也总是支持他。"特德说，"我想让他做得很好，但我跟他在一起时间越久，就越意识到他是不会听取教诲的。"特德试图让尼克减缓训练的强度，因为他认为如果尼克没有这些力学技巧，他可能会遭到肺挤压，也将限制他在开曼群岛的发挥。迈尔在迪恩斯蓝洞已经遭到肺挤压，因此不得不停止潜水，这更让特德担心尼克的状况。因此在挑战更深的纪录之前，他让尼克在 50 米、55 米和 60 米的深度反复潜水。正如柯克一直强调的，特德觉得尼克应该在进行下一步之前先完全掌握上一步的技巧。然而尼克是个急性子，因为他是一个天生的潜水者，每次潜水也只强调这一点。保罗叔叔的话总是在他的脑海中回荡——"他是个潜水天才"，所以他所追求的就是要下潜得更深。

在"蓝洞"的最后一天，尼克潜到了 70 米，但特德仍然不相信尼克会打破纪录。随着深度的增加，运动员每下潜一米就越困难，在接下来的数周多潜 21 米的深度是不可能完成的任务。

11
"Deja Blue"自由潜比赛

2012年4月,克里·霍洛韦尔和史蒂夫·本森来到大开曼岛,彼时他们还是新人潜水员。在大多数人印象中,开曼群岛是一个理想的避税场所,街道整洁,牛羊成群,街上的人们有时肩膀上背着高尔夫球袋,手里还拿着文件夹,大型度假村里的人可能一边颠覆曼哈顿的股票交易,一边浏览着乔治敦的精品店。克里和史蒂夫没有达到他们的预定地点,而是被"Deja Blue"自由潜比赛的策划者柯克·克拉克用租来的厢式小货车接走了,他们避开繁华热闹的乔治敦,沿海开向北部僻静的西海湾区,白色的沙滩闪闪发光,大海也在发出呼唤。

柯克向他们滔滔不绝地描述着美丽的开曼群岛以及即将进行的日程安排,其中包括在深海和泳池里为时两周的训练,当然还有最后一周的比赛。"孩子们,我们的日程计划安排很完美。早上当大海平静时我们可以进行深度潜水,到了晚上再进行泳池训练。此外我们还有安全协议,其他赛事在这一方面无法比拟。"柯克知道克里是一名医生而史蒂夫是医师助理。"我们的安全主管是约翰·谢德(John Shedd),他在急诊室做了25年的医生。因此挑战极限时你会感觉很安全且放松。你们的个人最好成绩都分别是多少?"

可能是因为有点紧张,克里和史蒂夫有些头晕。"Deja Blue"自由潜比赛是他们参加的第一场比赛,史蒂夫之前在查普曼夫妇中级自由潜水课程的静态潜水部分闭气长达七分钟,二人才一时兴起来参赛。那应该算是一个世界级的屏息时长,引起了阿什利和雷恩的注意。发扬这项运动的任务之一就是寻找有天赋的新人,将其从业余爱好者转变为真正的自由潜水运动员,查普曼夫妇希望史蒂夫在"Deja Blue"自由潜比赛中发掘自己的潜力,而克里只是来顺便凑个热闹。

史蒂夫在科罗拉多州北部长大,喜欢跑步、徒步旅行及山地车骑行,多年来经常进行鱼叉捕鱼和水肺潜水活动。克里则是水下世界的新人,但也可能会是一个不断进步的运动员。她在高中和北卡罗来纳州立大学一直是田径队的明星。他们二人体型都很修长匀称,健康活泼,有竞争力而且头脑也很聪明,雷恩告诉了他们有关"Deja Blue"比赛的消息,也提出史蒂夫的成绩非常接近"静态闭气"项目的美国纪录,他们觉得必须试一试。但除了史蒂夫令人吃惊的闭气时长之外,他们俩的个人最好成绩并不突出。

"我在'恒定重量'项目能下潜到40米。"史蒂夫告诉柯克,"我想她可以潜到35米。"

"我们真的是新人。"克里带着羞涩的微笑说。

"雷恩告诉了我关于你们俩的情况。"柯克边说边急转弯驶向椰子湾公寓(Coconut Bay Condos)——海滩上一座普通的连栋楼房和别墅区,外部涂成彩色,周围有池塘和按摩浴池。这里看起来并没有多豪华别致,一点儿也不像克里想象中的大开曼岛,但它已经足够完美。"别担心,这里的条件会让你潜得比想象的还要深。"

克里点了点头,走出了小货车,第一次见到了尼克·梅沃利。他光着上身坐在露台上,端了一杯浓咖啡在看书。尽管他一生都崇尚运动,然而他看起来总是更像普通人而非一名优秀的运动员。如果在街上遇到尼克,应该没有人能想到他可以骑赛车或潜水,又可以容忍多少痛苦,所以他从来都会让人感到惊喜,即使是身边亲近的人——无论是塔拉哈西的伙伴们、哈瓦那那个同他打赌的救生员,或和他一起在水下表演绝技的人——也不知道他有多厉害。在大开曼岛,他才看上去像那种有本事的人。由于数月以来的培训、戒烟戒酒以及饮食习惯的改变,他的体重开始下降，变得精瘦还晒出了棕色皮肤，显得更加健壮；眼睛依旧明亮，长发落到肩上。彼时他刚 30 岁，正值人生巅峰时期。

尼克放下咖啡走过来，给了他们一个拥抱，周围可以看到运动员们或漫无目的或在泳池中乱转，或躺在休息室里。尼克匆匆穿上他破旧的条纹上衣，上衣上有个洞，他也没有系扣子就帮他们把潜水装备搬进隔壁的公寓。史蒂夫和克里并不知道，这件破旧的条纹上衣是尼克整个行程中唯一一件外套。

那天晚上，他们在尼克的住处共进晚餐。他做了咖喱，往里面混进了自己从布鲁克林带来的便携式混合香料。他让克里切西红柿，史蒂夫做米饭。火炉上尼克的浓咖啡在沸腾——他每次都要带上这个咖啡，同时还有一罐拉瓦萨意式咖啡豆。他的笔记本电脑正播放着美国国家公共电台的节目，潜水装备散落在客厅的地板上。尼克最近一直在做一个颈部承重器和一副新的液体护目镜。他在这只住了几天，但感觉这个地方很适合自己。对于克里和史蒂夫来说，尼克的住处就像家一样。

这三个新朋友相互分享他们的故事，尼克和史蒂夫坦承都想要打破纪录。尼克见过查普曼夫妇，但是彼此还没有正式打招呼。他听说阿什利想要拿世界纪录，因此他跟阿什利保持着距离，并不想打扰她。

第二天训练开始，共有 14 名竞争对手，他们或多或少都与国际自由潜水技能培训学院有联系，大家同乘一辆小货车在赛区、游船码头和公寓大楼之间来回穿梭。虽然他们自称"水部落"（Water Tribe），但部落之间的关系并不总是完美的。特德和尼克的冲突仍在继续：尼克想在潜水训练的第一天下潜到 75 米，而特德建议先从 70 米开始。当尼克想要把底板推到 85 米时，特德只会把它放到 80 米。更糟糕的是，特德总是和尼克训练一样的深度。尼克开始觉得二人角色已逆转，他在帮助特德打破罗伯特的纪录，但是自己仍是付费的那一方。

"你不应该随意潜这么深，可能会遭遇肺挤压。"特德说了无数次。

"不要试图保护我，尽管培训我就行。"

"相信我，你需要反复训练。竞技潜水员与其他潜水员不同，你需要慢慢地、一步一步地打破纪录。"

"我已经可以打破了，身体也没有什么问题。我虽说是新手，但已经做好了准备。我不想等这个重要的潜水训练周结束才试图突破。阿什利·查普曼不也是在比赛第一天就赢得了世界纪录吗？"

特德和尼克尽力使他俩的分歧不至于大到令外人知晓，特德经常对外赞扬尼克的能力。他告诉查普曼夫妇他的这位学员准备在即将开始的比赛中轰动一下。然而私底下他非常担心，于是通过专注于自己的准备来分散这种担心。如果尼克不听，特德也不会费心尝试让他接受自己的观点。比赛快要开始时，特德可以潜到 80 米，接着在准备阶段已经可以潜到 85 米。尼克看着，内心很生气，但他没有让他们的冲突影响自己的进度。他在那享受自己的生活，训练潜水之余很轻松，他与新朋友们一起做饭，每天都做瑜伽，很是喜欢岛上的生活。

比赛开始的前一天即 3 月 3 日，摄影师洛根·莫克·邦廷（Logan Mock-Bunting）来到比赛现场为美国有线电视新闻网络（CNN）拍摄。洛根曾经在国际自由潜水技能培训学院训练，认识查普曼夫妇，所以当他来到这里之后就立马寻找雷恩的身影。除了帮助阿什利准备挑战纪录外，雷恩还是安全救生团队的一员，这几天一起观察了潜水员在泳池和大海深处的训练状况，洛根问是否有引起他注意的有趣的人或事。"有一个人在热身绳上表现不错，简直就像在走钢丝绳，特别酷，"雷恩说，"你一定想要拍到那样的照片。"

洛根赶到岛上有些晚，所以他的住房安排被弄乱。那天晚上尼克、克里和史蒂夫还有其他几个人正聊着关于深水平衡技术的话题——这是潜水界的精神食粮，此时洛根敲了敲门。"看来我得在你们这借宿。"他踌躇地说。尼克一直跟另一名潜水员一起住，那人住在楼下的卧室，而尼克的房间在楼上，他没有为新面孔的到来或者自己在比赛前一天被打扰而感到不快。尼克自己做了决定让洛根留在这，也没有跟室友商量他住在哪。

"欢迎你，"他说，"你跟我睡在楼上吧。"尼克抓住洛根的相机包领

2013年5月27日，尼克在"加勒比"杯潜水比赛（罗阿坦岛，洪都拉斯）成功挑战了"恒定重量"项目的美国纪录，下潜到100米，距他第一次正式参加自由潜水比赛仅过了13个月。截至当前，自由潜水史上还没有人在如此短的时间内取得此等成就。

图片提供者：莉娅·巴雷特

在尼克成为美国突破百米深度第一人后，自由潜水世界纪录保持者威尔·特鲁布里奇与他合影庆祝。摄于罗阿坦岛，洪都拉斯，2013年。

图片提供者：莉娅·巴雷特

从左至右：雷恩·查普曼、阿什利·查普曼和尼克·梅沃利。摄于2012年的古巴之行中，三人在品尝雪茄和朗姆酒。

图片提供者：雷恩·查普曼

2013年AIDA个人深度锦标赛中，尼克和伊鲁在尼克住处的临时DIY"厨房"为大家制作黄油鸡蛋玉米饼。

图片提供者：伊鲁·贝利奇

尼克的最后一潜，摄于迪恩斯蓝洞，2013年11月17日。

图片提供者：达恩·费尔赫芬

克里·霍洛韦尔与玛丽·G·吉利兰医生在观察尼克肺部组织的切片，摄于吉利兰办公室内，东卡罗来纳大学法医病理学院。

图片提供者：莉娅·巴雷特

在巴哈马"蓝洞"举行的悼念仪式上,许多运动员、裁判和旁观者一起潜入蓝洞,拍溅出优美的水花。

图片提供者:莉娅·巴雷特

他上了楼，他把床上两张同样的床垫中一个拖到了窗前。另一个已经铺好，紧挨着尼克的空床板。"你睡这张床吧。"

"很抱歉给你添麻烦了。"洛根说。

"没什么大不了的。在布鲁克林时我家随时会有朋友拜访。现在那里大概还有三个人在住。"

"但是我睡觉一直打呼噜。"尼克笑了，拍了拍洛根的肩膀。

"那我只好把你和壁虎融为一体，作为房间的一部分啦。你准备好了就下来吧，我们还有很多食物。"尼克边说边朝楼下走，洛根笑着冲尼克摇摇头。他刚刚碰到了那个"走钢丝绳"的家伙，但自己并不知道。

第二天，一片片低云层看起来就像是蓝天的拼缝，"水部落"来到距海岸半英里外的海面上成立了"Deja Blue"自由潜比赛区。不同于"巴哈马蓝洞深度挑战赛"和"加勒比"杯比赛，"Deja Blue"自由潜比赛并不是从潜水平台运作。碳纤维结构的比赛装备和设施被拴在船上，好像拼接式结构的玩具。比赛用船在柔和的水面上漂荡着，运动员在潜水前后都会待在船上。

该比赛装备设施总共有六条绳：两条比赛用绳，每条悬挂在红色浮标上；在四周有四条热身用绳。根据"Deja Blue"自由潜的比赛规定，运动员的比赛顺序要从目标深度最深的开始，但世界纪录始终是优先考虑的，所以在第一天上午，阿什利成为第一个潜水的运动员。此时在水中还有另外一位潜水员——尼克在热身绳附近，身着银色的连帽紧身潜水湿衣，约在水下25米。距离阿什利的比赛还有15分钟，洛根也跟着跳下来，此时尼克开始表演他的"走钢丝绳"。洛根潜泳想靠近尼克调整取景器以获得完美的广角，实际上已经把自己的笑容拍进了相机。

热身绳是垂直的，尼克伸直双臂，平展身体，用大脚趾和二脚趾夹着热身绳，轻轻地用双手来推动自己一步一步往上走。这需要利用最小幅度的手部动作和紧紧夹住绳索的脚趾所发挥出的巨大力量，使自己在那个深度保持面部朝上。虽然很费力，但在洛根拍摄的照片里肯定看不出来，照片中尼克倒悬在深蓝色的大海里，看起来像是用脚尖点在绳索上走向海底未知之处。后来，当洛根问他"走钢丝绳"的动机，尼克说："我这样做是为了提醒自己自由潜水应该是有趣的，这是我喜欢做的事情，它会使我放松。"

时间到了，阿什利游进比赛区域，准备不带脚蹼下潜63米。尼克在水面上第一次观看美国女子运动员尝试挑战"恒重无蹼"项目的世界纪录。她穿着一件木炭灰的湿式潜水衣，左肩膀部位印有美国国旗，背后是她的名字。阿什利戴着一副蓝色液体护目镜，脖子上套着橙色承重器。

尽管阿什利在赛前训练中已经漂亮利落地完成了四次65米潜水，但她并没有把握在比赛中能够潜到63米的深度。一方面，这是她第一次尝试挑战世界纪录，另外阿什利休息得也不是很好。由于底板相机出了问题，不得不推迟几分钟潜水，她的比赛安排就被打乱了。当本次比赛的主裁判格兰特·格雷夫斯随她到赛绳附近时，她格外紧张。她的脖子靠着马蹄形充气枕头，膝盖搁在泡沫板上有些发软。对于潜水员来说，紧张可能会造成很大问题，因为它会使人产生焦躁不安的想法。正如肌肉一样，大脑在思考时也需要氧气，因而自由潜水员在潜水前后都需要高度放松。阿什利暗示自己很快就没事了。雷恩就在她附近，不管发生什么他都会不顾一切地帮助她回到水面。

倒计时到零，过了10秒后（仍然符合规则），她蜷缩身子停顿了一会儿，倒转方向开始向下游去。前六次划水很强劲，每次摆臂之间没有过多的下滑。当她到了10米大关，在摆臂间隙会进行两秒钟的滑行，降低心脏速率，并尽可能进行高效的下潜。她感受到负浮力时便进行自由落体运动。海底能见度格外好，当她朝着底板下落时，身后的水面看上去呈现淡蓝色。潜水电脑响起提示音时，她睁开了眼睛，看到底板。阿什利抓住绳，努力接近并钩住了标签，然后放手开始向上游。这将会是一个缓慢、稳步攀升到水面获得呼吸的过程。

雷恩是第一个在30米处迎接她的安全潜水员。他伸出三根手指让她知道自己目前的潜水深度。如果运动员比赛时在水下待两分钟以上，大脑中就会闪现无数种无果而终的方向，出现在视野里的丈夫帮助阿什利驱逐了所有的杂念。五次划水后，上升到 20 米，他亮出两根手指。现在，第二个安全潜水员与他们一起升回水面。10 秒钟后，她距离水面 10 米，抓紧时间向上游去。

阿什利露出水面时嘴唇发青，这是一个明确的缺氧征兆，呼吸了三大口气，摘掉了她的鼻夹，然后又一次摸了摸鼻子想摘掉鼻夹，仿佛她的大脑跳过了一拍忘记了刚才做过什么。时间一分一秒在流逝，她只有 15 秒来完成规定程序了，很明显她遇到了缺氧的状况，浮出水面后氧气达到饱和并进入大脑的时间滞后也加重了她的症状。所幸阿什利脑中的迷雾混沌及时消散了，最后五秒钟，她取下护目镜并亮出"OK"的手势。"我没事。"她气喘吁吁地说。

"标签呢？"格兰特问道。她拿出来提交了它，嘴唇依旧泛着青色，胸部起伏不停，但过一会儿她逐渐恢复了理智，脸色也变回正常。她的眼睛仍然盯着格兰特，注意力高度集中并等待着结果。他拿出了白牌，大家都欢呼起来。船上的运动员、赛事组织者、安全潜水员，甚至裁判都在鼓掌。雷恩激动地吻了她，"水部落"向她泼水以示祝贺。自纳塔利娅·莫尔恰诺娃 2005 年加入这项运动就一直保持该纪录，无人可以撼动，现在阿什利·查普曼超过了她，在无蹼项目中比世界上任何一个女子运动员都下潜得更深。

如果运动员还对"Deja Blue"自由潜比赛有所抱怨，那就是这里的深度还不够吸引更多的世界一流人才。威尔和阿列克谢永远不会在此展开竞争，因为这里最深的地方就只有 92 米。目前只有国际自由潜水技能培训学院会在这里进行内部小范围的竞争，其中也只有阿什利·查普曼是真正的精英。尼克和特德·哈蒂仍然没有闻名自由潜水界，即便其中一人达成了他的 91 米纪录，但与世界顶级潜水者仍然还有一定的距离。也就是说，在国际上特德和尼克是无名的，但在"Deja Blue"自由潜比赛中，他们已经是佼佼者。他们之间是教师和学生的关系，下潜几乎相同的深度，附以近乎相同的时间，大大增加了本场比赛的戏剧性。

随着倒计时结束，二人同时消失在碧波荡漾的水面之下。特德挑战

85米；尼克挑战86米。三分钟后，他们又出现在水面上，前后只相隔几秒钟。手中都紧握着标签，也都赢了白牌，但尼克的潜水发挥得更出色，到达水面几分钟后他就恢复了正常呼吸，而特德咳嗽剧烈还吐出了血。在恢复正常呼吸前，特德带上吸氧器持续稳定了好几分钟。尼克根本不需要氧气，他知道自己身体里还剩很多氧气。

如果按潜水数据计算，这两名竞争对手旗鼓相当，但具有讽刺意味的是，尽管特德担心的是尼克，自己却在水下被挤压导致肺部受伤。在尼克眼里，特德的信誉也丧失了。第二天早上，尼克回到比赛场地，准备挑战罗伯特·金在"恒定重量"项目上的美国纪录，整个"水部落"都将目睹他91米深度的潜水尝试。

天空中云层密布，这使得人更容易放松下来。热带的太阳蒸晒着运动员们的潜水服，尼克穿着他的银色连帽湿式潜水衣，他左手扶着红色的浮标，脖子上的马蹄形承重物是由飞机上旅客遗落的充气枕头制成的。倒计时数到零时，尼克没有犹豫，肺部的储气容量达到了极限，他翻转并下潜，浅蓝加黑的单脚蹼推动他下潜得很深，手臂越过头顶大力伸展，鼻夹夹得很紧。大约七次划水后，他缓和了速度，但仍然奋力下潜，直到25米深度时才减速。那天水下能见度达到了40米，大海呈现出一片完美的深蓝色。在50米时，他感觉自己不可能再掉头了，于是开始祈祷。"就在那时，"他在美国自由潜水组织博客中（usfreediving.org）写道，"我完全放开了一切。"

细节上来看，尼克这次潜水并不出色。他没有呈流线型下降，而是绳索拉动着他倾斜向下，单脚蹼的摆动也拖拖拉拉不流畅。他几乎是垂直下降的，当接近目标时他的脸首先触到了底板而非他的头顶，尼克翘着下巴瞪大了眼睛寻找标签。它并不是一次教科书般的完美潜水，水下压力是如此强烈——当时在水下应为10个大气压的强度（或每平方英尺10吨的压力），他能感觉到自己的气管发痒，这是由极端的压力挤压造成的。尼克花了几秒钟找到了标签，然后他转身费力地踢水朝水面游去。

安全潜水员们分别在30米和20米处看到了他，但尼克绕过了他们，他的胳膊向上伸直专心游泳。柯克也在安全潜水员当中，他伸出两个手指，于是尼克知道了自己的位置。在10米处，雷恩伸出一根手指，尼克的双臂垂在两侧。又进行了两次用力划水，他便游到了水面上，不停地呼吸。他抓住红色浮标，大口呼吸，然后摘掉了鼻夹和护目镜。紧接着做出"OK"的手势，并说出"我没事"。最后，他亮出了标签。格兰特·格雷夫斯给了他白牌。

"那时感觉他会永远沉在水下了，"克里·霍洛韦尔说，"当他浮出水面时我们每个人都沸腾了。实在太高兴了，他自己也欣喜若狂。这次潜水完成得太出色了。"

大家都击掌庆贺，雷恩在空中挥拳头，每个人都想跟尼克合影。尼克和特德之间并不存在任何挥之不去的嫌隙，否则他俩也肯定不会以亲密的姿势出现在洛根的照片上——照片中教练和学员在深蓝色的水里紧紧地搭着彼此的肩膀。尼克完成了自己的目标，尽管他们之间发生了冲突并在最后开始了竞争关系，事实上特德的确帮助尼克潜到了他的目标深度。而在纽约，迈尔就此也欠了凯莉一顿午饭。

接下来的一天，尼克的住处迎来了很多访客。每个人都想向这位美国新诞生的水中猛将表达自己的祝贺。尽管91米在顶级潜水员看来并不算什么，尼克的成功故事还是传遍了自由潜水界的众多网上论坛（包括"深蓝"），甚至那些顶级潜水员都对这个短短几个月就从30米飞跃到91米的无名小卒刮目相看。之前还没有人听说过类似的事情，尼克已经成为一名潜力无限的新起之秀。

尼克无疑要在博客中表达对于特德帮助自己的感激之情。和迈尔在"脸书"上聊天时他告诉了后者所发生的事。尼克一直对"脸书"不感冒，但由于他参加了具有国际影响力的比赛，"脸书"上关于他那些沸腾的论坛讨论使得他不能再忽略这个聊天工具了。但他并没有在"脸书"上对自己的成功洋洋得意、任意挥洒。弗朗西斯卡·科·奥因斯（Francesca Koe Owings）是美国自由潜水协会（US Freediving Association）的领导人之一，她对尼克大加称赞，让他挨着伊鲁·贝利奇拍了张照片，发布在了自己的"脸书"上，那天伊鲁在"自由攀绳下潜"项目中创造了 42 米的国家纪录。照了那张照片后，整整一个夏天弗朗西斯卡都在跟尼克谈及要整合一个美国自由潜水团队以挑战世界纪录。他的潜水纪录是一个很好的开始，但他需要在泳池中发挥更佳的表现，以确保能够加入国家队。那天下午，阿什利来拜访了他。

尼克的电脑在锁定播放着美国国家公共电台的节目，像往常一样，他的意式浓咖啡在炉子上沸腾，冒着热气。阿什利对咖啡不太感兴趣，但她喜欢尼克炉灶上斑驳的污点和痕迹，她也喜欢收听美国国家公共电台，所以相互祝贺后，他们坐下来一起听节目、品尝咖啡并聊天。起初尼克很安静，她发现尼克有些淡漠，但不是顶级选手的那种怠慢。似乎有一个备受折磨的灵魂困在他身体里，但是她享受尼克的陪伴。后来他们就经常一起品咖啡，收听美国国家公共电台。

那天晚上，尼克参加了在泳池内举行的"动态无蹼"项目比赛，游了 83 米。他对自己的表现很失望，因为他希望自己游到 100 米，预期目标并没有达成，他发出了一种愤怒的咆哮——这种情况迈尔在布鲁克林的泳池训练时目睹过几次。但迈尔总是一笑置之，同他一起达到水面的救生员也接受了他的道歉。纽约人还是比多数自由潜水员更能接受这样的事，然而在自由潜水比赛中发出自我批评的咒骂就像是在瑜伽课上发表有亵渎内容的长篇大论，人们认为有些不合体，尼克却继续我行我素。

就在第二天晚上，他又回到了泳池比赛，挑战"动态闭气"潜水项目，穿着单脚蹼准备挑战特德的 170 米美国纪录。在"动态闭气"项目中，运动员只有挑战 100 米以上的深度，比赛才会变得有趣，悬念也会层出不穷。特德看着尼克，心神不宁，因为尼克游得不错，划水节奏也很好，在 125 米又转弯继续游泳，只需再游两个泳池长度就能打破特德的纪录。

然而，当尼克快游到 150 米时，疼痛变得无法忍受。压力或许不打紧，但身体收缩却是一个大麻烦。乳酸燃烧产生的痛苦会影响他的股四头肌和小腿。他想要在 150 米处转弯接着进行比赛，但再也坚持不了，于是游了上来。他将自己稳定在泳池边，完成了规定的口号和手势。对于一个新人来说，156米已经是一个令人难以置信的数字。距离全国纪录只差14米，他的表现吸引了美国运动员们的注意，但尼克自己并不满意。裁判亮出白牌后，他仍大声地自我埋怨，哪怕他的成绩很可能赢得整场比赛。

那时候显然认识尼克的新朋友都知道世界上有两个他：离开潜水比赛的尼克活得自由而轻松，他既大方又善良，但是竞争性的比赛环境为尼克提供了一把钥匙，给他的性格打开了另一扇门。

尼克小时候会在路边花好几个小时疑惑爸爸拉里今天是否还会来接他，当拉里偶尔来拜访一下时，作为一个正常孩子，尼克怀疑他的父亲是否关心他、是否爱他、自己是否在他心中有一席之地。尼克从来没去进行心理治疗，也很少谈及那段日子，但是当他和"邦佐"号成员一起潜水、骑自己的极限小轮车飞驰、登台演出或穿上潜水服去创造纪录时，他就能找到暂时来摆脱所有过往黑暗的空当，和许多运动员、演员和冒险家一样。每一项运动的成功都证明了他的存在价值。他是有价值的。问题是，这种感觉会越来越淡。而对于尼克来说，他对于自我价值的认同总是非常短暂的。

不过，参加这种比赛可以宣泄他的愤怒，让他继续内心充满宽容和温暖地生活着。在开曼群岛尼克为所有的来访者准备晚餐、煮咖啡，他是一个很好相处的人，总能自然而然地吸引人们的注意力，也迷住了喜欢到处交朋友的阿什利和伊鲁。当然，尽管尼克是一个很了不起的运动员，他也不可能参加所有的比赛、抓住每一只龙虾，或参与每一次潜水训练，也没有人可以这样做，但每当尼克谈及水中情形时，他的某些狭隘本性就会暴露，经常猛然发表一通以自我为导向的长篇大论。所幸他的这种行为会很快过去，马上恢复正常，他的脸上再次露出笑容，但这并没有使尼克变得健康，对他自身的可持续发展也没有多少好处。

"看着他潜到91米时太震惊了，他是一个了不起的人。"柯克·克拉克说，"我真的很喜欢尼克，但是我不喜欢作为竞赛运动员的那个他。他试图通过自由潜水将过去的噩梦驱离。跃出水面，他是一个待人真诚的好人，但也是一个双重人格者。"

比赛第四天尼克准备冲刺另一个纪录，这次要挑战"自由攀绳下潜"。他宣布的深度是 88 米。尼克认为自己在"恒定重量"项目刚刚达到了 91 米深，"自由攀绳下潜"又是自由潜水比赛项目中最容易的一项，因此 88 米看上去十拿九稳。然而他之前在这个项目中从来没有下潜到 40 米以下。并不是每个人都对结果表示乐观，特德很是愤怒，找到尼克并告诉他这样特别危险，尼克的决定太自以为是了，他在伤害自己，但是尼克厌倦了特德的杞人忧天。当特德第一天潜到 85 米时，尼克对他们之间的利益冲突已经了然于心。

特德坚称自己的意图很纯粹，不仅是他在担心尼克，所有有经验的竞争对手都很担心。他们认为尼克不尊重这项运动，也没有对大海表示敬畏。"别那样做，"阿什利前一天晚上劝告他，"太愚蠢了。"他没有听进去，阿什利也没有时间去继续说服他。第二天早上她也要投入比赛中，希望能刷新自己的世界纪录。

直到早上要进行比赛时柯克才知道尼克宣布的深度，但麻烦的是尼克不知道需要多长时间才能完成自己的目标深度。尽管"自由攀绳下潜"被认为是最简单的一项比赛项目，可它所花费的时间要比"恒定重量"项目更长。柯克把尼克拉到一边，旁边还有安全救生队的领队谢德医生。"我们觉得你对这些项目的概念有些误解，"柯克告诉他，"单凭你在'恒定重量'中下潜到 91 米，并不意味着你可以在'自由攀绳下潜'项目中获得突破。它们是两个完全不同的项目。"

尼克坚定自己的立场，AIDA 也没有相应规则阻止他直接从 40 米的深度跨跃到 88 米。柯克和谢德为他设计了一个专门的安全计划——谢德将作为观察人员下潜到 35 米，并提醒其他安全潜水员关于尼克的情况，这样一来如果尼克有需要，他们就可以立即提供援助。柯克也会潜入水中，用运动摄像机拍摄潜水过程，如果有紧急情况他也会随时提供帮助。

尽管这些事情令尼克感到心烦，但他并没有让其影响自己的赛前热身。他下潜到 25 米，就像他之前那样表演"走钢丝绳"，然后回到水面及时观看阿什利接下来的挑战，准备将她的纪录提高到 65 米。这次她没有那么紧张了，表现得非常稳定。她的嘴唇没有发青，浮出水面时也并未犹豫。她做了三次恢复呼吸，并轻松通过了规定的程序，高举着标签。当被授以白牌时，她开心地挥动了三次拳头，支持她的"水部落"成员们也欢呼起来。阿什利已经赢得比赛，但她到开曼只为了一个目的，那就是挑战世界纪录——在接下来的一周尽可能缩小自己和纳塔利娅之间的距离。第二次得到白牌后，她距离纳塔利娅的纪录还有 4 米，计划在比赛的最后一天再增加 2 米，达到 67 米。

纳塔利娅在自由潜水领域享有统治地位，但是阿什利才 28 岁，已经进入了全盛时期。阿什利和雷恩都认为凭借在为期一周的"Deja Blue"自由潜比赛中的良好表现，阿什利可以长时间保持世界纪录。他们并不知道几个小时后纳塔利娅就要在埃及的达哈布蓝洞（Dahab's Blue Hole）进行潜水，她和阿列克谢在他们喜欢的训练场地举办俄罗斯国内锦标赛。纳塔利娅一直在关注阿什利的进步。在她 50 岁生日的这天，她知道自己也要做点什么。

阿什利赛后仍然吸着氧气以补充肺部供氧，就像跑步运动员经过长久跑步之后的休息阶段，而尼克则在赛绳旁调整呼吸。他上次已经不科学地下潜到了 91 米，依靠的是对自己与生俱来的潜水能力的信任，凭感觉做事。这一次感觉不如以前那样顶用。尼克仅划了四下就到达 10 米深度，又游了三下就到了 20 米，从那起他收缩下巴，把双臂贴近身体两侧，进入流线型自由下落阶段，而 88 米仍然是一段很长的路。

自由潜水员不能在水下呼吸，所以他们不会像水肺潜水员那样经常遭到氮醉。然而为让潜水员保持清醒，其血液中的氧压会上升，但同时氮的含量也会增加，可能会让潜水员彻底陷入晕厥。如果运动员保持专注就可能不会注意到这种情况，或者在上升过程中已经放松下来，就不会晕厥。如果他在整个过程有任何犹豫，麻醉感可能会一直在大脑中回荡，消极的想法变为巨浪不断回响并干扰运动员，也会不断消耗氧气，把一个平静的水下之旅毁掉。这也正是发生在尼克身上的事情。他在论坛

（Freediveblog.com）中写道：

> 我（在 88 米）感到极度脆弱，脚没有了任何知觉。我的思绪胜过了身体反应，情绪有点失控。慌到只想冲到水面，并没有放松心态或接受自己的脆弱，我感到自己所有的一切都在燃烧……

如果他忽略这些想法，慢慢地恢复自信继续比赛，很有可能获得成功。相反，他鲁莽行动，水压的不断增加和胡思乱想耗尽了他体内的氧气。潜水已经进行三分钟，接近谢德时尼克给他打手势说明自己有危险，但是谢德没有识别出这个信号的意思。柯克意识到了，并迅速通知下一个安全员，其名为罗伯特·李（Robert Lee）。李游向尼克，在 30 米处尼克晕倒在李的怀中。"这是我见过最严重且可怕的短暂昏厥。"谢德说。

李疏通了尼克的气道：一只手放在尼克的鼻子上，另一只手拖着他的下巴，同时开始往上游泳。包括雷恩在内的另外两个安全潜水员潜到 20 米去接应李，一起帮尼克游到水面。到达水面后尼克仍然昏厥了 15 秒，安全潜水员不断叫他的名字，又朝他的眼睛吹气，轻拍他的脸颊，都没有奏效。

"他没有立刻恢复意识，因此我们开始为他做人工呼吸，"谢德说，"我做了 2~3 次，他终于面无表情地醒来，露出似乎与这一切毫不相干的眼神，接着口鼻开始喷血。"

自由潜水中深水昏厥是罕见的，通常总是伴随着肺水肿，有时还会发生肺出血。尼克醒来后咳出许多粉红色血泡。由于哺乳动物的潜水反射，血液和血浆分流到他的心脏并为肺泡毛细血管（肺部血管）充血。此时血液已经在肺泡中泄漏，就像漏水的水管。谢德将氧气呼吸面罩放在尼克的鼻子和嘴上，正压力帮助血液从他的肺部回流到血液循环中。他恢复得很快，偶尔会卸下面罩，吐出红色血水到蓝色海水中，水面不时泛起涟漪。

安全团队因照顾尼克导致下一场比赛延迟了 15 分钟，又额外给了他们 15 分钟的休息时间，但一整天的比赛都已经安排好，竞争仍要继续。凯莉下一个进行潜水，发生这种情况时，她已在水中准备潜水。"海水里有很多血。"她说，这震撼到了她，使得接下来的潜水充满了压力。恐惧已经在悄悄压迫着她，影响很大。压力使她早早耗尽了体内的氧气储备，到达水面时凯莉发生了昏厥。下一个潜水员也出现了昏厥，而接下来的第三个潜水员甚至昏厥得更早。

谢德取消了尼克深度项目的剩余竞赛。但尼克还是每天都过来找他，并表示自己感觉好多了，要求再参加一次开放水域的深度潜水。谢德绝不让步。尼克也向凯莉征求她的观点。"我告诉他还是需要休息，但是他想明确能够潜水的具体日期（那时他的肺应该已经痊愈了），我说不出来。虽然没有数据统计，但是我认为肺出血还是一个很严重的问题。"

"好像有什么东西在驱使着他。"史蒂夫说。

"他知道他能做到什么，并且他想要做到最好。"凯莉补充说。

特德则对这次事件感到后怕。当尼克死后，他告诉阿什利自己应该跳出来说"不，不，不！他不能再那样潜水了"，但这场失败刚过，他认为尼克应该得到教训，或许就不会觉得自己很厉害，而更倾向于听取他人意见。不过，始终没有人认为尼克会有生命危险。

"我们只是认为他太年轻野心勃勃而已，并不知道其他原因，我们比赛现场总会有一名医生在，配有医药中心，还有整个安全救生潜水团队。"

"你不可以向大海撒谎，"格兰特·格雷夫斯在尼克这次出事故后告诉他，"无论你生命里正在经历什么，无论你在处理什么难题，大海都知道一切。"尼克在他的博客上表示已经从痛苦的经历中学到了教训，并写下了他与格兰特的谈话。

> 我很生气自己如此鲁莽和傲慢……绝不能欺骗大海，它给我上了艰辛的一课。

那天下午，阿什利正准备庆祝自己的成功。战胜纳塔利娅是她的一个梦想，也是目标，她已经实现了它；现在她想把这份喜悦同家人一起分享，于是她给家里打电话告知这个好消息。"自从 2008 年，这个纪录就开始存在，"她跟父亲讲，"你猜怎么着？我两次潜水都成功打破了它。"她跟他讲了整个比赛过程，而她的母亲和姐姐则在一边提问来回应。讲完电话她到泳池边溜达，充满满足感。她看到雷恩、特德和其他一些潜水员坐在露台树荫底下看起来闷闷不乐，所以她走过去想逗他们笑，让他们同她一起欢呼庆祝。

"纳塔利娅打破了你的纪录。"雷恩直接告诉她。

"不，她没有。"阿什利说，还在微笑着，以为他在开玩笑，但他们的表情没有任何变化。

"阿什利，纳塔利娅打破了你的纪录。她现在在达哈布参加比赛。"雷恩说。纳塔利亚将世界纪录保持了四年，而阿什利只保持了 72 小时。特德登录官方网站查找了纳塔利娅下潜的深度。

"她潜到了 66 米。"他告诉她。这已成事实，但他们仍然有希望。在达哈布蓝洞举行的比赛和"Deja Blue"自由潜比赛同一天闭幕。因此阿什利和雷恩决定等着纳塔利娅宣布的目标深度。如果阿什利能够在接下来的比赛中再次打破纪录，那么这次她的纪录就不会仅仅维持三天了。

虽然谢德禁止尼克参加深度比赛，但他还是可以参加泳池比赛，受伤后的那个晚上尼克就参加了"静态闭气"项目的竞争。"由于他在泳池中肺部不会受到压力，理论上在'静态闭气'潜水项目中应该不会发生危险，"凯莉说，"但也并没有相关数据来验证。"这也体现了自由潜水界在医学方面的空白。

尼克的"静态闭气"潜水成绩很关键，因为他至少需要闭气潜水五分钟才能加入美国国家队。他在水中保持了 5 分 36 秒。尽管受了伤，但总的来说"Deja Blue"自由潜是他第一个收获颇丰的比赛。他已经赢得了美国纪录，也加入了美国队，能够在同年夏天与阿什利和特德去尼斯继续参赛。

史蒂夫·本森在"静态闭气"项目中惊人地创造了 7 分 43 秒的国家纪录。然而对于阿什利而言这次比赛并不顺利：她原本计划潜水三次，每次多下潜两米，但她在潜水最后一天查看了纳塔利娅的宣告，并注意到其计划要下潜到 68 米，阿什利便最终宣布下潜 69 米。"我没有完成计划，"她说，"我尝试挑战她，但昏了过去。"这个意外并没有造成特别严重的结果。她只是昏厥了几秒钟，而挑战已经失败。那天纳塔利娅也没有再继续 68 米的挑战，因为她知道阿什利得到了红牌，所以就没有必要再次潜水了。

几乎每次自由潜水比赛结束都会举办许多派对，"Deja Blue"也不例外。运动员们已经连续几个星期注意饮食并保持按时作息，现在终于可以放松自己，开启彻夜未眠模式。尼克为阿什利和伊鲁调酒，他们一起在泳池边畅饮。当他去厨房时，阿什利逗弄伊鲁："他很迷人。你不觉得吗？"

"他的确很有魅力。这样行了吧，阿什。"伊鲁和尼克的关系迅速升温。她来加入他的晚餐，烹饪尼克喜欢的委内瑞拉特色菜，如油煎面包片（tostones）和黄油鸡蛋玉米饼（arepas）。早晨有时候她会跟尼克一起做瑜伽。她刚刚结束一段爱情长跑，打算考虑一下尼克，尤其是当他在厨房跟她说笑时。

"你们应该约会，"阿什利说，"我没开玩笑。"

"还是再看看吧。"伊鲁咯咯地笑着回答。

尼克喜欢伊鲁美丽的笑容、浓密的棕色头发和迷人的身体曲线。她觉得他不是传统眼光下英俊的长相，但是很性感幽默。当尼克讲西班牙语时她便笑得很厉害，因为他听起来像一个电视剧演员，和正宗发音相去甚远。不过，他很有魅力，尽管舞跳得不怎么样，但是还是非常努力在跟上伊鲁的节奏。

渐渐地他们都有了醉意，萨尔萨音乐响起，最终大家冲进泳池中狂欢，衣服都弄湿了，伊鲁深呼吸，然后光着双腿在水底游动。伊鲁游了一会儿，又继续一米一米地下潜，尼克很担心，于是他拦住了她并把她揽入怀中。他们四目相对，他甜蜜地亲吻了她。"继续吻我吧。"她说。伊鲁喜欢他醉人的吻，她也想和尼克发展成更亲密的关系。

当"水部落"在狂欢时，洛根把图片发布到了美国有线电视新闻网上。其中包含了阿什利和尼克胜利时刻的特摄、尼克的"走钢丝绳"以及他在水下昏厥的照片。虽然尼克曾与他的母亲和妹妹打过招呼，让他们知道自己是安全的，但他从来没有告诉他们如何跟进比赛进度。他不想让他们知道他在何时潜水或潜得多深，也绝不想告诉他们在他挑战 88 米的那一天发生了什么事，但没多久就有人将这件意外告诉了尼克的亲人们。弗雷德、贝琳达、珍、克里斯廷和凯蒂在几小时后看到了那些比赛图片。

"这让我们所有人都很担心，"克里斯廷说，"这也是我第一次意识到可能会有不好的事情发生。"

12
尼克的潜水流浪记

"尼拉女孩"迎着加勒比信风破水前进，尼克站在船头，闭着眼睛迎着阳光，风吹乱了他的长发。雷恩面带微笑掌舵，阿什利搂着他，两人一起开心地说笑。"Deja Blue"自由潜比赛结束后，阿什利询问伊鲁和尼克是否有兴趣加入他们的佛罗里达巡游。伊鲁不打算前往。此外，她跟尼克的浪漫也"砰"的一声结束了。他太被动，当她表现得太主动时，尼克又会感觉不舒服，她感到自己被拒绝了。

"他太像个女人了。"她还告诉阿什利自己被抛弃了，这使得阿什利对这位古怪的新朋友更加好奇。她仅仅认识了他几周，但已经见过尼克表现出来的各种不同的性格特征。他时而沉稳智慧，时而像个任性的坏男孩，时而表现出顶级运动员的风范，时而又是好客的主人。当尼克退掉从大开曼岛准备启程回家的机票并答应一起来游玩时，她感到非常兴奋。

他们从开曼群岛航行到古巴花了两天的时间。太阳升起时，大海呈现出一种非常完美的深蓝色。他们遇到了一群海豚，还钓到了鲣鱼，晚上三人轮流掌舵，这样每个人都可以休息，没过多久阿什利和尼克就一起守夜。尼克和阿什利讲述自己童年那个支离破碎的家，同时阿什利也跟尼克讲了她酗酒的爸爸。每次放学回家的路上她有多紧张，不知道爸爸是否喝醉了，他会神志不清、说话含糊，当她带朋友回家时，见到他那个样子感到格外羞耻。

"我11岁时，他让我跟他一起开车去垃圾场，"她说，"他当时又喝得烂醉,整个人目光呆滞,口齿不清。为了到达那个填埋场我们不得不经过一座大山,同时还有一座矮小的黑墙挡住了我们的路,可是他不停地撞击它。"幼小的阿什利受到惊吓大哭起来,父亲没有安慰她,反而直斥她要学会长大。尼克认真地听着,大海拍打着船舷,绳索叮当作响敲打着桅杆,星星笼罩着天空。他对那种失望的滋味再熟悉不过了。

幸运的是阿什利有一个超级棒的妈妈,总是告诉阿什利她多么美丽和聪慧,念大学的时候她觉得自己可以做任何事情。阿什利想知道当尼克的父亲与他渐行渐远时,母亲是否以同样的方式填补了他内心的空隙。"你妈妈曾经那样鼓励过你吗?"她问,"告诉你你有多么帅气和聪明?让你感觉自己比其他孩子更特别?"他转向她,望着她真挚的眼睛,享受他们此刻的亲密关系。

"没有。"他回答并转身走开了。

当他们到达古巴岸边、看到圣安东尼奥角的地平线时天色已晚,于是就没有入住酒店,直接抛锚固定在海上过夜。风已渐渐变小,这时气温为华氏95度,比较闷热,他们跳到凉爽的海水里降温。不管身上还在滴水,雷恩和尼克抓起吉他开始弹奏,而阿什利则敲打一个五加仑大小的空矿泉水瓶。尼克点燃了一支香烟,吸了两口,又递给他俩。吸了几次之后,尼克变得有些迷迷糊糊开始妄想。这时海边一束明亮的光吸引了他,他停下手里的吉他,站了起来指向那束光。

"看那边。他们看到我们了,朝我们开过来了!"

"谁?"雷恩问,伸长脖子张望着,吸了最后一口烟。

"古巴海关。"

"我觉得不是,那仅仅是一道光罢了。"

尼克是对的,海关人员过来打了招呼,他是提着灯笼划船过来的,特地告诉他们不可以从圣安东尼奥角进入古巴,他们得去进入哈瓦那的海明威码头(Marina de Hemingway)。他很友好,但不会讲英语。尼克说着他那电视剧台词般的西班牙语,海关人员也没有产生任何怀疑。第二天,他们穿过暗礁到达了公海,在那里潜水捉海螺,洗干净后切碎,放上腌制辣椒和佐料来作为午餐。尼克还抓到了一对龙虾，他们将其蒸了当晚餐，大约凌晨四点到达了海明威码头。

尼克和阿什利又在一起守夜，他们聊了一整夜，大部分时间都在聊梦想的意义，这是尼克最喜欢的话题之一。他们也会聊上帝。尼克告诉阿什利他从上帝那里重拾信念，惊讶地发现阿什利也一直在学习圣经，同样经过多年的怀疑才相信了上帝的存在，现在阿什利总是自豪地宣称自己是基督徒，而雷恩是一名无神论者。

海明威码头的炎热天气简直令人窒息，蚊虫很多，于是他们花大量的时间徘徊在古巴街头，尼克的西班牙语交流起来还算流畅，总不至于让他们陷入困境。有一天，他们遇见了一名晚班兼职的年轻出租车司机，他的本业是雪茄制作工。他把他们带到一个休闲场所，在那可以欣赏一些古巴的歌曲。两天后，这个小伙子借了他好友的俄罗斯老爷车，带他们穿过比那德里奥（Piñar Del Rio）郁郁葱葱的群山去旅行。他们开车穿过翠绿的石灰岩山丘，跨过一条宽阔的河流，附近有蜿蜒数英亩的烟草，宽大的烟叶在风中飘舞。他们从路边买了一瓶"哈瓦那俱乐部"牌的朗姆酒、奶酪和番石榴酱。奶酪里面还有虫子，"这更有味道。"尼克告诉他们，他在奶酪上涂了一层厚厚的、甜腻的石榴酱。查普曼夫妇也照做。

那天晚上，他们在一个家庭旅店落脚，第二天早上骑马穿过大片山丘，去河里的一个坑洞游泳，这个坑洞通向一个洞穴。他们三人作为自由潜水员做了自己最擅长的事情——憋气去探索这个洞穴。这趟探险如史诗一般，也是一个与古巴告别的完美方式。

他们周日离开古巴，然而就在这一天产生了分歧，因为尼克和阿什利想要参加当地教堂的祷告。雷恩对此却毫不在乎，他受洗时间还不到一年，不如尼克和阿什利虔诚，一直强调他们必须趁着目前的天气好早点出发。在古巴的最后一晚，阿什利和尼克肩并肩站在"尼拉女孩"的船头，望着船驶向劳德代尔堡。尼克眼皮有些沉重，开始打盹。

"你应该躺回去，"她说，"去睡觉休息一下吧。"

"不用，"他告诉她，"我很珍惜我们此刻的时光。"

而也就是这时,阿什利确信尼克对她有好感,如果情况不同,如果雷恩不存在,如果真的有平行空间,也许他们两个会在一起。但她不是那种做白日梦的人,她和丈夫就生活在现实里,雷恩非常优秀,她也很爱他、崇拜他并愿意与其一辈子厮守。尼克知道,这也是他一直没有去尝试的原因。他宁愿把自己的感情放进瓶子里密封起来,自己品尝痛苦,他也习惯了忍受巨大的痛苦。尼克告诉自己他们三个是朋友,永远的朋友。

尼克在旅行结束的几天后回到了《绯闻女孩》剧组,而工作后剩余的时间他都花在了水中,为"动态闭气"潜水项目做训练,附带爬楼梯、跑步和屏住呼吸做俯卧撑等一系列体能练习。摩根偶尔过来,从他的小屋里叫醒他。当他得知尼克创造了纪录时,也并没有感到惊讶。他知道尼克是一个有潜力的运动员,是一匹黑马。

"你将来有什么打算?成为自由潜水员?"摩根问。尼克曾得到一个赞助商的支持。一个名为Destalt的公司投资于美国队,并为尼克即将到来的尼斯之旅提供设备和差旅费。Destalt的领导称阿什利和尼克是"美国双雄"。尼克喜欢这个称号,因为在他心中它将他俩紧密地联系在了一起。"你现在有一个年薪大约15万美元的工作,但在自由潜水界能得到什么?"

"什么都没有。"尼克面无表情地说。

"就是说呀,你的新工作反而需要无偿付出。"

"这不是一份工作,摩根叔叔,"尼克说,"这是一种生活方式。"他俩一起笑了,尽管听起来是一句玩笑话,但这也是真的。他厌倦了消磨和浪费自己时间的日子。他想回到刺激、疯狂的生活,就像凯鲁亚克小说里那些人物一样。摩根理解这对尼克意味着什么,但是他提起来还是很难过,因为接下来的事情最终会像小说里那样以悲剧结尾。

一天晚上,尼克在去大都会游泳池的路上看到了一个年轻的金发女郎从教堂里出来。他不知道丹妮(Denny)的故事,但是他看得出这个女孩很痛苦,她只能靠着围栏或围墙走路,每一步都异常艰辛,引起了人们的注视。

三年前，她是费城一所高中的游泳明星，毕业后进入纽约一个艺术学校学习摄影，但在 2010 年，一切都变了。她的四肢麻木疼痛，视线也变得模糊，走几步都会感到疲惫，并且每一步都疼痛难耐。身边的人认为她的情况并没有她自己所述的那么严重，她的妈妈、阿姨、朋友——每个人都告诉她只是身心失调，直到 2010 年底，没有别人的搀扶她几乎都站不起来。她被诊断出患有多发性硬化病（MS），这是一种严重的自身免疫性疾病。她尽一切所能与病魔对抗，水中是她唯一可以正常移动的地方。游泳的时候没有任何痛苦，所以她尽可能多待在泳池中。而筋疲力尽时，她的视力就会下降。尼克靠近她的那天晚上，她看到的只是许多白线和一个模糊的影子在靠近。

"我能帮你吗？"他问。她喘不过气来，眯着眼睛试图看清他。纽约街道上大多数人都会忽视她。曾经有一次她从地铁站爬回了家，非常窘迫，也没有一个人提供帮助。"我是尼克，刚从教堂出来，"他说，"我送你回家吧。"

她点了点头。尼克握住她的胳膊又提起她的背包，领着她在人行道上一步一步慢慢地走。"我刚才在健身房的运动太拼命了，"她不好意思地说，"导致我现在只能这样走路，我游泳游了好几圈，然后又在跑步机上跑步，锻炼得太卖力。"她没有在撒谎，但是内心里她在嘲笑自己。她在跑步机上以每小时半英里的速度跑十分钟都非常困难，觉得现在的自己很荒谬，"我曾经是一名游泳健将，"她继续说，"我可能比你还要厉害。"

"可能吧。"尼克回答。她准备迎接不可避免的问题："你经历了什么？"过去两年里她曾遇到过一些好心人，他们总是会询问她的经历，这对她来说就是另一种折磨。尼克并没有提出来这个问题。他们花了 20 分钟的时间还没有走完一个街区，当最终来到她家门前时，她的视力已经有所好转。尼克指着自己的公寓方向说："我们是邻居。"他笑了笑，丹妮看了一下手表。

"游泳池 10 分钟内关闭，抱歉我让你错过了游泳。"

"我可以明天再去。"他说。丹妮点了点头。尼克穿过马路，然后回过头朝她喊："教堂见！"

美国队的训练营驻扎在迪恩斯蓝洞，南下过程中尼克在马拉松地区停留了一阵儿，因为要与"邦佐"成员一起在龙虾季节捕虾。保罗和他的朋友们都在慢慢变老，虽然"邦佐"号仍然在服役，但他们又添置了一艘新船，名为"邦佐的哥们儿"（Bonzo's Buddy）。这些成员们也有了各自的孩子，而尼克就成了下一代"邦佐"成员的潜水教练和导师。多年来，他教孩子们自由潜水、掌握平衡、抓龙虾并清洗鱼。保罗教给他的一切，他都继续传授给了孩子们。保罗特别佩服尼克在教学过程中的耐心和天赋。虽然尼克对自己缺乏耐心，但他在对待孩子们时宛如一个贤者，他们都很崇拜他。尼克第一次带保罗的女儿阿什利游到礁石上时，她很害怕，但他拉着她的手不断给予鼓励和安慰，很快他们就下潜得比以往都要深。年复一年，不管他是在抗议游行、演戏，或在剧组，尼克很少错过每个龙虾季节，随着阿什利和其他孩子不断长大，他教给他们的知识就越多。

到了2012年，这些孩子就已经开始承担一些重任，特别是在跟踪龙虾并侦查其踪迹的时候，这对大家来说是好事，因为原来的"邦佐"船员已到暮年，尼克也渐渐为工作等事忙碌。一天下午，海上的天气十分糟糕可怕，狂风吹起了六英尺高的浪头，"邦佐"和"邦佐的哥们儿"都摇摇欲倒。他们在七里桥，水流湍急。尼克拿着细长的鱼叉在石斑鱼峡谷下海捕捞时，大海上白浪滔天，太阳快要落山了。船上的成员们也都没有闲着，但他们渴望冲个热水澡再畅快地喝一顿啤酒。保罗按了喇叭，催促尼克快点。

"放松！"尼克回复，"你现在可是需要我的帮忙！"

保罗得意地笑着，身子靠向斯科蒂："嘿！你知道吗？他说得还真是对的，这个小混蛋。"

"你说什么？"尼克喊道。

"我说你是个小混蛋！"

"胡扯！""邦佐"船员们哄堂大笑。他们不像自由潜水员那样容易生气，也都喜欢看尼克气冲冲地潜水。他猛吸一口气然后潜回到水里，在水下待的时间超过三分钟，然后叉着一条琥珀鱼浮出了水面。保罗对尼克佩服至极，任何捉过琥珀鱼的人都知道这种鱼挣扎得厉害，即使是捉再小些的鱼也要花大力气。而要用这么小的鱼叉抓住这么大的琥珀鱼，尼克必须对准它的眼睛。如果他击中了琥珀鱼的尾巴或鳃，它就会逃脱。

那天晚上，当太阳落山时，"邦佐"大部分船员都在干燥的陆地上休息，尼克和保罗回到船上拿啤酒。"告诉我你最近过得如何。"保罗问他，橙色的晚霞消失在西边的天空。他知道尼克喜欢沉思，保罗有能力，也很善解人意，他旨在解决困难而不会强制尼克做什么。"我感觉有东西在吞噬着你的内心。是什么呢？"

"我恋爱了。我遇到了一个人，她就是我需要的另一半。"尼克告诉了保罗关于阿什利·查普曼的事。他滔滔不绝地讲述着她的运动能力、她的美和他们之间的那些谈话。

"太好了，尼克！这很好啊，那你为什么还这样心事重重？""我不能拥有她。她已经结婚了，丈夫是一个很了不起的人，我没戏了。"保罗知道暗恋的感觉。在他娶妻子特里（Terri）之前，也爱上过另一个很特别的女孩，可惜时间也不合适。当尼克无数次陷入困境时，保罗都会给他提供建议，但是那天晚上他无法给出答案。他只是搂着侄子给他开了一瓶啤酒，什么都没有说。

美国队在长岛附近的迪恩斯蓝洞整租了一套房子。阿什利是女子队队长，特德·哈蒂是男子队队长，雷恩作为总教练。国家代表队在参与世界锦标赛时，队内每名运动员都要参加三个项目的比赛："静态闭气"潜水、"动态闭气"潜水和尼克的专项——"恒定重量"潜水。三个项目的得分统计在一起，得分最高的代表队将会获胜。同时也就带来一项挑战：每个项目中，选手只能潜水一次，一张红牌就可以毁掉整个队伍的金牌梦，所以运动员很少参与国家队比赛，而是经常在个人项目中挑战。尼克的目标是去法国参赛前，在迪恩斯蓝洞下潜到100米。他不想浪费机会，希望在自由潜水界最大的舞台上一举成名并展现实力。

他们已经数月没有进行密集的深度培训了，因此需要慢慢地调整下潜深度，把底板从 50 米降到 55 米，然后再到 60 米。尼克仍旧没有耐心，更糟糕的是，当阿什利和雷恩讲解基本常识时他根本不听。谨慎的潜水员——即使那些潜水深度达到三位数的顶级选手都明白他们必须一点点地适应水压，这样才能在之后一往无前地挑战极限。同样，挑战珠穆朗玛峰中最有经验的登山者每个登峰季前都必须在大本营训练一段时间，以适应环境。尼克憎恨像个普通人一样受制于物理定律，特德试图驯服他。如果他没有在"Deja Blue"自由潜比赛中吸取教训，大海最终还是会惩戒他。尼克再一次自己控制了底板，把它从 60 米降到 75 米，这两者间简直是一个巨大的差距。

"没人这么做过。"雷恩警告他。但尼克无视了他的劝告，开始做准备呼吸然后跳了下去。他这次在水下和水上都没有昏厥，与 Deja Blue 比赛的状况不同，露出水面时他开始咳嗽并气喘吁吁，吐有血痰。他又一次把自己弄伤了，并且为此感到非常愤怒。他游到海滩上，扔下自己的脚蹼，怒气冲冲地离开了。虽然尼克此时正愠怒，但是阿什利、雷恩和特德觉得是时候制止他了。

全世界所有优秀的自由潜水运动员都飞到了尼斯，参加 2012 年 AIDA 世界团体锦标赛。开幕式期间，运动员按国家所属分组，身着国家队 T 恤或运动服，衣服上印有他们的国旗，运动员队伍沿着海滨游行。尼克感到兴致勃勃，在国内，他只是一项不起眼的小众运动中一名默默无名的运动员，但这里有来自 30 多个国家的同行，有些运动员在自己的国家很有名，如：克罗地亚的戈兰·乔拉克（Goran Colak）、法国的纪尧姆·内里、俄罗斯的纳塔利娅·莫尔恰诺娃和她的儿子阿列克谢。这让尼克觉得他此次参加的比赛有一定的含金量，代表国家参赛使他倍感骄傲，穿上星条旗潜水衣深潜也让他颇有自豪感。他觉得自己肺挤压的伤已经完全恢复了，并准备在接下来几天的训练中加强练习。

特德、雷恩和阿什利却不同意。他们介入尼克的日常训练并告诉尼克他们不会允许他再伤害自己的身体，同时他的任性举动还会对团队的前景造成不利影响。他们让另一位美国男子潜水员做发言代表，并代表尼克宣布他的下潜深度，他们私下甚至已经有了个数字。

"该死，我远道而来绝不会在这只潜到 65 米。"尼克满是愤怒。

"不，你来到这，就已经是团队的一部分。"特德回答道。尼克很生气，但他不得不接受他们的决定，不然他只能退出比赛，而他并不是一个轻易放弃的人。

在比赛的第一天阿什利下潜到 75 米，比日本队的冈本美铃（本姓为平井）（Misuzu Hirai Okamoto）落后两米，尼克轻松地完成了他的潜水。如果他在训练中保持耐心并下潜到 100 米，也许他会紧随阿列克谢位居第三，阿列克谢已经下潜了 100 米。如果真是这样尼克在自由潜水界就可以接近顶尖运动员的水平，彼时他距正式潜水还不到一年。但是尼克没有珍惜目前这种可能性，整场比赛都觉得很尴尬和不安，因为他没有被允许发挥实力。他把电脑和挂绳摔在船板上生闷气，这让阿什利也很不满。

除了阿什利以外，美国队的整体表现并不尽如人意，在男子和女子积分榜上美国都处在中间位置。比赛的最后一天，尼克在特德持有纪录的"动态闭气"项目中又一次进行尝试，但在 156 米的水下潜泳后他昏了过去。由世界上最出色的泳池比赛运动员——戈兰·乔拉克带队的克罗地亚夺得了男子组团体的冠军，女子队金牌则由日本获得。

尼克在法国并没有享受到比赛的乐趣，最美好的一天是与一位旧识度过的。伊鲁·贝利奇是委内瑞拉唯一参赛的女运动员，在闭幕晚会上他们看到了彼此。两个人一起跳舞、喝酒和聊天。她告诉尼克要想成为一名成功的运动员必须控制好自己的情绪。阿什利曾告诉过伊鲁关于尼克潜到 65 米后发脾气的情况。"你是一个非常好的人，但是当你做这些事情时，我们觉得你失控了，只看到了你的孩子气。"

"我知道，"他说，"我会做得更好。"尼克凝视着她的眼睛。他这样看她，让她觉得自己仿佛变成了透明的人。她最近也很不顺利，部分原因来自于她的家庭纠纷——她的父母在闹离婚，伊鲁无法集中注意力专心比赛。尼克倾听着她的烦恼，也讲述了他自己童年的阴霾。

他俩再次热络了起来。聚会结束后，雷恩、尼克和伊鲁在美国队公寓里的地板上睡了一觉，第二天伊鲁和尼克在蒙特卡洛（Monte Carlo）走了很长的一段路。这个下午他们游览了许多美丽的景点，所到之处都无比神奇和瑰丽，两人手牵着手，仿佛世界上所有的美丽与和谐都流淌在指尖上。他们路过闪耀华丽的广场，在昂贵的精品店前漫步，跑去与法拉利和玛丽拉莎跑车合影，假装自己是富人和名人。

他们攀上沿海丘陵在上面散步，停下来享受短暂的静默，远处是漂泊的船和深蓝色的海湾。伊鲁承认在开曼群岛时感觉到被他拒绝了，这也令她很尴尬。尼克把她抱在怀里，说："没有什么不好意思的。我们是朋友，也的确亲吻了，但这很正常。"对于尼克来说是这样，对于伊鲁不是，但她想让这事就此过去，该是原谅和宽恕的时候了。

很快他们意识到迷路了，于是随便跳上路过的公交车，也完全不知道车开往哪里。他们不在乎，全然陶醉在生活的奇迹和随性里，仿佛也是为了证明他们这个观点似的，汽车停在一个美丽的海湾入口，两边是险峻陡峭的悬崖，中间那一片就是平静的蓝色海湾。他们下车并缓缓地步入一家名为"伊甸园"（L'Eden）的酒吧，坐在桌子旁品尝着莫吉托，随后在水中游了很长时间。夕阳如火，晚霞似紫烟环绕在旁，过一会儿，海上夜色徐徐降临。

夜晚天气温暖，他们往山林深处走去，在那发现了一个烛光荧荧的意大利小酒馆。晚餐前后，尼克有一千个机会亲吻她，但他并没有尝试。她也没有。两个人感觉一切都很完美，冷静的情绪吸引着对方，她不想做任何事情毁掉她人生中最美好的一天。毕竟，她已经拥有了一趟梦幻浪漫之旅。他们回到美国队公寓时非常兴奋，各躺在 L 型躺椅上的一端，头碰头地睡着了。

当她第二天醒来时，他已经离开了。

2012 年 11 月他们在长岛再一次看到了对方。2012 年度"巴哈马蓝洞深度挑战赛"已经开始，这一年的系列联赛对于威尔·特鲁布里奇格外重要。阿列克谢·莫尔恰诺夫在"恒定重量"项目中创造了127米的世界纪录，威尔在"自由攀绳下潜"项目中下潜到121米，也获得了世界纪录，他在"恒重无蹼"项目中表现出色，下潜到了97米，而阿列克谢在无蹼项目中仅潜到了80米，但他那时只有25岁，也就此下定决心必须做得更好，这样才能被认为是世界上最出色的潜水员。

阿什利赢回了她的纪录，她在"恒重无蹼"项目中潜到67米，总排名第二位。罗布·金在"恒定重量"项目中下潜到94米，从尼克手中夺回了美国纪录，他在男子项目中取得了第三名的成绩，仅次于阿列克谢和威尔。

尼克早早便在本次比赛中成了一个旁观者。因为他听说了自己保持的纪录遭到挑战，决定在第一次下水就下潜到95米，希望超越罗布。当他下潜到90米时已经用尽了口腔内的氧气，不能保持耳压平衡继续了，但尼克没有转身，而是继续向下摸索底板。在92米处他的耳膜破裂，此刻的痛苦难以忍受，由于担心自己眩晕他才转身向上游去。他浮出水面，如往常那样大发脾气，但那时没有人再在意他的行为。他们知道尼克肯定会这样，给了他发泄的空间。此外，他也有理由和自己生气：一个错误的决定提早结束了他的这次比赛。

早在五月他在题为"我如何潜到了91米"的博客中写道：

> 这项运动中最重要的工具以及最难训练的部分就是大脑。对于潜水员来说情绪是有害的，必须学习如何控制情绪并使其成为一股积极的力量。
>
> 在水下一切充满未知，心中恶魔这时会窜出作祟，导致情绪无法保持正常，最终就是放弃。但同时你也可以自由自在地遨游，遵从自己的内心。绝不要欺骗水，因为你只是在欺骗自己。

离他第一次肺挤压受伤已经过去六个月了，尼克仍然在渴望挑战大海，尽管身体还没有达到百分百康复的状态，他还是在向大海撒谎，强行尝试。

伊鲁比赛完成得很好。她在"恒定重量"项目中下潜到70米，创造了新的委内瑞拉纪录，总排名第六位，但她和尼克那些潜水伙伴们很失望，因为尼克受伤后只顾生闷气，随后从人群消失了。他们认为这种行为很自私，不明白为什么他不能待在这里支持朋友。当他回来时，已经是休息时间了，他是来测试自己耳朵的受伤程度，试图徐缓地掌握平衡，希望在比赛结束之前能再次潜水。经过测试发现还是不可能，但和许多自由潜水员不同，他并没有让自己在水下的失望压垮自己。他喜欢待在长岛，在这里他感觉到未曾有过的自由。

他住在克拉伦斯镇（Clarence Town）的圣彼得和圣保罗天主教教堂管区，主要是为了省钱。教堂坐落在山顶，白色石膏的建筑看上去很怡人。从两个双筒钟楼的任意一个往西南望去，可以看到广阔的河口、克拉伦斯镇的海港和周围将长岛的东海岸与大西洋隔开的链岛。由于有着厚厚的墙壁，教堂内部很凉爽。天花板是弧形的，内部是抛光的水泥地板，放置了一个圣坛。这是一个纯粹而简单的"疗伤"大厅。

当他们为"蓝洞"深度挑战赛做准备时，尼克与阿什利曾去过那里做礼拜，并认识了神父道格·格兰特（Doug Grant）。他们离开教堂去尼斯之前，神父道格说他还可以过来，留宿在教堂管区中——一座正统的、铺了瓷砖的房子，里面还有木制天花板，当然还有与教堂一样可以将风景一览无余的门廊。每当尼克从帮助教堂拖地板或帮助修复义卖场地（被最近的飓风破坏）的屋顶的重活中抽身出来时，他会来到那个门廊，与这位美国牧师讨论世界和平、宗教、爱和一些如披头士歌词里一般晦涩、难懂的概念，然后惊叹于岛上的美景。

坐落在百慕大三角和北回归线的交叉地带，长岛有过一段"自耕农"的历史。其各个村庄都以创始家族的名字命名，如：迪恩斯、汉密尔顿和卡塔莱特。亡灵礁（Deadman's Cay）有一座小型长岛博物馆，也有一个机场，小小的博物馆提供以前居民的房屋实体模型，与玻璃浮标、篮筐和渔网一起构成了岛上居民的生存记忆。年迈的居民深情地回忆起轻轻松松就能挣大钱的日子,著名的盐业公司 Diamond Crystal 来到长岛,开发了许多海盐。从 1962 年到 1984 年,Diamond Crystal 将小岛变成了一个企业生活区。一代父母依靠在那里工作挣来的薪水来养育自己的孩子,但该公司离开岛屿后,一个巨大的经济落差出现了,任何人都没法填补这个空白。

有些人开始自己做起了生意,年轻人前往拿骚去寻找工作,其他人陷入贫穷和自给自足的生活。加勒比海沿岸的家庭从水下沙底捕捉海绵动物,在晾衣绳上将其晒干,然后将这些和他们的孩子一起送到拿骚。许多人在红树林猎杀鸽子或捕捉螃蟹。换句话说,他们又回到了艰苦的"自耕农"时期,老年人尤其困难。神父道格便是在那时来到了这里。

神父道格通过总教区任命,从新罕布什尔州的普罗维登斯(Providence)来到了巴哈马。大多数时候他会在社区里向居民分发香烟、聊天并了解家庭情况。当地人为神父分发香烟的环节起了个外号:和神父一起吞云吐雾。当他遇到一个家庭需要几美元来维持生计时会自掏腰包。如果他们需要帮助修补房子时,道格也会卷起袖子,拿起铁锤一起上阵。

"他很真诚。"肖恩·卡特赖特(Sean Cartwright)说。肖恩一辈子居住在岛上,以卖海螺沙拉为生,他和妻子劳琳(Lauryn)是"蓝洞"赛事主要的食物供应商。"他和我们相处得不错,跟每个人关系都很好。"

尼克对岛上的人也很好,居民能感受到这一点。他们经常看到尼克开着教堂那辆棕色的小货车去岛上南部的贫穷地区接送老年人到银行领取养老金,然后再带他们去超市买一些必需品。周四,尼克则带他们参加教堂在 Denmore's 餐馆举办的家庭午餐。他喜欢在路上长时间开车,这使他有时间更近距离去欣赏岛上的美景。他会停下来,看黎明时分盐池中成群的火烈鸟,探索无数空旷的白色沙滩和近海的岛屿。风和日丽时,他通常开车去加勒比海岸边,观看白色沙滩上水天融为一体的壮丽景色。

他看到由碎石桩围栏划出的界址线,野生丛林里屋顶倒塌的老房子被翻盖成新的建筑,煤渣材料的新房子等待进一步的装修,但是已经不会再有下一步的进展了。他看见野猪在丛林中乱窜，瘦弱的山羊在空地吃杂草，而它们的领头羊则在阴凉处休息。有时清晨时分他正陶醉着，不一会儿就发现风暴不知从什么地方吹过蓝天，给小岛带来大风大雨，然后消失。这是好事情，因为大部分居民靠接雨水做饭、打扫卫生。

尼克喜欢长岛的一切——房屋外粉刷漂亮的护墙板；一些小小的灰泥住房；路上有司机经过时，他们会竖起指头向你表示敬意。尼克喜欢岛上居民旋律单调的方言和数不清的教堂，每个教派都至少有两名成员。这里有浸信会、圣公会、希腊东正教和基督复临安息日会。但尼克最喜欢的是克拉伦斯小镇的那座山——可以消磨一下午的完美之处，让他尘埃落定，打开心扉并任意遐想。

2012年以希望和成就为始，尼克从默默无闻的小卒成长为打破美国纪录的精英。他现在可以代表国家参赛，在比赛中结交新朋友，同时还能环游世界。然而2012年结束时尼克对自己的成绩很失望。他本来希望在尼斯和"巴哈马蓝洞深度挑战赛"发挥全部潜力，但受伤的几天内又有紧急医疗事故出现，让他意识到了危险。一名西班牙潜水员——名为安东尼奥·加西亚·阿维耶拉（Antonio Garcia Abilleira），在比赛时遭遇了气胸（或称肺功能衰竭），当时他在伸展身体，往肺部储存空气，为他的潜水做准备。

据透露，比赛现场医生来到这个长岛边远乡下地区时并没有携带太多的医疗装备。尼克在11月22日给迈尔发了信息，几乎一语成谶：

> 尼克：医疗队有好医生，但是没有完善的设备！这有点扯淡。他们甚至连血氧检测仪都没有，我自己都有一个。这名医生来时只带着听诊器。
>
> 迈尔：他们至少应该有小号插管器材包、氧气和血氧仪等设备吧。
>
> 尼克：这正是这场比赛的问题所在。我觉得运动员自己得注意必须保持健康，否则……

亲眼看见另一个运动员由于肺功能衰竭被空运到拿骚，给尼克留下了深刻的印象，他也明白，若不是由于自己的耳膜破裂，在长岛他也不会感慨良多。他虽不能参与竞争，但同样得到了一个继续为比赛贡献的机会。12月2日上午，他乘飞机离开，还在教堂的访客记录上留了张便条：

> 上帝一定会神佑这个岛。感谢岛上的所有人。这里打开了我的心扉，我从来没有想到它可以使人感觉如此的自由……
>
> 尼克·梅沃利，布鲁克林，纽约，美国

很快，新的一年到来了。尼克也放慢节奏让自己的身体痊愈，然后再次去训练。他写下自己的目标，与为数不多的人一起分享。他希望截至新的一年年底打破现下所有的国家纪录，冲刺到100米深度，并赢得一两个泳池纪录：2013年是崭新的一年，所有的梦想都有可能会实现。

13
意大利撒丁岛：
2014年度AIDA世界团体锦标赛

乌云在地平线上压成一团，晨起的阳光照在阿列克谢·莫尔恰诺夫身上，他站在码头上等待来接他的船只。他刚刚理了头发，身体摆成犁式伸胳膊踢腿，希望借此得到放松。阿列克谢总是那么勤奋努力，但他不是一个喜欢早起的人。在莫斯科的家里，他会睡到自然醒，然后吃饭并开始不停地工作——在健身房、游泳池、教室，最后待在他的电脑旁，直到凌晨才结束这一天。休息日的娱乐对于他没有太大的吸引力，但良好的睡眠则是至关重要的。不过，他似乎很享受九月的清晨，准备再次全身心地投入潜水，下潜得再深一些。这次他要挑战120米，希望为俄罗斯在国际自由潜水发展协会举办的世界团体锦标赛中争得金牌。

当快艇赶到，阿列克谢与迈克·博德一起跳了上去。比赛区距离大多数运动员下榻的赛塔尔酒店（Hotel Setar）有五英里远，酒店位于卡利亚里（Cagliari），同时赛区距离海岸有两英里远。抵达赛区后，他们发现了由六艘船组成的小型舰队，一些船迅速灵活、井然有序，其他的则有些笨拙，甚至还正在组成巡游队形中，蓝色的海水中漂着两个距离约100米的浮标。本次比赛会有两个可以同时进行竞赛的区域，也配有一个规模庞大的安全团队——包括骑着水下滑行艇的潜水员和一名急救医生、两支裁判队伍、几名摄影师、数十名运动员和教练员。这是一场世界性的比赛，无论是像这样在偶数年举办的团体赛，还是在奇数年举行的个人赛，总会是当年最大规模的比赛。

阿列克谢打着哈欠，看上去与平时的工作日的状态并无差别，把这场比赛看成了日常通勤，而迈克则心事重重。他准备潜到 98 米，紧追阿列克谢。尽管迈克是此次比赛中下潜深度可排到第二位的人，但同时他也是英国队的领队，他的潜水结果不会对队内整体排名有太大影响。这不是他所关心的，英国队的整体实力还无法在领奖台上与其他国家的竞争对手进行较量。他更担心的是肺部。

近一个月前的 8 月 30 日，他在卡拉马塔的小型潜水比赛中肺部受到了挤压，到达撒丁岛后，在训练中他再次受到挤压。今天就要比赛，他想知道他的身体是否还会出现这种反应。迈克的两次受伤都不像尼克或瓦利德那样严重，在他的唾液里只有斑点的血迹，他也没有感觉到自己的肺部有受伤、挤压或收缩的感觉。但是当运动员聚集在撒丁岛的时候，没有人知道在肺部已经被挤压的情况下再去潜水有多么危险。许多运动员都像迈克一样仍在等着弄清尼克究竟发生了什么，他们只能怀疑自己会不会遭受同样的命运。

撒丁区，或人们俗称的撒丁岛，地表崎岖而炎热干旱，有棕色的广阔平原，干涸的山谷里需要一场好雨，但橄榄果园和葡萄园却因这种气候生机勃勃。这里也有壮观迷人的海岸线和视野开阔的水面。当迈克和阿列克谢登上给运动员准备的一艘船（共两艘）时，他们瞥见了南部的山脉断层，有些陡峭的悬崖像鲨鱼鳍一样尖锐，另一些则呈现较为平缓的倾斜状态。稍近处的可以看得更清楚，地中海似乎在一片片吞噬这些摇摇欲坠的峭壁，形成了白沙环绕的幽静海湾。再沿着这个小岛往西就会看到一片狭长的弧形沙洲，那里有很多河口和盐沼，再往西陆地会再次出现，藏在云絮底下的群山又一次聚集成片。

在撒丁岛这场比赛中，下潜最深的潜水员最先开始比赛，阿列克谢下水时周围大概有 25 人在围观，他身着黑色潜水衣，衣袖部分以红色突出，正在紫蓝色水面的赛绳旁做准备。他的脚上穿的是 Molchanova 牌单脚蹼，这一品牌是他自己设计的，在世界各地销售给自由潜水员，当然，他的潜水衣也是这个牌子。在自由潜水界,大多数顶级运动员都希望得到赞助,其他无法得到赞助的则要自己购买装备。阿列克谢和他的母亲——纳塔利娅·莫尔恰诺娃则选择创建自己的品牌装备。海面上刮起了风,水面泛起波纹,下雨的可能性也微乎其微,此刻他准备吸气储备氧气供给。在下水前,他花了半分钟的时间来啜饮和储存所需要的空气。

运动员在地热水中潜水会面临独特的挑战,在 21 米深处运动员需要穿过温跃层,在这里温暖的表层水流与较冷的上升水流混合在一起。温跃层是一条边界线,两种性质的水流之间的温差约有 20 度。当运动员穿过时,感觉好像把自己的头塞进了一个冰冷的冷库,会使他们的身体颤动,视线暂时模糊。那种感觉就像是通过柏油路面上的蒸汽看一辆汽车经过,同样的视觉模糊效果也会在水下温跃层发生。寒冷会侵入他们的骨头,使头脑和身体紧张,而此时运动员正在做自由落体,保持放松是至关重要的。

阿列克谢在这方面应该不会有问题。他和俄罗斯队的其他运动员已在离克罗地亚海岸不远的地中海某地训练数周。他宣布下潜时间为 3 分 40 秒,他按计划一路下潜,一分钟内下潜到 60 米。这时候,他从声呐上消失了。时间一分一秒地流逝,没有人知道他在哪里。已经过了三分钟,他仍然没有消息。三分半钟后他还是没有踪影,开始令人有些不安,因为人们可以很清晰地看到温跃层,但仍然看不见他。安全潜水员已经到位,在 30 米处等待阿列克谢。如果他遇到了麻烦,他们就会摇动绳索,给水面救援队发出应对问题的信号。随着每秒钟的流逝这种意外的可能性都在增加。

即使最终他自己回到水面,加时比赛只会增加缺氧和昏厥的几率。要知道,再一次昏厥就会狠狠打击俄罗斯男子队的士气。在比赛第一天的"静态闭气"项目中,俄罗斯下水的第一个潜水运动员——亚历山大·科斯图申(Aleksandr "Sasha" Kostyshen,昵称"萨沙")领到了一张红牌,他在水下憋气 6 分 37 秒后浮出水面,但完成规定动作时做出了两次"OK"的手势。

俄罗斯男子队想要卫冕冠军，但实力较强的克罗地亚是其主要对手。在团队比赛中，像俄罗斯这样的强队都有可能被一张红牌摧毁。两名克罗地亚选手已经在"静态闭气"项目中闭气超过七分钟，他们的领队人物——世界上最优秀的泳池项目潜水员戈兰·乔拉克屏息待在水下长达9分13秒。除非克罗地亚队选手失误，否则俄罗斯队的夺冠之路将会遇到麻烦，而现在如果阿列克谢昏了过去，他们就彻底失败了。当然，如果他完成120米的潜水，俄罗斯仍然可能会得到奖牌，至少会给克罗地亚一定的压力，使其不敢大意。

3分40秒时阿列克谢回到了人们的视野中。他以优雅的海豚式踢水姿势毫不费力地划水，不断上升，最终在3分57秒带着自信的微笑露出水面。他完成了水面规定动作，从兜帽中拿出标签，围观人群为他欢呼叫好，其中包括一位身着比基尼的美女船长，她负责指挥一艘灵巧异常的船只。每个人都喜欢胜者，但这是一个团队比赛。阿列克谢不可能只靠他自己赢得金牌。

赛塔尔酒店是一座野兽派建筑风格的三星级度假休闲场所，建在半岛和山丘的岩石峡谷处，即卡利亚里东部的潮滩区。该建筑粗犷的结构也注定不会赢得任何设计奖项。主办这样的比赛通常会使其亏本，毕竟赛塔尔酒店有自己的价格定位。它也有一个25米的游泳池，可以用来举办泳池项目比赛，附近有码头，潜水员可以搭船抵达公开水域的赛区。

但酒店的设计其实也并不影响这场比赛体验，地中海阳光灿烂，来自14个国家的自由潜水员相互竞争。开幕式大家肯定都会穿着自己国家特色的服装。克罗地亚队与俄罗斯队穿着红色定制polo衫；日本队的运动服面料则很光滑细致，背面印着血红的太阳；丹麦队拿着自己的国旗合影。因为AIDA世界团体锦标赛中来自欧洲的自由潜水员比其他任何大陆的都要多，所以几乎每场比赛都是在欧盟国家举行，也很难吸引拉丁美洲的队伍来参加比赛，同理澳大利亚和新西兰选手也不多。这次比赛就没有委内瑞拉队或特鲁布里奇带队的新西兰队。

最大牌的明星是阿列克谢、纳塔利娅和戈兰·乔拉克，克罗地亚队受特许开着一辆面包车前往撒丁岛,他们也是唯一带了按摩师的队伍,需要按摩帮助放松,由于轮渡时间表的变化,本应是 16 小时的公路和轮船行程,结果却用去了 30 个小时。如果可以,戈兰本可以坐面包车过去,在撒丁岛与他的队友们会面。真是倒霉,他本可以坐到头等舱。过去两年,他在迪拜王子举办的名为"Fazza 自由潜水冠军杯"的"静态闭气"潜水比赛中击败了阿列克谢,赢得了路虎,而阿列克谢则得到了日产骐达(Versa)。每次戈兰都把豪车卖掉,赚得超过 10 万欧元。一年前他在贝尔格莱德打破了自己在"动态闭气"项目的世界纪录,游了 281 米。在克罗地亚,每个自由潜水的世界纪录和金牌获得者都会得到国家体育部的现金奖励,戈兰已有了不少储蓄。他就像是泳池闭气界的迈克尔·菲尔普斯,也是唯一一位在泳池的三个项目中都享有世界纪录的自由潜水员,而且还是在同一年赢得了这些奖项。总的说来他赢得了五枚个人单项的金牌、两枚银牌和一枚铜牌,连续几年都拥有六位数的年薪,他唯一的工作就是训练。

然而多数运动员都是自己筹款比赛,尽管有些国家资助他们的运动员参加撒丁岛之旅,但其中大多数要么像迈克一样是潜水教练,要么像克里·霍洛韦尔一样本身是高收入人士。他们非常适合这项运动,但是都不再年轻了。绝大部分运动员年龄都超过了 30 岁,有些还超过了 40 岁。其中有些是工程师、建筑师、海洋生物学家以及园艺设计师或屋顶工。英国有一名潜水员为左派海洋保护组织"海洋守护者协会"(Sea Shepherd)工作。阿列克谢和纳塔利娅在莫斯科(距离海洋 1 000 千米)经营自己的潜水生意。

参加本次比赛时纳塔利娅·莫尔恰诺娃已经 52 岁,她好比自由潜水界的玛蒂娜·纳芙拉蒂洛娃(Martina Navratilova)。一个永恒的奇迹,她在近十年里都证明自己是不可被打败的。正如纳芙拉蒂洛娃在人生巅峰时期一样,她安静的天性和东方人的特有性格很容易让人误以为她不善交流,且精于心计,但实际上她是这项运动中最满怀热情的大师级人物,她甚至被认为是至尊圣母。她的同胞运动员都称她为女王,因为她用爱关心着每一个人。

纳塔利娅出生在乌法（Ufa），是俄罗斯南部的一座城市，也是奉恐怖伊万（Ivan the Terrible）之命建造于16世纪的堡垒，位于三条河流的岸边。在那里她第一次爱上了游泳，她的蛙泳在学校是最厉害的，她又在游泳比赛中遇到了未来的丈夫，他也是一名运动员，当时纳塔利娅只有20岁。大学毕业后，像当时所有苏联学生一样，这对夫妻有义务在小城镇教学，偿还国家提供给他们的免费教育。他们居住在马克思（Marx），是恩格斯（Engels）附近的一个小镇。

三年后，她的丈夫在伏尔加格勒船厂找了一份工作，他们很快有了两个孩子，阿列克谢是她最小的孩子。阿列克谢还是婴儿时，纳塔利娅就抱着他教他游泳，阿列克谢三岁时就能游一段距离了。有一年他们还去黑海潜水捕捞蚌贝，那时纳塔利娅已经成为一名游泳教练兼老师，生活得很好。但他们也有过一段艰难的日子。"那时日子很难，"阿列克谢说，当时他五岁，"我记得商店里没有食物、衣服或鞋子，但是我们挺过来了。"这也主要是因为纳塔利娅拼命赚钱确保家庭的基本生活得到保障。

2001年，当时阿列克谢13岁，纳塔利娅39岁，他们经历了另外一场风暴。阿列克谢的父亲遇到了另一个女人，也叫纳塔利娅，两人坠入爱河，这个年轻女人只有20岁。纳塔利娅把一切都给了这个男人，现在他却让一个新的纳塔利娅取代了她，对待她就像是一件一次性用品。对于阿列克谢来说分离是很难过的，但可能也注定他跟他的母亲会更近一些，他们很快从伏尔加格勒搬到了莫斯科。一年后，也就是2002年，她从一本杂志上看到了自由潜水，感觉它有治愈的功效。她四处去学习潜水，但是在莫斯科并没有潜水学校，于是她开始了自学。

纳塔利娅阅读所有与这项运动有关的材料，并且在莫斯科的俄罗斯国立体育运动与旅游大学推出了自由潜水课程，这所大学是苏联时代的体育大学之一，过去经常培养出奥运冠军。她最终在那里担任了副教授。到2003年，她就已经摘取了俄罗斯纪录，并在"动态闭气"项目中与155米的世界纪录持平。而那时在大海中，她下潜得还不深，个人最好成绩仅为 45 米。

接下来的一年，她开始逐个挑战泳池项目的世界纪录，但泳池潜水不是她最喜爱的项目。"相比于海洋，在泳池中潜水就像在跑步机上跑步，而在大海中潜水则像在森林里跑步。"她说。她在比赛时总是带上阿列克谢，他们两个也会经常在达哈布进行深度训练，那里是俄罗斯自由潜水员联盟的一个重要的训练中心，主要得益于其得天独厚的深度和四小时即可直飞莫斯科的航班。在所有的早期自由潜水经历里，纳塔利娅记得在达哈布蓝洞的一次特殊的旅程，从根本上改变了她与这项运动的关系。

在达哈布有一个著名的水下红色岩石拱洞，它更像是一个 25 米长的隧道，闭气游泳通过它极具挑战性。如果一个潜水员下潜至 53 米，游过整个隧道，并毫发无损地回到水面，那么绝对是顶级潜水员的水平了。"穿过这个隧道后，我学到了真正的经验。"纳塔利娅说。而她的"真正经验"也引发了顿悟：自由潜水时真正的力量来自于深度放松，就像在自我放逐。她进一步解释："自由潜水不仅是运动，它是一种帮助我们了解自己是谁的方式。潜水时，如果我们不进行思考，就会感觉到自己是一个整体。我们是与这个世界融为一体的。而思考时，我们与这世界是分开且独立的。脱离潜水我们会很自然地思考，大脑里有很多信息。我们有时需要将这些信息"复位"，自由潜水则有助于做到这一点。"

那天在达哈布，甚至没有一个年轻男人敢与她争锋。他们没有勇气或能力去挑战她。当时世界各地的运动员很少有那种能力，即便是现在也没有多少人可以做到，但她完成得那么轻松，因此从那个隧道浮出水面时，她知道自己可以尝试突破 2005 年世界锦标赛的世界纪录了。她在"恒定重量"项目中打破了世界纪录：下潜到了 86 米。通过全面"自我放逐"，纳塔利娅完全统治自由潜水界的时代到来了。

2012 年，她在 50 岁生日那天从阿什利那里夺回了"恒重无蹼"项目的纪录，这是为了她自己，也为了给世界各地年岁渐大的自由潜水运动员们做个榜样。"许多人当他们到了 50 岁就认为生活结束了，"她说，"我想告诉他们其实还可以做得更多。"在 2013 年,她又以 51 岁的年纪打破了所有女子项目的世界纪录,她在"恒定重量"项目中创造的 101 米纪录让她成为自由潜水史上第一个突破 100 米深度的女性运动员。

当纳塔利娅在自由潜水界开始其统治地位时,儿子阿列克谢也有了进步,像他母亲一样,他在 2008 年"动态闭气"潜水中游了 250 米,赢得了他的第一个世界纪录。早年在"恒定重量"项目上他总遇到昏厥,于是放慢了进度,并停止了对于深度上大跳跃的渴望;2011 年,他的耐心得到了回报:有机会赢得"恒定重量"项目的世界冠军。不幸的是,由于在训练中太过辛苦,比赛时他下潜到 118 米后浮出水面时失去了意识。如果他能够完成水面的规定动作,就会赢得冠军。可惜他并未做到,法国的纪尧姆·内里夺得了金牌。次年(2012 年),在埃及的沙姆沙伊赫(Sharm el-Sheikh),阿列克谢在"恒定重量"项目中下潜至 125 米,获得了第一个深度方面的世界纪录。

尽管纳塔利娅一直对阿列克谢的能力有信心,但她常常感到看他潜水是一种折磨,随着时间一分一秒地过去,悬念陡增,她的儿子仍然在水中。"多数时候我很紧张。"她说。最紧张的时刻发生在 2013 年阿列克谢挑战 128 米的世界纪录时,不到一周之前,他已经发生过一次深水昏厥,还遭受了一次严重的肺挤压,她恳求他放弃比赛。"他不听我的。我很紧张,当然,我不能表现出来。我只是心里面为他捏把汗。在外面总是要表现得很安静,因为这对阿罗夏(Alosha,阿列克谢的昵称)非常重要。"

尽管他们母子多年来在这项运动中名列前茅,纳塔利娅从未考虑过他们中谁会成为专业的运动员。"我不是专业运动员,"她说,"没有指望从这项运动中赚钱,也没有赞助商。我和阿罗夏都是老师、教练,以此为工作。"对此从来没有任何质疑。事实上,阿列克谢可以说是自由潜水运动员中最努力的。

他和纳塔利娅同样在她执教多年的莫斯科大学用心维持着俄罗斯自由潜水联盟(Russian Freediving Federation),学校大理石大厅两旁展示着昔日体育赛事的纪念品：木制雪橇、雪鞋、网球拍和篮球球衣。一个新的展览厅展示着俄罗斯索契奥运会上的奖牌，在水上运动展厅里展示着纳塔利娅的几个奖杯、照片和书籍。

纳塔利娅写了好几本自由潜水入门手册，她和阿列克谢在他们的自由潜水课程中会使用这些教材，她还写了好多诗歌，经常在大学里做演讲，并乘坐自己的机动踏板车在她那简单而舒适的高层一居室公寓和学校之间穿梭。阿列克谢则喜欢开着自己改装过的本田雅阁车，以曼谷出租车司机的速度在莫斯科三环道路上飞驰，而她总是太胆小，不敢开车。他们住在距离20世纪中叶高层建筑很近的街区。她的公寓比儿子的更别致，阿列克谢的房子有些狭窄，木制的地板，有一个很小的厨房还有起居区。他的床垫就在卧室地板上，盥洗台上蛋白粉桶呈一字排开。他不会花大量时间待在家里，总是在去比赛的路上或在达哈布培训。

在城里时，他经常泡在母亲学校的那个巨大而古老的游泳池里练习，他们在那运营自己的潜水学校和俄罗斯潜水联盟，在他们的办公室之外有两个黑色底部的、奥运会规模大小的水池。办公室的隔壁是储藏室，备有阿列克谢设计的、经过 β 测试的一百多个单脚蹼和产自西伯利亚卖给俄罗斯和海外客户的潜水衣。

没有人像阿列克谢和纳塔利娅这样致力于自由潜水，他们有四个分布在城里不同地方的游泳池，60名左右的教练，每周教10个甚至更多的学生。他们在达哈布和巴厘岛举办训练营，纳塔利娅和阿列克谢仍旧在教新人，他们的办公室里有时会塞下二十多个人，学员们享受来自顶级大师的最好指导。这些新人运动员们就像是在跟随罗杰·费德勒（Roger Federer）和塞蕾娜·威廉姆斯（Serena Williams）学习网球一样激动兴奋。

纳塔利娅天生适合做老师，而她的儿子更喜欢业务生意方面。他或忙于处理订单，或在埃及潜水商店的储备进货，又或横跨整个俄罗斯推销自己的品牌装备。他负责财务，收取新学生的学费，每一笔收入都让他眼睛一亮。阿列克谢带着蓝牙耳机不停地打电话给学生、客户和供应商，或者发邮件直到深夜。

母亲和儿子在某些方面是相同的。他们的下肢肌肉都比较发达，大腿和小腿上的肌肉鼓胀，渴望竞争。但是阿列克谢更适合社交，而纳塔利娅则比较腼腆。阿列克谢喜欢买最新的科技产品，好穿设计师品牌牛仔裤和意大利定制凉鞋。纳塔利娅对物质却毫不在意。他俩出行时总是阿列克谢开车，有时候他还吹牛，讨论打破新的世界纪录或要赢得哪项比赛。纳塔利娅则很少讨论，而是希望他像他姐姐一样有个家安顿下来该多好。

当纳塔利娅提及潜水时，她通常谈论的是这项运动的灵魂。"在训练中，乐趣是非常重要的，要去感受快乐。在训练中，我从来不强迫自己，"她说，"成为一名狂热的运动员且只关心比赛结果是最大的失败，运动不是生活的全部，生活除了运动还有更多美好。如果我们成为狂热的运动员并只关心结果，就感觉不到自己的身体，只是在被动地推动身体达到极限。现在潜水员最大的问题就是他们太着急，一下子潜得太深太快。这也正是尼克的问题。其他种类的运动中运动员从很小就开始训练，要逐渐分阶段进行练习，都要从基础开始往上训练。但是自由潜水员都是成年人，他们不想从零开始，认为自己很强壮，可以达成目标，但事实并非如此。尼克就是这样走向悲剧的。"

阿列克谢赞同。当他刚开始进行自由潜水时，花费八年多的时间训练潜到 80 米对于竞技性自由潜水员来说太常见。"我花了两年的时间潜到 80 米，已经很快了。"他说。纳塔利娅相信由于她和阿列克谢付出了足够多的时间，他们的身体能更好地适应深处。她设想他们的血管和胸腔更加灵活并收缩自如，这样他们就能够承受强烈的压强。

"我觉得尼克开始得太快了，"纳塔利娅说，"当然他是一个有天赋的运动员，但他的身体还没有准备好潜到非常深的水平，因为身体需要适应。'18 个月'潜到 100 米是非常快的，他的血管适应不了，不够灵活。他没有合理安排挑战的时间。"

阿列克谢和纳塔利娅显然不担心如何推动并挑战自己的极限。母子俩几乎每天都要在游泳池和健身房训练两个小时，训练时不只他们自己，因为他们的自由潜水课程很有名，每天还有许多训练同伴到这里来，因此他们也有了大量的人才储备。其中最优秀的学员参加了国家队在 2012 年 7 月的选拔赛，也是阿列克谢和纳塔利娅在大学挑选出来的选手。

阿列克谢交往很久的女朋友——玛丽娜从选拔中晋级了，然而他们最近却刚分手。大学刚毕业的玛丽安娜·克鲁普茨卡娃（Marianna Krupnitskaya）在"动态闭气"项目中成绩斐然，引起了人们的关注。阿列克谢的举重训练伙伴安德烈·马特维恩科（Andrey Matveenko）也晋级了。他曾经高高的且骨瘦如柴，但在过去两年他增加了 30 磅的肌肉，成为俄罗斯潜水第二深的人。他的进步得到了阿列克谢的关注，两人一起开始举重训练。

在撒丁岛获得红牌的潜水员萨沙早就引起了阿列克谢的注意，他在近期泳池"动态闭气"项目中游了 265 米，击败了戈兰，也打破了阿列克谢的全国纪录。看到自己的纪录被打破，阿列克谢并不在意。正因为萨沙的加入，俄罗斯才有了一个男子团队，也第一次有能力与其他国家争夺金牌，至少他是这么想的。

选拔结束，纳塔利娅脖子上挂着秒表，把学员集中在游泳池边。她称赞第一次体验竞争环境的初学者，讨论接近并超越极限的安全方法。她的伟大和温和使她在学员心中成为一个平易近人的领导者。

有时候，她为大家提供榜样力量，比如这次她在撒丁岛的比赛中潜到 93 米，在整个比赛所有潜水员中排名第三，包括男性运动员在内。和阿列克谢一样，她在赛绳旁边直立呼吸，身着俄罗斯女子传统金色潜水衣。随着倒计时快要结束，她向一个方向伸长脖子，拱起她的背部，并开始扩大胸腔。还有 20 秒下水，她开始储存空气，潜水之前小口呼吸了 40 次。她潜下去的速度有点慢，但在 3 分 29 秒后准时浮出水面。纳塔利娅解开绳索，露出一个阳光灿烂的笑，标签在她的手指间就像一个玩具戒指般晃来晃去，她表现得如此轻松但又强势，难怪他们称她为"皇后"。在第一天"静态闭气"潜水中表现出色后，这里又得到了一张白牌，俄罗斯女子队在比赛中占据了上风。

其余的时间，她则扮演积极的领导者角色。比如说当萨沙获得红牌时，根据纳塔利娅的说法，他没有头脑清醒地潜到水里。原因是这样的：萨沙已经有一个同居的女友了，却在克罗地亚训练时同玛丽安娜交往。他还带着同居的女朋友（莫斯科最好的钢管舞者之一）来到了撒丁岛，他被困在两个女人之间，进退两难。

不久俄罗斯抓到一个喘息的机会：训练中达到 100 米的克罗地亚队选手布鲁诺·舍格维奇（Bruno Segvic）在 92 米的潜水后昏了过去。他出水后向后倾斜又挣扎着踢水十几秒，可惜还是倒向水面。虽然看起来很严重，但这只是暂时性肢体失控和昏厥，然而它改变了一切。俄罗斯队有了阿列克谢 120 米的下潜成绩和安德烈 90 米的下潜成绩，只要萨沙在他的 81 米潜水中成功，就可能得到金牌。但是，如果他再次输掉，他们可能连铜牌都得不到。

纳塔利娅看着萨沙漂到赛绳附近，想要凭此赎回自己上次的过错。她在他耳边低声提醒他"分散杂念"，这是纳塔利娅自由潜水的基本原则之一。潜水员需要彻底放松，让周遭的一切渐渐褪去成为一团白色的噪音，直到所有注意力集中在眼前的一口气、一次划水。但他不能太放松或太软弱，必须留住那一刻的感觉，让他的训练成绩、潜水习惯和肌肉能力得到发挥。

倒计时开始，萨沙看着纳塔利娅，后者带着母亲般的骄傲、爱和自信，好像在对他说除了接下来的潜水其他的都不是问题；除了萨沙自己和赛绳其余的都不存在。他放松肩膀，吸了 50 口空气，填充他的肺直到极限，调整好面罩后开始下潜。他的速度非常快，20 秒内他已经潜到 25 米。30 秒后他在 60 米并继续快速下潜，到达底部后便转身用力回踢。两分钟后他已经返回至 50 米左右了，朝着被地中海的阳光照得闪闪发光的蓝色水面游去。一切都很顺利，萨沙浮起抓住赛绳，完成了规定口号和动作。他有点咳嗽，但没有吐血也没有受伤，而在岸上他那复杂的三角恋关系还在等着解决。

爱情问题并没有妨碍玛丽安娜或玛丽娜，阿列克谢离开玛丽娜后，她哭泣了一个月，但是很快就振作起来代表国家参加比赛。他们二人在"恒定重量"项目中都表现不错，俄罗斯女子队继续领先于日本队，希望击败福田朋夏（Tomoka Fukuda）、广濑花子（Hanako Hirose）和冈本美铃而得到第三块金牌。迈克的潜水看起来似乎很好，但他被处罚了几分，因为把脸埋进水中时他没有松开绳索。但是后来他开始咳嗽，吐出在手上，发现有血迹。他用海水洗了洗手，但又开始吐。这次是更多的血，虽然不是特别多，但还是令人担忧。

迈克乘船驶入赛区前，他也说起潜水时轻度肺部挤压的问题。"以我的经验和亲眼见过的事情，你肯定以为我会很谨慎地对待潜水这件事。"然而即使他的队伍没有机会去赢得名次，他也离不开潜水。"竞赛本身和能够达到的成就对我来说非常有吸引力，"他解释，"因为在潜水比赛中当我手握标签获取胜利时，那就是人生最美妙的事情。"

他不是那天唯一一个身体出现状况的潜水员。克里·霍洛韦尔在撒丁岛比赛中带领美国女子队，男子队的领队是史蒂夫、凯尔·吉翁（Kyle Gion）和库尔特·钱伯斯（Kurt Chambers）。凯尔二十多岁，来自夏威夷的火奴鲁鲁，现在是布朗大学的在校生。他在潜水方面的天赋逐渐崭露头角，同时也是美国"动态闭气"项目的纪录持有者；而库尔特是来自科纳（Kona）的一名自由潜水教练和摄影师，他在自己的 Instagram 帐户（@chambersbelow）上创造了主题标签：#girlsgonefreediving（女孩们来自由潜水吧），他还为这一标签附上自己拍摄的一张穿着单脚蹼的性感女郎图片。2015 年，库尔特打破"自由攀绳下潜"项目的美国纪录。来自佛罗里达州的阿什莉·贝尔德（Ashleigh Baird）是由建筑师转行的自由潜水员，她和曼迪·萨姆纳（Mandy Sumner）都加入了女子队，后者是一位火奴鲁鲁的地质学家。

经过数周的犹豫，阿什利·查普曼决定不再作为美国队的代表。她认为他们没有机会赢得奖牌，同时她和雷恩正忙着维修新船和抚养安妮，没有时间再进行一个月的训练和比赛。美国队的教练和主要组织者弗朗西斯卡·科·奥因斯也没有时间投入这场比赛。

克里本可以寻求他们的支持，她刚刚度过了悲惨的一周。经历了科纳的长期训练后，她和史蒂夫在去往撒丁岛的飞机上分手了，她整个世界都崩塌了，思绪混乱成一团，只想努力去填补美国队领导阶层的空缺。她自己的训练也是一塌糊涂。更糟的是，她在比赛前一周肺部受到了轻微挤压。虽然不太顺利，美国女子队还是坚强不屈地排在了第四名，最终凭借克里在深度项目上的成绩拿到了铜牌。她强有力地潜到60米，浮出水面后亮出标签，并顺畅地完成了规定动作。结束后克里游到氧气瓶跟前平复呼吸，这几周以来她头一次感觉松了一口气。坐在船头，她还在不断深呼吸，享受着充足的氧气和阳光下撒丁岛迷人的海岸线风景。然后她咳了两声，吐到手上，是血。

撒丁岛比赛中的医师是迭戈·奥利瓦里（Diego Olivari），他获得过高压医疗专业的硕士学位，也是一名急救医生。他长得虎背熊腰，脸上一直挂着笑容，同时也是一名狂热的水肺潜水员。在本次比赛期间，他开始参加自由潜水课程。不同于其他赛事的医生，当一个运动员在撒丁岛潜水时昏了过去，他不会等到安全潜水员将其带到水面上来。他会猛冲下去，把肩膀上背着的纯氧罐里的救命氧气直接输送到运动员的嘴里。

出现挤压状况后，克里去找了奥利瓦里，与他讨论尼克发生意外的情况，后者很了解潜水生理学。她也让他看了自己手上的血迹。"它看起来是干的，"他说，"这是旧伤，因为并不是鲜血。"克里也赞同，如果他们是对的，这就意味着她没有在这次比赛中再次受伤，但她上周的轻微挤压仍让肺部发出嘎嘎声，留有后遗症。

迈克·博德感觉自己在这次潜水中好像受了新伤，由于担心也出于好奇，他与奥利瓦里约定在那天晚些时候做一下超声波检查。在这之前医生都是用听诊器听肺部的声音来判断是否受到挤压，但奥利瓦里认为自己可以用超声波来检测出水肿。他在自己的"实验室"——酒店四层闲置的宴会厅与迈克见面。迈克脱掉自己的衬衫，奥利瓦里用传感器扫描他的胸腔，得到肺部的超声波图。

图上出现了阴影部分，仿佛光线如液体般从中流下去消失不见了，奥利瓦里称之为 ULC 或水下肺部的彗星。他认为这些阴影是由肺部出血引起的，血液阻碍光穿过传感器。"你肺部有些水肿，"他告诉迈克，"这是肺严重损伤的初期症状，但并不是特别严重，只是有一点。"像迈克这样的伤，奥利瓦里认为如果在水下五米吸纯氧的话，十分钟内水肿就会消失。说完他把迈克带到泳池中。

他接着解释说，虽然超声波可能检测到肺部较大的破裂，但小的伤口就不太可能被检测到。不凑巧的是，自由潜水比赛期间较严重的挤压也只会在肺部导致小伤口，克里开始怀疑一系列此类小损伤可能造成了尼克的死亡。即使如此，奥利瓦里的创新还是令人振奋的，因为至少有检测出水肿的一种方式了，但他的诊断也并不全面。只基于迈克肺部的超声波检测结果无法知道他的组织是否损伤及其损伤的程度。

但这至少可以确认自己已经有轻微挤压，迈克还是非常满意的，第二天，再次做超声波显示他的肺部已经康复了。然而，迈克仍旧不理解尼克的情况，他对国际自由潜水发展协会也逐渐失望，其把尼克的死归咎于他自己不计后果的潜水习惯，然后便再也没有什么其他举措。在尼克死后的一年里，运动员们仍旧盲目潜水。尽管新规定已经通过投票表决，但是直到 2015 年 1 月才会实施，也就是说自由潜水竞赛史上最大悲剧虽然发生了，但事实上还是什么都没有改变。

缺乏有效应对措施的大部分原因在于时间和金钱的不足。国际自由潜水发展协会的 11 位董事会成员都是志愿者，大多数人有繁忙的全职工作，这和其他组织的构成体系迥然不同。国际自由潜水发展协会是一个联盟，由 35 个国家的自由潜水协会组成代表大会。任何国家的协会成员都可以提出改变规定的议案或关于董事会成员变动的意见，并由代表大会进行投票表决——每个国家只能投出一票。董事会成员每两年选举一次产生，通过 Skype 网络电话每月开一次会，如要针对某些规定的改变则需进行投票或提出议案。唯一一次董事会成员都在同一个房间且同一时间开会是在世界锦标赛期间，与此同时代表大会也在进行。但以欧洲为中心的国际自由潜水发展协会不只是这项运动的管理机构，它也是一个认证组织，会推出自由潜水课程，认证业余的自由潜水员和教师，让他们与自己的成员直接进行竞争。

综合说来，这是一个多元文化的组织，里面大多都是善意的人们，专注于他们所热爱的运动，但是这其中也有盲点：思想差距和利益冲突。在其近25年的运行中出现过暗箱操作投票的丑闻，该组织的财务主管和前主席贪污了20多万瑞士法郎。然而，尽管自由潜水比赛存在固有的风险，国际自由潜水发展协会从未经历过任何一名运动员的死亡，直到尼克的悲剧发生。对一些运动员来说，该组织对此事的反应并未引起多少注意。

"上个月在卡拉马塔有名运动员反复出现肺挤压的状况，但是因为规定没有变，医生就不可以取消他的参赛资格。"迈克说。最终迈克和摄影师达恩·费尔赫芬（Daan Verhoeven，另一个目睹尼克死亡的人）说服了这名运动员停止潜水。"实际上他并没有相应的知识来做决定，尼克悲剧发生一年以后我还需要到处打听比赛规则是否有所调整，这让我有些失望，也感到沮丧。"

奥利瓦里医生为克里做了超声波检查，显示她并没有水肿，迈克并不知道克里花了十个月的时间会见潜水方面的医生，同时也向急救医疗专业人士咨询。她甚至在东卡罗来纳大学与法医进行第二次尸体解剖，她希望彻底了解尼克究竟因何而死。她的发现将很快澄清事实，也有可能改变这项运动的赛事规则。

最后一天的比赛在赛塔尔酒店内的泳池举行，从其混凝土板上可以俯瞰到地中海。25米长的游泳池被绳子隔成两个竞争区域，两端各有比赛，中间是空出来的区域。微风吹拂着印有自由潜水员翁贝托·佩利扎里头像的横幅，他是这项运动的传奇，也是意大利的国家骄傲，赛间在不断兜售其设计的奥马尔自由潜水电脑和所有参赛国家的国旗，这些国旗被挂在酒店内味道一般的餐馆的栏杆上。

运动员们聚集在草坪上，他们已经准备好比赛着装，正在放松来迎接接下来的重要一刻。戈兰·乔拉克还在谈论他队伍里的伙伴在公开水域的失误。"如果当时下潜了 75 米，我们会一直远远领先于对手，今天就可以有一名运动员不用潜水。"他说，"但他前一天训练下潜了 95 米，浮上来后并没有出现呼吸困难。我也看到他下潜过 100 米，因此我说'没关系，下潜到 92 米吧'。其实这是我的错。我应该更清楚地了解他的状况。这是他第一次参加大型比赛，我猜他有些紧张。俄罗斯队的失误给了我们一个机会，但可惜我们没有把握住。"

不过，克罗地亚队仍然有机会，如果戈兰能够接近他的个人最好成绩（即世界纪录），那么他们很可能会得到一块金牌。进入比赛的最后一天，克罗地亚位于第二名，落后丹麦 8 分，领先俄罗斯 18 分，但是丹麦队并不擅长池中比赛，因此只要他们的竞争对手得到几张红牌，他们就会追上来位居第一。

在深度竞赛中，运动员每下潜一米就获得一分；在泳池中他们每游两米就会获得一分。也就是说，当戈兰游进比赛区域时，克罗地亚已经领先俄罗斯 36 米。戈兰的动作缓慢而平稳，他脖子上的承重物已经放好了。在"动态闭气"项目中，运动员必须保持在水面之下，克服浮力唯一的办法就是进行加重。他把左手举过头顶，然后使右手处于放松状态，目光只聚焦于淡蓝色的池水。在泳池周围有一百多名观众齐聚，观看世界上最优秀的泳池潜水员比赛。

他小口呼吸并用力往肺部储存空气，低头潜入水中然后划出去。他那一连串优雅的海豚式踢腿显得平静而有节奏。踢，滑行，踢，滑行。浮板上的安全潜水员全程一直跟着他。在"动态闭气"项目中，当运动员达到极限时，悬念就会陡增。戈兰在泳池游到 200 米时，整个观众席都很紧张，大家站了起来但都不出一声，仿佛处在高尔夫球锦标赛的第 18 洞区观赛。他游了 225 米后摸到池壁并再次游动。目前为止没人知道他会坚持多久、多远，他的极限到底是多少？他又游了一个来回。当游到 250 米时，他突然露出水面。一群摄影师和裁判形成了紧密的半圆，观看戈兰完成水上动作。克罗地亚队又一次回到争夺金牌的主导地位。

阿列克谢是为数不多没有关注戈兰潜水的人，因为他当时正在热身，为自己的比赛做准备。戈兰微笑着在甲板上与别人握手时，阿列克谢穿着全黑色潜水服，没有赞助商或俄罗斯队的标志，正准备自己的潜水。他镇定自若，面朝前呼吸着，紧闭双眼，黄色的鼻夹已经固定好。还有十秒钟开始，他吸入更多的空气直到极限，调整脖子上的承重物，然后滑入蓝色水里，动作如奶油般顺滑自如。

他的技术稍有不同。在入水前，他做了两次海豚式打腿，比戈兰的踢水时间长一些。他在圣彼得堡还是个新人潜水员时就学会了这种技术，后来也没有改变。戈兰站在池边观看，阿列克谢游了 200 米，他仍在继续并且动作保持得很稳定。他能否超过戈兰的 250 米，获得分数呢？若是如此，俄罗斯将处在极其有利的位置。阿列克谢已经游了 225 米，但无法坚持更久了。游了 234 米后他露出水面，倚在游泳池边。由于缺氧，他颤抖地完成了水面规定动作，在评委和摄像机的关注下勉强说出了那三个关键性的字——"我没事"，但他的表现已经可以得到白牌。俄罗斯现在位列第二，落后克罗地亚 26 分（或 52 米）。

阿列克谢离开泳池接受来自戈兰的祝贺。来此参赛的每个人都想亲眼见见这两个人。戈兰统领泳池比赛中多年，但由于团队责任感他不能再进行深度比赛，其实他经常想挑战一下深度比赛。目前他已经能够下潜 100 米了，他保持屏息的能力使他确信如果自己决定把重点放在深度比赛中，他有可能成为深度项目中顶尖的潜水员之一。所以他和阿列克谢（较少参加泳池比赛）很少互相竞争，除非他们在迪拜为了豪车进行屏息比赛。像许多世界级的运动员一样，他们珍惜这个直接竞争的机会，同时还发生了言论上的针锋相对。

"我打败了你。"戈兰说。他内心里已经排除掉他队友的成绩，一直在计算自己和阿列克谢的分数。两年前，克罗地亚队赢得金牌，但阿列克谢赢得了他俩之间的较量。"我需要 9 米才能打败你，结果我游到了 16 米，因此，我赢了你 3.5 分。"

"但是我的'静态闭气'项目不算分，那个糟糕透了。"阿列克谢不满。

"是啊，我的深度项目也很差。我只能潜到 102 米，但我也不是特别在乎它。"

"这个深度我毫不费力就能达到。"

"是的，我知道你可以轻松地潜到102米。"戈兰咆哮道，又暗讽阿列克谢不太完美地完成水面动作。阿列克谢并未理睬，但争论还没有结束。

"如果你们的两个队友能游到200米，我们的两个队友能游到230米，结果也截然不同。"阿列克谢说。

"是的，但是他们需要游到230米。"

"其实他们应该能完成260米。"

"你一人就能游到268米，哪还用得到他们。"戈兰讽刺他。

戈兰气焰狂妄，但还是要等到金牌到手再吹牛。萨沙下一个潜水，他自"静态闭气"潜水后就一直与玛丽安娜保持距离，将重点放在比赛上。他是俄罗斯泳池项目最出色的男性选手，此时穿着全红色的紧身衣，他脖子上的承重物用胶带缠好了。萨沙更倾向于简单的一次踢水动作，滑行节奏如戈兰一样，但他游得比别人更快。当然，在这种距离竞赛中，慢速也意味着可以更有效地使用氧气。他已经游了225米，动作略有异样，当接近250米时，也就是很靠近池边的时候，他露出了水面。最后的水上动作一气呵成，在一口气游了247米后，他甚至没有出现呼吸困难。

"我们队因他而骄傲。"玛丽娜边说着边跑去祝贺他。阿列克谢给了他一个熊抱，然后又跑过去找戈兰开玩笑。经历了噩梦般的开始后，萨沙现在将俄罗斯男子队的排名带到了第一。戈兰只能回以一个干涩的笑容。这个成绩已经很接近他的纪录。

安德烈是俄罗斯队最后一位潜水的运动员，他需要游到213米才能达到阿列克谢认为能赢得金牌的成绩。他的成绩非常接近，但游到209米便停止了，俄罗斯总共得到802分。克罗地亚队还需要游404米才能追上俄罗斯。

布鲁诺第一个下水，他像萨沙一样渴望赎回自己的失误。戈兰跪在他身边鼓励他，他正进行准备呼吸，最后一分钟戈兰通过耳边低语提示并帮助他放松。只要超过210米，就会使他们处于绝对优势位置，但布鲁诺看起来并不轻松，反而很紧张，吸了几口气后，他匆匆地进入水面，单脚蹼的摆动溅了戈兰一脸水。他的踢腿很有力量，滑行也很顺利流畅，然而他刚接近175米就提速了，犹如他已经游到200米。到了200米时他继续努力，在游到215米时上升到水面并完成了规定动作。他的表现很出色，但还是得到了一张黄牌，又减去10米作为处罚，因为露出水面时他的脚蹼仍在游泳池中间。

因为惩罚，克罗地亚的最后一名参赛队员博日达尔·波塔尼（Bozidar Potani）需要完成200米的闭气潜泳才能让国家队赢得金牌。他是三名男子队员中身高最矮的，剃着光头，声音粗重地进行准备呼吸，希望能抛掉所有的压力，同时为他的国家完成一次漂亮的潜水。但还是失败了：他的身形一直很稳定坚实，当他游到150米时，开始变得有些糟糕。波塔尼的速度太慢了，也许是因为过度放松，他没有找到适合自己的速度——潜泳需要在速度和放松之间达到完美的平衡，同时用氧效率也极低。当他接近175米的转弯时仍然在放慢，但缺氧使得他不能再继续，这还不是最糟的，当他游到了池边麻烦才真正开始：他的手臂因试图抬起头露出水面而用力弯曲，失败后他尝试再起来，于是又一次弯曲手臂，他的下巴几乎要磕在游泳池壁上。他的眼睛是睁着的，但意识并不清醒。裁判称那是机械性昏厥，他得到一张红牌。最终俄罗斯男子队夺得了金牌，而女子队也位列靠前从而使总排名成绩翻了一倍。

俄罗斯女子队的队员们身穿金色赛服，已经在各个项目都拿到了最好成绩，与此同时日本队也不甘落后。在比赛前的几个星期，玛丽娜因分手已经伤透了心，试图让她的生活回到正轨。她甚至想过干脆退出自由潜水界，而就在来撒丁岛之前她接受了一份工作：为电影《极盗者2》（Point Break 2）做水下特技替身，拍摄场景在大溪地（Tahiti），与冲浪冠军马克·希利（Mark Healey）合作，他也是一个了不起的潜水捕鱼人。这次参与演出重新点燃了她对自由潜水的热爱，她在撒丁岛的每次潜水比赛都很享受，短时间内她还不会离开这项运动。她的205米"动态闭气"游泳优雅放松，比美国男子队任何选手取得的成绩还要出色。当她走出泳池，就立马被摄影师们包围，她早已习惯，也就任由他们拍照。

同样受感情问题困扰的玛丽安娜也非常可爱迷人，她有一头浓密的草莓金色长卷发和可爱的玫瑰色脸颊，在撒丁岛也展示了出色的表现。她知道当她和萨沙在克罗地亚坠入爱河时，人们对此议论纷纷，但她认为自己就是爱上了他。由于她的意志坚韧，并没有让伤心的情绪跟随她到比赛中，她轻松地游到155米，获得一张白牌。

纳塔利娅当然是大出风头。由于她的队友们表现不俗，她只需要一口气游30米就可以打败日本队赢得团体冠军，但她另有计划。在这个崇拜潜水明星的国家，一群人全神贯注地期待她的表现。纳塔利娅像阿列克谢一样两次打腿踢水，开始游动。四圈后她游了100米，所有人都以为她会停下来并宣布俄罗斯赢得金牌，但是她继续在游。

回到莫斯科后她说："我训练时的成绩并不好，只有在比赛的时候我的发挥才会更出色。我喜欢训练，但我不喜欢练习'动态闭气'项目，因为游太长的距离会产生很多不适。因此训练时我通常会很愉快而轻松，像跳舞一般。水中没有拖累的重力，我的身体会跟随体内的节奏欢快地游动。但是在比赛中，如果我觉得自己有能力、有潜力去拿到纪录，那就会拼尽全力。"

纳塔利娅比赛时美国男子"动态闭气"的纪录保持者凯尔·吉翁就在游泳池的另一侧进行比赛，但他看起来像是在独自游泳。每个观众都在纳塔利娅的附近徘徊，观看她双打腿踢水和优雅而有力的水中滑行。凯尔已经游到175米，停下来露出水面，而纳塔利娅这边仍在游泳，现在甚至就连凯尔自己也在观看。

当她游到200米时，人群有些骚动。女子动态纪录是234米，她什么时候会停下来？是否游得太远？她会动摇吗？日本队最终会赢吗？在225米她触边又一次转身游动，已经快要创造出新纪录了。她在泳道中间起身，臂肘支撑在泳池边缘，地中海就在远处，她顺利地完成了最终的水面程序。白牌亮出，人群振奋，欢呼声和鼓掌声几分钟后才停息。俄罗斯男子队和女子队都夺得了金牌，纳塔利娅又创造了一个237米的"动态闭气"女子世界纪录。摄影师包围着她，叫她的名字，她向他们挥手致意。迄今为止她是本场比赛成绩最好的女性选手，她的得分仅次于戈兰和阿列克谢。

克里一直和她的队友兼好朋友阿什莉·贝尔德一同观看。"她的身体机能太过强大，远超寻常人。"阿什莉还在面无表情地鼓掌。

"或者她仅仅是一名很出色的运动员。"克里说。

俄罗斯队当晚在酒店的酒吧开了一个疯狂的派对。数周的培训和滴酒不沾之后，这些自由潜水员开始畅饮。阿列克谢也参与其中，为什么不呢？虽然整场比赛的关注点都在纳塔利娅身上，但这依旧是属于阿列克谢的一年，至少到目前为止是这样。他在罗阿坦岛击败劲敌威尔，在争夺世界团体冠军的舞台拿下戈兰的克罗地亚队，接下来就要准备"蓝洞"挑战赛，现在，他只想尽情享受这个派对。

那天晚上大家非常放肆：运动员们猛吃猛喝，有的已醉得不省人事，有的互相换了酒店房间，其他人在街上浪荡或睡倒在大堂的沙发上。至于玛丽安娜，她与萨沙分手了，而萨沙的女朋友也和他分手了，目前就是这种状态。他这晚大多时间都在找她，但怎么也找不到，因而只能独自一人回床上休息。

凌晨时分，迈克来到酒吧与美国队候补选手乔纳森·拉塔（Jonathan Lata）讨论起尼克。拉塔从来不认识尼克，坚持认为尼克的悲剧只能怪他自己，因为他太关注结果，要么忽视要么干脆拒绝听从警告，他的身体终于也垮掉了，这一切都是尼克自己造成的。拉塔来自毛伊岛，是一位水下捕鱼者和冲浪爱好者，其实也不仅仅他一个人这样认为，但迈克并不这样想。他曾和尼克并肩竞争，知道2013年的从众心理，因为他自己当时就渴望数字。

"我当时也为了结果而潜水，"迈克说，"我认为那时候我们所有人都是为了一个数字。但问题是尼克不知道他会死，他甚至不知道那种伤害的致命性。我们都不知道。"

14
克里·霍洛韦尔的调查

从撒丁岛回国的旅程对于克里和史蒂夫来说异常沉郁。转了三趟航班，他们终于在罗利－达勒姆国际机场落地，并一同打车回到格林维尔，在那里他们正式分道扬镳。她打包了一些东西，又向史蒂夫13岁却早熟的女儿告别——这个女孩6岁时她就帮着他一起抚养，然后开车离开她的那间房子，和史蒂夫在一起之前她把这座房子买下来作为投资，房客最近刚搬走，因此成了一个方便他们落脚的住处。

史蒂夫和克里在医学院相识，他们又在一家医院的走廊里重逢。当时克里是一名外科住院医师实习生，而史蒂夫在外科门诊担任医师助理。他被她深深地迷住了，但他当时已经结婚。后来他与妻子离婚，成了两个女儿的全职单身爸爸。克里也是单身，他们在当地山上自行车道的交叉口或在手术室里遇到时，他却从未邀请她出来约会。她还不知道他离婚的事，并且他们每次见面都非常匆忙没有时间让他解释，所以他一直希望合适的时机出现。

在北卡罗来纳州的格林维尔，作为一名三四十岁坚持无神论的单身知识分子并不是一种理想的生活状态。恰恰相反，在格林维尔单身的生活是很难熬的。平日里去休闲场所——三角研究园（Research Triangle）有一个半小时的车程，但这仍是一段漫长的路程，也不是一个单身父母亲或一名外科医生的理想去处。解决方法就是努力寻找爱情，他俩都在Match.com网站上注册了。史蒂夫很快就发现了克里的信息，于是那天晚上他们在网上聊了起来，他告诉她自己刚离婚恢复了单身，有些失落。他们决定见面一起吃个晚饭，碰面后两人坐在一起聊了好几个小时，相互分享自己的故事，他们发现彼此思维的火花撞击在一起十分合拍，觉得彼此都很聪明、有趣、饱读诗书，同时体格健壮又富有魅力，并且还都是无神论者。晚饭结束时，他们对彼此已经很了解了。

这之后没过几周，克里搬进了史蒂夫自己重新改造的房子里。他自己建造并安装了厨房里的定制橱柜，还有后院的树屋。克里从来不认为自己拥有母爱的本能，但是她现在已经成为这个家庭的一员了。她与已经长成青少年的大女儿关系不算和睦，但与小女儿非常亲近。她们共度了快乐时光，还分享许多有趣的事情。她们会一起骑山地车，吃混合营养冰沙，开始一起潜水。最后那段日子她们收养了一只小松鼠孤儿。连着好多天，克里用自己的运动胸衣温暖小松鼠并用手喂它黄油扁桃仁。随着小松鼠（名为"Nutnut"）逐渐长大，它会花大量的时间在外面玩，但在晚饭时分它还是会匆匆忙忙地跑回到她们的肩膀上，因为在餐桌上可是有整颗坚果等着它。

日子也有不顺利的时候。2009年，也是她住院医师实习期的最后一年，克里去了圣地亚哥参加医学会议，而史蒂夫在科罗拉多州看望他的兄弟。那次真是一个美妙的旅程，克里之前在北卡罗来纳州觉得自己和别人格格不入。假小子和书呆子性格的她在格林维尔过得并不开心，更不用说童年时在伊登顿的日子，她从小在那里打猎和钓鱼，经常比男孩做得都好，她跑步也比大部分男孩快，在篮球、网球、田径和越野赛跑方面表现不俗。凭借1500米的跑步成绩，她获得了东卡罗来纳大学的田径奖学金。她个人最佳成绩为4分32秒，是在大西洋沿岸联盟总决赛上取得的。在圣地亚哥参加医学会议时，她发现大部分参加会议的女医生也都身体健壮、性格开朗且有趣，她们都取得了很大的成就并有能力获取更多。由此她的世界被打开了，觉得自己的状态比以往任何时候都舒服，会议结束时，她与一群新朋友一起吃晚餐。当出租车到达餐厅，司机把车停在角落的禁止停车区域。克里忙于交谈，目光越过肩膀，看到没有人或者车经过，就把车门打开了。

　　此时另外一辆车正好从拐角过来，如果克里动作慢一点，它也就是会撞掉车门，仅仅让她受到惊吓而已。可惜的是，她当时已经站在这辆车经过的路上。克里看见了车灯，迅速跳到出租车车尾箱上躲避它，但这辆车还是撞到了她的腿，她腾空跃起摔在了马路上。那辆车的司机冲到她跟前来想进行救助，但是因为他的脚离开了刹车，导致车还在滑行，结果汽车又碾过了她的双腿。她失去了意识，被迅速送往医院，头皮撕裂缝了30针。她的左腿胫骨和腓骨发生了复合性骨折。令人难以置信的是，她的右腿虽受伤，但骨头完好无损。

　　史蒂夫接到消息后赶从丹佛飞往圣地亚哥的第一趟航班到达。整形外科手术医生告诉他，他们在克里的腿里放了钢钉，这样骨头就可以痊愈如初。史蒂夫自己也是医生，手术后他看着 X 光，认为这根钢钉太长了。但手术医生坚持认为这是最合适的，史蒂夫只好妥协。

　　克里几周后返回到最后一年的实习工作岗位，她已经缺席了几周。对新人医生来说，外科手术一直是最具竞争力的岗位，就算是外科住院医师的岗位也可以说是梦寐以求。克里可以走路后很努力地做着康复，她步履蹒跚，尽力追赶，但她的腿还是没有完全愈合。几个月来，她面对着衰弱带来的痛苦，但从来没有抱怨过，也无处诉说。她的上级是一位性格强悍的住院医师，没有对她的处境感到同情。最终，她不得不进行二次手术（史蒂夫对钢钉的意见是对的），她的上级对此很不满意。她的实习期只剩几周就要结束了，他还是辞退了她。史蒂夫希望她去越级申诉，为自己的工作再努力一下，但她没有足够的精力再处理这件事了。在重新开始加入一个家庭诊疗实习项目之前她有点忧郁，差一点就能成为一个外科医生，但现在不得不重新开始。

　　这件事也暗示了史蒂夫和克里关系已经出现裂痕，尽管新的临时工作给了她更多足够的时间去研究自由潜水。但事实证明，史蒂夫不再尊重她的想法，他变得控制欲极强，而她用沉默代替了还嘴反击。虽然他们一起训练并参与竞赛，但这种紧张的关系也在逐渐滋长，直至在去意大利撒丁岛的航班上达到极点，并最终破裂了。

克里回到自己的老房子，她感觉光线不太好，有点不太适应。屋子里也没有太多的家具，只有一个沙发、一张咖啡桌和卧室地板上的床垫。起初她对这个新的单身生活感到很兴奋，但是随着时间的流逝，她变得动摇，感觉一切都空荡荡的。身边没有史蒂夫，也没有那个13岁的早熟女孩——也可能是未来的小说家躲在她的房间在Wattpad网站上码字，更不会有小松鼠跑过来吃晚饭。可是，松鼠又怎么会知道心碎的感觉呢？它大概不会对克里的离开感到丝毫难过吧。

过去的三个月，她休了假，全身心投入到科纳的训练中，为参加世界团体锦标赛做准备，现在这比赛也结束了。接下来，她要以实习医生的身份，在东卡罗来纳大学医学院度过一段漫长的时间。她自己身体由于肺挤压还处在恢复期，作为家庭实习医生，她需要在急诊室值夜班。在这里没有异国情调或激烈的潜水竞争，生活再普通不过了。她也马上要40岁了，还独自一人窝在格林维尔这样的地方。百里之内并没有适合她的生活伴侣，她可能不得不开车去更远的地方才会找到一个伴侣能够包容她那貌似有些危险的爱好——穿上脚蹼，潜到深水，直到肺部缩至Nutnut怀里抱着的橡子那么大。在北卡罗来纳州的乡村地区，找到这种人并不现实。

就这样她陷入了自我怜悯之中，由此很多天赋像瑕疵一样隐匿了起来。她好久不曾如此寂寞，家里没有酒或威士忌供以解愁，只是终日以泪洗面，泪水如波涛般冲击着她的精神状态，使她的心脏紧揪着，肠胃也扭曲着，这种生理上的痛苦令她饱受煎熬。有一天，她的手机突然响了，震醒了哀哀戚戚的她，将其拉回到了现实生活。克里擦干眼泪看着手机屏幕——是法医科医生吉利兰（Gilliland），受雇于克里协助调查尼克的死因。为此克里等待已久，或许她最终会得到一些有价值的消息。

"嗨，吉利兰医生，"她抽泣着接了电话，"你好？"

尼克去世那天，克里还在医院上班，每当她有空就会偷偷查看"脸书"上"蓝洞"挑战赛的更新内容，认真的竞技性自由潜水员都会这样做，如果举办了一个大型比赛，他们会不断跟进最新状况；如果出现一个纪录,他们想尽快了解。克里特别想知道尼克是否打破了"恒重无蹼"项目的美国纪录,她看到的却是媒体团队报道关于尼克遇难的官方声明。

"刚开始我不相信,只是一遍一遍不停地看它。"她说。当她终于意识到尼克真的去世了,便情绪失控了。她开始干呕,不停过度换气。两位医生看到她崩溃的样子,但没有去打扰她。她呜咽地给正在家里工作的史蒂夫打电话,听到消息后史蒂夫也很快痛哭了起来。"这不正常,也说不通。"她告诉他。克里认为下潜72米导致尼克的死亡让人很难接受。潜到这样的深度虽说并不容易,尤其是不穿脚蹼的状况下,但是世界纪录比这还多30米。如果说一名运动员在突破人体极限或创造一项新的世界纪录时死亡,她会觉得很正常也容易接受,但是72米?她也可以经常潜到这个深度。

"往往有这样的概念,就是在自由潜水比赛中不会出现死亡,自由潜水是安全的,因为我们已经参加过安全培训。"史蒂夫说。

克里和史蒂夫从不害怕昏厥,因为他们懂得人体生理学并知道这只是大脑缺氧时的反应。"比赛中还有安全救生潜水员,"克里说,"他们保护你的气道,帮你浮出水面并促使你呼吸。如果你已经溺水,喉咙被堵住,安全潜水员会给你做人工呼吸消除喉痉挛(一种无意识的喉咙自我封锁),你就可以呼吸了。"

"如果你还是没有呼吸,那可以输入氧气,最终还是能够呼吸,"史蒂夫补充,"我们没有任何理由相信,运动员浮出水面因未能得到适当的照顾,从而对肺部造成了严重的损伤。"

与史蒂夫结束通话,克里给阿什利打电话,后者告诉她尼克肺部出血情况严重。"我在猜想难道水压挤坏了他的肺?造成一个主要的血管撕裂?如果是这样的话,的确是没有人能够救回他的生命了。"

尼克死亡的消息在"水部落"传开了,克里的电话响个不停。美国自由潜水协会的弗朗西斯卡打来了电话,柯克·克拉克和约翰·谢德也纷纷询电。联系不上国际自由潜水发展协会,但美国自由潜水组织的领导都认为不应浪费时间,需要尽快积极回应此事,必须尽快让尼克的家人签字，以便实施解剖并对尼克的器官进行调查研究。弗朗西斯卡给保罗和贝琳达打了电话，他们仍处在悲痛和震惊之中，但还是接听了。关于水下压力对运动员器官的影响，人们知之甚少，弗朗西斯卡告诉他们，或许尼克的死亡可以推动补充此方面知识，同时也防止未来的悲剧。保罗和贝琳达比大多数家庭更包容，二人同意了，希望从失去中重获一些意义。

谢德医生已经与拿骚的病理学家卡琳·桑兹（Caryn Sands）医生联系了，后者在 11 月 18 日，也就是周一接收尼克的遗体。谢德还与迈阿密大学高压氧治疗学院的领导进行交流，而克里则给杜克大学的理查德·穆恩（Richard Moon）博士打电话，他是也高压氧治疗医学院的主管医师。但两家机构都不同意在如此短的时间接收遗体，所以克里给东卡罗来纳大学的法医病理学的一名技术人员打电话。她告诉他，如果东卡罗来纳大学接受暂时保管遗体，她会继续努力为尼克的器官找到一个更永久的保管处。实习期快要结束，克里并没有自己独立做这项调查的打算，但她并不知道，一旦东卡罗来纳大学接收尼克的遗体，这所大学就在法律上有义务研究他的情况。她心急如焚，在最后一分钟的忙乱中，不小心给自己的学校增添了额外的负担，现在它必须要遵守承诺，履行义务。

克里和史蒂夫需要在太平间与负责此项目的病理学家讨论情况。到达那里后，他们要与玛丽·G·吉利兰（Mary G. Gilliland）医生面对面进行交谈。玛丽身高不足五英尺，留着灰色的短发，颈上的一串珍珠搭在她的上衣外面，连着一个金色十字架坠子，她带着怀疑又像是嘲讽的冷笑。克里回以微笑，他们对彼此还是很了解的。

当克里还是实习生时，她在重症监护室里的一名病人逝世了，被认为是因她犯的一个致命的错误造成的：插入胸腔引流管导致病人失血过多而死。每周新的住院医生都要在他们的同事和教授面前讨论并总结失败案例，作为"发病率和死亡率"讨论的一部分。克里非常紧张地参加了那次会议，但是吉利兰医生出现并声称克里没有做错任何事情。如果她什么都不做，病人反而死得更快。先不论她的说话内容，单是她的说话方式就吸引了克里的注意。吉利兰医生身材矮小但气场足，长着一双大眼睛和一对精细的眉毛——无需任何言语就可以表达自己怀疑、愤怒和愉快的情绪。

在太平间的大厅，吉利兰医生也想探明真相，但因为最近积压的事情很多，精神状态并不是特别的好。她与克里还有史蒂夫来到她的办公室，他们坐下并靠着她的书桌，长吁一口气说："是这样，这名潜水员名为尼克，然后……"

他们把所有这项运动的知识和尼克的事情全部都告诉了她，尽管他们还没有看过视频，而且对细节很模糊，但认为凭这些也足以激起吉利兰医生的兴趣。尼克是一个健康的年轻男性，只是在做自己喜欢并擅长的事情，而自由潜水尤被认为是安全的，他按照这项运动的指导方针去做，却仍然以死亡结束。吉利兰医生的确很困惑，她希望在显微镜下认真观察分析。她会从解剖的医疗记录、证人证言和警察报告中剖析，当然还会从二次尸体解剖中寻找答案。她天生适合做侦探，尼克的案例正好适合她。

20 世纪 60 年代的医学院就有点类似现在的 IT 产业，行业里没有太多的女性。当时班上有 88 名学生，其中有 4 名女生，吉利兰就是之一，还有一名是修女。她也曾经历过作为一名年轻女医生的难题，自然会同情克里的处境，她通过收音机知道了尼克这件事。克里和吉利兰两个人都非常聪明，克里懂自由潜水，吉利兰懂法医病理，尼克的案例激起了她们的好奇心。二人也是天生的一对搭档，因此她们决定合作，一起调查清楚尼克的死因。当然，待处理案例对于法医来说就像暴风雨一样永远不会停止。文件堆积成山，有些案例比别的更紧急。因此吉利兰的团队过了一段时间才切取尼克的肺部组织来研究。

与此同时，克里查找并研究文献，试图找出医学界已经证明的有关深度和压力对运动员肺部的影响。她在 PubMed 数据库（一个在线医学研究数据库）查找资料，查得两眼发痛，最终打印出来 40 份相关的研究论文堆在她的厨房餐桌上。

大多数材料记录了潜水员的哺乳动物潜水反射、血液转移和心动过缓现象。一项研究表明，也许是肺部过度充气和胸部的挤压效应使心脏受到压缩，从而导致其跳动过缓，但这也只是一个假设。瑞典的埃里卡·沙加泰（Erika Schagatay）是国际自由潜水发展协会中一位颇具声望的研究员，他撰写了第一篇记录脾脏收缩的文章。健康风险方面的论文则屈指可数，其中有篇文章提出，肺部填充的空气可能导致栓塞，也可能导致心脏停止跳动或引起中风。来自加拿大达尔豪西大学（Dalhousie University）的 J. R. 菲茨-克拉克的一项研究表明，计算机模拟显示 235 米是自由潜水员的绝对极限。该报告还称，在此深度之后，身体会发生肺萎陷，"胸部简直变成一团不可思议的固体组织和血液的混合体。"

但是克里对肺水肿更感兴趣，因为这是桑兹医生给出的死因。她发现了一篇名为《肺挤压的恐怖真相》（Fear the Squeeze）的文章，其作者为彼得·斯科特（Peter Scott），对肺挤压作如下阐述：

> 严重的肺部挤压会产生最大的危险——会导致二次溺水。这里指的并不是在水下溺亡，而是说你会溺死在自己的血液中，因为被血液覆盖住的肺泡不再把二氧化碳转化为氧气，这非常糟糕。

尼克是不是死于二次溺水？克里也不是那么确定。此外，斯科特的文章是根据这项运动的轶事而写，因此这不是一项特别科学客观的调查。而另一项研究似乎提供了至少一条有用的线索。2008 年由马茨·里奈尔（Mats Liner）和约翰·安德森（Johan Andersson）在瑞士隆德大学完成的研究中，他们观察哺乳动物的潜水反射并研究其对运动员的不利影响。

在自由潜水界，潜水反射被认为是身体对深度做出的纯粹积极反应。随着压力的增加，肺部开始萎缩，四肢的血管也不断收缩，血液流向胸腔。这就意味着肺部毛细血管受到的压力逐渐增加，同时因为肺泡中气血屏障非常薄，就很容易形成水肿，登山者也会有类似的情况。两位研究人员跟随 19 名参加比赛的自由潜水员，检测他们潜水后是否有任何水肿。

其中 6 名潜水员浮出水面后肺部有液体——血液和血浆。

至于长期影响，克里还没有发现，但是她看的最后一篇来自 2005 年德国的一项研究《自由潜水的生理和临床影响》(*Physiological and Clinical Aspects of Apnea Diving*) 给她留下了深刻印象：

> 尽管自由潜水的绝对极限至今还是未知数，但可以明确的是如果潜水员继续无底洞般地探索这一极限，其最终可能得到的是生理和健康的双重代价，结果可能很致命。

当吉利兰的团队在分析尼克的肺部组织，而克里在 PubMed 数据库上搜寻线索时，一段尼克潜水和尝试浮出水面的视频出现了，克里不喜欢她在其中看到的内容。几个星期以来，依据她听到的那些关于现场的传言，她假设尼克的肺部是遭到了毁灭性的严重损伤，因而没有被救回来。然而约翰·谢德寄给她的视频（由达恩·费尔赫芬的 GoPro 相机拍摄）却讲述了一个完全不同的故事。

克里和史蒂夫一起观看了它。他们一遍一遍重复播放，不时暂停下来去舒缓情绪，同时也做着笔记。他们吃惊地看到比赛现场的医生芭芭拉·杰斯克——即允许尼克再次潜水的医生——并没有正确按照高级心脏复苏（Advanced Cardiac Life Support）的程序来救人。克里越多次地观看这一段视频，她就越是认为尼克本应该可以活下来。

在接下来的一月份，国际自由潜水发展协会做出的相关报告中却没有这样述说。在报告中，瑞典医生约翰·达尔斯特伦（Johan Dahlstrom），也是 2005 及 2009 年自由潜水世界锦标赛"恒定重量"项目中排名前十的自由潜水运动员，他写道："事后的种种教训告诉我们，尼克本不应该被允许潜水"，但达尔斯特伦的报告中并未谴责杰斯克的失职。事实上它有特别提到，根据规定她没有做错任何事。至于分析心肺复苏过程，达尔斯特伦阐述了治疗团队极其冷静和高效。他指出了一些问题，但是认为即使加进了抢救过程，尼克存活下来的机会也很小。达尔斯特伦接着把尼克的死亡原因归结为肺水肿。

该报告一直困扰着克里,她甚至不认识达尔斯特伦这个人,当时国际自由潜水发展协会的首席医疗官也没有通过电话或事后听取杰斯克医生的报告,他的报告大部分是基于电子邮件汇报和目击者证词完成的,这些报告由安全救生团队和杰斯克等方面提供。国际自由潜水发展协会主席基莫·拉赫蒂宁从未和杰斯克谈论过尼克的意外。发表了50篇关于自由潜水生理学论文的埃里卡·沙加泰写了一个补充报告。在书中,她声称自己与杰斯克交流过,但是当被直接问及她们的谈话时,她却避而不谈,说自己与她只是通过电子邮件沟通。第一次在国际自由潜水发展协会的赛事中出现运动员死亡,竟没有一位权威人士跟当时现场的抢救医生交谈过。

沙加泰不太愿意承认死因是肺水肿,而直到有更多的研究结果还原了意外发生的原因她才松口。沙加泰和达尔斯特伦两个报告都明确表示,国际自由潜水发展协会更关注运动中的肺挤压以及如何扭转它,不大关心尼克到底发生了什么,并避免责备杰斯克医生的失败救治。

看完国际自由潜水发展协会的报告后,克里、史蒂夫和约翰·谢德提出了反驳。他们指出单是杰斯克允许尼克潜水这一点就做得不对,谢德在过去就阻止过运动员在伤病情况下参赛。他们认为虽然国际自由潜水发展协会并没有一个明确的规则让医生可以阻止运动员潜水,但这并不构成杰斯克未能阻止尼克的理由。他们还非常详细地指出了杰斯克何时以及如何背离了基本和高级的急救方法。(杰斯克医生数次拒绝接受本书的采访)。

克里和其他参与调查的人员也正在为人们轻易地将死亡原因列为肺水肿而不满。尼克在被宣布死亡之前已经被实施了90分钟的心脏复苏术,光是这种应对措施本身就可以产生肺水肿。克里认为尼克依靠他自己的力量浮出水面并自主呼吸近一分钟后发生呼吸困难,一定存在一些潜在的原因。她与杜克大学的穆恩医生交流并向其展示了视频。

"他的死亡不是由于缺氧,"穆恩说,"因为露出水面后约一分钟他还可以交流，由此推测他体内的氧气水平已经上涨。"穆恩对水肿致死说也表示怀疑，"他的血液并不是喷涌而出，肺也没有出现充血，所以这怎么可能？"穆恩认为一定是肺栓塞造成了尼克的死亡，肺部的气泡渗入血管，并在他的心脏处堵塞，引起心律失常和心脏骤停。如果情况属实，当时就需要用除颤器电击他的心脏以使其恢复跳动。杰斯克当时没有除颤器，所以也许真的没法挽救他。

克里在倾听时保持了安静，但她还是怀疑穆恩的推论。讨论结束后，她站在停车楼的楼顶上，盯着杜克大学的那座让东卡罗来纳大学感叹不如的现代医学大楼，踢着脚下的可乐瓶，又陷入思考。桑兹医生曾专门测试了尼克心脏和大脑栓塞的情况——把这两样器官浸入一桶水中寻找气泡，但却没找到。她的报告称心脏没有受到损害，如果心脏骤停，它应该有损伤。从这可以证明穆恩的推断是错误的，克里比以往任何时候更坚信也许只有尼克才可以帮助解决这个谜题，但在2014年10月，当她看到他的肺组织切片时，事情又有了进展。

出现的时机也正合适，吉利兰医生的一个电话帮助她忘记分手的烦恼并重新点燃了她寻找答案的信心。第二天早上她打起精神，开着她的丰田塔库玛经过格林维尔具有历史意义的砖墙和东卡罗莱纳大学如塔般高耸的橡树林，在上班前到了医院，这样就有足够时间与吉利兰医生在一起继续研究。

克里透过显微镜观察吉利兰切下的极小的肺组织纤维，它被静静地呈现在灯光下，吉利兰医生指出巨噬细胞。巨噬细胞是清理细胞，受伤后，它们会去消化红细胞，促成人体自愈并恢复。每一天巨噬细胞都会吞掉更多的红细胞，因此日复一日，巨噬细胞会消化和积累更多的铁。吉利兰为切片加了染料，以便显示在给定的一块组织中铁的含量。她希望确定每个伤口的大致日期，她的染料将巨噬细胞染成了几片深浅不一的蓝色。他最后一潜受伤产生的红细胞再也没被清理掉，所以颜色最轻的蓝色巨噬细胞是周五的潜水产生的，但有更多很暗的巨噬细胞意味着他在死亡的几天前就已经有过类似的伤病。这些细胞的痕迹表明，尼克已经经历了数周的肺部挤压和损伤。

吉利兰医生在显微镜下继续展示新的切片，她和克里不停地轮番寻找巨噬细胞和间质纤维变性组织或瘢痕组织。瘢痕组织是由重复创伤造成的更密集、更难以渗透的组织，如果其出现在肺泡（气囊）中就会妨碍二氧化碳和氧气的交换。如果尼克有这样的状况，这就意味着他的伤势不仅仅发生在几个星期前，也就是说自由潜水员可能是在他们想象不到的深度中损害自己的健康，造成反复性创伤，也使生命处于危险之中。吉利兰医生不久就找到了倒塌的组织纤维，这是瘢痕组织的警示信号，但他的肺泡里也有充足的健康组织。

每个答案都会引申出更多的问题。尼克有多少处瘢痕组织？它们都在哪？这些有可能是他上来透口气后便呼吸困难的原因吗？只因受损组织太多，在任何情况下他也不可能恢复过来吗？杰斯克不用被追责了吗？结论还不能下得过早，他们不得不继续寻找答案。

15
下潜到 100 米深的男人

尼克从西湾的白色沙滩跳上船去近海一千米的竞赛区，他告诉自己这不过是另一次寻常的潜水，也是下一步该做的。这天是 2013 年 5 月 27 日，"加勒比"杯开幕后的第四天，因威尔·特鲁布里奇的参与，该赛事有了世界级水准，他曾担任这项赛事的技术顾问，这的潜水深度对于自由潜水员们可以说是无限的。进行自我训练的探险家卡尔·斯坦利（Karl Stanley）在罗阿坦岛定居并建造了潜艇。世界上也只有他在这里可以从一个码头开船，下降 2000 英尺到达开曼海沟，让愿意前往的游客和科学家们也来凑凑热闹。

不到一小时，尼克漂浮在赛区晶莹剔透的蓝色水面上，穿着两件套的潜水服，裤子部分是黑色的，兜帽部分为银色。朋友们在他周围漂浮，其中包括雷恩和阿什利，当时阿什利已怀安妮六个月。雷恩目睹了尼克过去几周的训练，后者和查普曼一家在巴哈马群岛的长岛偶然相遇，并乘坐"尼拉女孩"号一起驶向牙买加的安东尼奥港口，他在那开始训练自己的潜水深度，从 60 米到 70 米，再到 80 米和 90 米。"这个速度有点莽撞。"雷恩说，在尼克经历了大海给他的经验教训后，阿什利讨厌看到他仍然进行这么大跨度的潜水，但是查普曼夫妇已经学会了沉默。尼克在做他想做的事情，这次比赛不是团队性质的，也就没有必要的理由来压制他。他们认为如果尼克遭到肺挤压，也仅仅是破坏了自己的比赛，失去了一个得到更好成绩的机会。他训练的都是"恒定重量"项目，雷恩注意到这次他的踢水更流畅，动作也更加干净漂亮。显然尼克在泳池中花了大量的时间进行训练。

2013年是全新的一年。尼克剪了短发，他放下了2012年所有的失望与不满，决定重新面对。他的肩膀在一月份滑雪中受了伤，但已经以惊人的速度恢复了过来。他看起来状态很好，自己也感觉良好，仍旧渴望突破极限，想要把这种积极的能量带到自己在罗阿坦岛的首次潜水中。

尼克在第一天"恒定重量"潜水项目中达到了个人最好成绩92米。第二天，准备在"自由攀绳下潜"项目中挑战75米，但他提前返回了。因为他决定把自己的全部精力放到5月25日的"恒定重量"项目上，他想打破罗布·金的美国纪录，下潜至96米。接下来是休息日，他与威尔待在一起，后者在这次比赛中既是他的室友也是教练。他们讨论了可视化等前期准备技术，品尝混合冰沙，一起用咖喱和面食做饭，二人自然也成了好朋友。虽然尼克浮回水面后身形有些晃动，但他的96米潜水很成功，得到了白牌，因而他认为该是挑战三位数的时候了。

尼克做呼吸准备时，威尔在附近徘徊。他注意到了强大的水流，然后又检查了绳索，由于水流的关系赛绳漂移到角落旁。威尔认为如果想下潜100米，在这种水流下实际需要下潜105米的能力。但如果尼克做到了，他会成为国际自由潜水发展协会历史上最快潜到三位数的男子运动员，同时也是美国有史以来第一个下潜深度超过100米的自由潜水员。尼克的进步轨迹引起了整个自由潜水界的注意。"两三年内，他完全可能达到我和阿列克谢这样的水平，"威尔说，"能够挑战世界纪录。"

伊鲁·贝利奇也在比赛现场，她头上戴着鲜花。尼克提早来到岛上训练，比赛前几天与伊鲁在岛上西端的拉斯塔村庄合住一个小屋子，距离训练地点很近，只花一美元的水上出租快艇就能达到。她似乎又回到了他的怀抱。他们的关系依旧很模糊，他告诉伊鲁自己不能跟她亲热，因为这样会伤到他的元气。"好吧，"她反驳说，"我不在乎，你就自己留着它吧。"她还以为尼克在开玩笑，但实际上他已经持续四年没有性生活了。

不管怎样，他们的关系是甜蜜且有意义的，让伊鲁深陷其中。尽管尼克的新发型看起来很糟糕，但她接受他身心上的改变。尼克不再总是沉思，也变得愉快而有技巧地潜水。他已经成为一名正在不断提升的顶级运动员，伊鲁喜欢仰视这样的他。当然伊鲁也要参加比赛，提高个人最好成绩以赢得金牌。直到比赛开始，他们才睡在一张床上，尼克每天为伊鲁做早餐，并摘来鲜花让她戴在头上。"他认为当他为我做这些事情的时候，我看起来光彩照人，"她说，"他也喜欢看到我美丽明快的样子。"

尼克曾数次预先设想自己的潜水，比赛倒计时快要开始，他再次设想：首先进行一个轻松的鸭式下潜，后面依次进行六次强劲与六次柔和的踢水，两臂伸直，整个身体呈箭头状前进。他的提示器将在20米深处响起，那时候他会转做石斑鱼式呼吸，使空气从他的肺进入嘴里，这样便可以在剩下的下潜中保持平衡。他整体动作呈流线型，最后一次踢水后开始自由落体下降。这时要放松内脏和肩膀，再向内收缩下巴1毫米，柔和而缓慢地下沉，直到他再次听到提示器，就可以准备好回到水面了。

尼克在水中从未感到如此快乐，就像穿上脚蹼在遨游，新的单脚蹼特别舒服，感觉它就像自身的延伸体、绑在脚踝上的火箭助推器。随着他臀部每一下流畅的旋转，脚蹼划过蓝色的水面，推送他不断前进。在上升途中，他的踢水强而有力，心里知道这次绝对可以漂亮地完成比赛。他这时已经摘掉液体护目镜，让眼睛裸露在盐水中灼烧，但他感到了自由——至少在深潜后的缺氧状态中少了一件要处理的麻烦。他设想得越多就越确信他一定会成为第一个下潜到100米深度的美国人，倒计时已经开始，他没有再耽误了：小口吸着空气，最大化地存储空气，翻身屈体并开始游泳。

令尼克倍感失望的2012年赛季已经远去，但他很清楚自己失败的原因。他知道自己无法控制潜往深处的冲动，因为他需要向自己证明可以做到，也能去填补这个深不见底的空虚。他知道这种举动是自负和徒劳的。滑雪事故后，即待在布鲁克林度过漫长而无聊的康复过程中，他在想他的受伤和挫折是不是来自上帝的旨意，警告他盲目追求这项运动实在太危险甚至是有罪的。

一个周日，尼克在教堂做完礼拜，人群散去时，他走向神父沃迪兹米埃尔兹·拉兹（Wlodizimierz Laz），"神父，你了解自由潜水吗？"尼克问。神父拉兹喜欢运动，他在波兰长大，目前他也是一名滑翔伞运动员，休息的时候喜欢阅读冒险和探险的故事。尼克找对了人，拉兹是一名富有同情心的倾听者。"我认为自己有一份来自上帝赐予的天赋。我可以一口气潜水超过五分钟，但是我想知道的是，这是一种罪恶吗？"

"你是想知道你喜爱的运动是一种罪恶吗？"神父拉兹问。

"是的，因为圣经上说不能杀人，我不知道这种冒险是否得当，我是否太过逼迫自己了，或者这究竟是不是罪恶？"神父拉兹考虑着这个问题。他一直很欣赏尼克，这个年轻人每周都来教堂，那么诚挚地祈祷。他认为这个孩子就像过去的教徒那般虔诚认真，希望能够有更多像他一样的教众。

"嗯，当我们命悬一线时，确实仅差那么一点就可以杀死我们自己。"他说，"但是我们也可以控制风险。如果你理智地进行训练，遵守比赛规则……这样的话，它就不是罪恶的。"他告诉尼克自己对滑翔伞运动也有上瘾般的迷恋，当他从悬崖上跳下翱翔过 1000 英尺的海面时感到十分有活力，但是他经常用实用主义来遏制自己对冒险的渴望。"我好不容易爬到了山上，但如果当时的风向或云层对滑翔不利，就不会继续。这对你来说应该也是一样的，明白了吗？"尼克沉思着，点点头。有些问题他没有问：万一制止不了自己的冲动怎么办？如果太想去赢或渴望成功的心无法控制怎么办？那是一种罪过吗？毕竟漂浮在水面比潜到深水里要舒服多了。"如果上帝给了你一种天赋，"神父接着说，"你应该好好利用它。"

尼克回到家，脑子里想着 2013 赛季的目标。他也想成为一名潜水教练，通过打破 AIDA 每一个记载在册的美国深度纪录来吸引学员。在这个过程中，他首先要成为第一个潜到 100 米的美国人，随后辞职并离开纽约。当他完成一系列思考后，读着自己写的列表并把它贴在冰箱上。随后煮了一壶浓咖啡，向窗户走去，瞭望着他的周围。

威廉斯堡成了一个全新的地方。现在，它吸引着那些迫切需要橄榄油和红酒的高品位人士。尼克嘲笑自己对于这些雅皮士入侵的厌恶，但不可否认正因为像他这种非主流的人增多，才会吸引这批人到来。当然，他尽可能避开前往贝德福德大道，但威廉斯堡终究还是他的家，这里仍然有真实的角落，也有漂亮如丹妮的波兰女孩。有次他在星期天早晨见她游泳后蹒跚着回家，头发还是湿的，游泳包搭在肩膀上，正费劲地攀上前门的台阶。

再下个星期天，他来到教堂，丹妮注意到这次他带了游泳装备。当他们在池中偶然碰到彼此，她问他在这做什么，"我周日早上都会来游泳。"他愉快地说。

"哦，好吧。"她说，但并不这么认为。她经常周日早上游泳，但从没有见过他来，但是接下来的周日他又来了。到了第三周周日，他们一起走回家并约好第二天见面喝咖啡。然而约定的这天下午她受伤了，没有心情赴约，当她走过他的房子看见他坐在门前台阶上，于是便躲在一辆车后面，祈祷他没有看到自己。尼克面带着微笑绕过车子。

"嗨！"他打着招呼。

"嗨！"她羞怯地回应，此时她还跪在水泥地上。"你今天过得怎么样？"她蜷曲地站起来。既然他们在这碰见了，现在她有两个选择：要么当着尼克的面取消约会，不然就与这个可爱的男孩喝一杯咖啡。

她点了茶，尼克当然点了他最爱的浓咖啡。他们在附近咖啡馆的沙发上聊了三个小时，什么都聊：他的家庭、工作和自由潜水。丹妮讲述了她在费城长大、摄影梦想的破灭和她学习针灸疗法的新生活。他们谈论自然疗法和营养，这些已成为他潜水生活中重要的部分。他们讨论一切，但没有问及她的病痛，很明显这时并不会适合提起她的苦楚。尼克曾送丹妮回家，也曾一起周日游泳，今天下午和她的谈话也很令人愉悦，丹妮感觉尼克应该知道她的全部故事，因此她告诉了尼克一切。

他们成了朋友，经常发信息聊天并一起游泳。当他感冒时，她会给他熬鸡汤，当他受伤的肩膀在竞争激烈的第一个赛季前几周犯了病，她给他做针灸治疗。他接受她的帮助，从来没有用同情的态度去看待她。他也让她感受到了人间烟火。在他慢慢进入她的世界之前，她一直处于危险的境地：孤立、绝望又痛苦。她努力把每个人都从自己身边推开，几乎忘记了和好朋友在一起的感觉。

"他让我觉得自己还活着。当你看不见、不能走又毫无感觉的时候，日子真的很难挺过去。"她说，"游泳对于我意味着很多，它可以让我找回自己，但尼克也同样让我找回了自己。他不关心我的残疾，只是想要单纯的交谈。"尼克同样需要丹妮的帮助。去巴哈马与雷恩和阿什利见面的前几天，他问丹妮是否可以帮忙照顾自己的植物、接收他的邮件、存放他的支票，并在他离开时照看家。这就意味着丹妮每周要爬好几次三层的楼梯，是个不小的挑战，同样也需要她自己与外界保持联系。"我花了很长的时间才懂得了他的用意。"丹妮回顾往事时说。她同意了尼克的要求。

当尼克向 100 米的底板下潜时，围观的人群都有些紧张。播报员通过声呐追踪尼克的行迹并播报给大家，每个人都向前凑近水面边缘。他到达了目标深处，人群兴奋地欢呼起来，他们也知道最困难的部分才刚刚开始。当他上升到了 60 米，第一个就位的安全潜水员雷恩下降到 30 米去迎接他，上升过程的最后这一段将决定成败。

进行那次 96 米潜水时，潜出水面后他表现得并不理想，看起来可能要昏厥，由于威尔要为他的潜水准备，卡拉·汉森在那天成为尼克的指导，她的声音刺穿了他眼前的浓雾，并引导他利落完成了水上动作，获得全国纪录。卡拉这次没有指导他，每个人都想知道他是否能够安全健康地完成比赛。

2 分 45 秒的潜水后答案来了：他完全自如地浮出水面，抓住赛绳，威尔喊道："钩！ 钩！摘下鼻夹！"尼克开始呼吸，摘下了鼻夹，并做出手势。"说那句话！"

"我没事！"他上气不接下气地说。

"抓稳钩，保持呼吸！"另一个潜水员说。

"我又不是妓女（英文中 hook 既指固定在钩子上，也有与他人进行性交易的意思）。"尼克开玩笑说，并继续呼吸，没有任何昏厥的迹象或不适。尼克大笑着，而阿什利翻了白眼对此表示不满。她觉得他没有足够尊重潜水深度或这项运动。在她看来，成功还早着呢，白牌还没有亮出来。他需要调整呼吸来提供血液和大脑所需要的充足氧气。

她其实也不必担心，尼克肯定会得胜。他挥动手里的标签，人群又开始更大声的欢呼，而裁判还是必须确认成绩。尼克期待地在绳索边徘徊，当裁判亮出白牌的时候，他开始陷入疯狂状态，双手来回摇动绳索，发出怒吼，观众向他泼水，周围形成一圈白色的泡沫。安全潜水员们团团围着他，他后仰看着天空，盯着飘过的云絮，仿佛已经进入天堂，激动地擦干了眼泪。他做到了！

罗布·金，是国际自由潜水发展协会副主席，也是目前美国潜水深度排名第二的潜水员，把它称为"美国潜水历史上两个标志性事件之一。"

那天是洛根·莫克·邦廷负责拍照。"他饱含真挚的情感和幸福，"洛根说，"热情洋溢，几乎可以感觉到他的胸腔在搏动。他非常兴奋自己达到了目标，但还是很谦虚。这对于尼克来说，不仅仅是身体和情感上的波动，更是一种精神体验。那一刻他不再孤独。"

"上帝是伟大的！"他大声呼喊着朝平台走去，一路上威尔和雷恩分别给了尼克一个熊抱。威尔赢得了本届"加勒比"杯的冠军，尼克赢得了铜牌，落后于瓦利德，但领先了卡洛斯。尼克在"自由攀绳下潜"项目潜到 81 米，距离国家纪录只有几米。在"恒重无蹼"项目中他也取得了 56 米的个人最好成绩。尼克已经获得全面进步，他在这一赛季的表现堪称完美。

伊鲁赢得了女子队的金牌，在"自由攀绳下潜"和"恒定重量"潜水项目创造了新的委内瑞拉纪录。她为尼克感到骄傲，当伊鲁比赛时，尼克总是带领啦啦队为她欢呼，但是伊鲁想要从尼克那得到更多。比赛结束后的派对上伊鲁逼问尼克："嘿，你已经做得足够完美了，为什么不吻我一下或者……"尼克耸了耸肩。他目前不想沉溺于短暂的爱恋。他回答说他喜欢宠爱她，但是伊鲁听到的却是尼克不爱她。在接下来的旅行中伊鲁没有再让尼克送她花，也没有说再见就离开了。

尼克的下一站是中欧，他在捷克共和国的布尔诺（Brno）参加了一个小型的泳池竞赛，在那里他遇到了来自澳大利亚的自由潜水员坦奇·萨德（Tanc Sade），随后租住在贝尔格莱德（塞尔维亚首都）的一间公寓里，为AIDA泳池世锦赛做准备。在奇数年，AIDA会举行个人项目的世锦赛，在不同的场地进行深度和泳池比赛。之前四月份，尼克在洛杉矶自由潜水挑战赛（LA Apnea Challenge）遇到了坦奇，那是一个小型泳池比赛。尼克在那里表现得不是很好，经历两次失败，在"动态闭气"项目中只游了106米。但这一周并没有完全浪费，因为他遇到了两个志同道合的朋友，其中还有一个是凡妮莎·温伯格（Vanessa Weinberg），一位金发碧眼的美丽姑娘，同时也是瑜伽达人和演员，她是专攻泳池项目的自由潜水界新人。2013年她在"动态无蹼"项目中排名美国第二，随着时间的推移她和尼克的关系也越来越亲近。

尼克和闯入自由潜水界的坦奇一拍即合。坦奇在他第一次参加泳池比赛中就创造了两项澳大利亚纪录：在"动态闭气"项目中游了230米，并在"动态无蹼"项目中游了181米。他之前一直在水下捕鱼，同时还是个演员，美国观众应该对他在剧集《吉尔莫女孩》（Gilmore Girls）中的角色最为熟悉。他身材不错，英俊潇洒，拥有一头棕色卷发和一对调皮的眼睛，他的整个成年生活都在进行专业表演，活跃于美国和澳大利亚的电视台。尼克和坦奇在各层面都很相投，他们还有一个共同点：都把自己逼得太辛苦，永不满足已有的深度或距离，总是想要达成更多。

"尼克跟我很像，"坦奇说，"我们都有种强烈的愿望，同样伴随着一种极度空虚的感觉，想要得到更多，急于得到认证，一直受渴望获得自我价值实现的欲望所驱使，这是一种不健康的心态。我也感同身受。比起喜欢赢，我更讨厌失败，因为赢只是一种期望的实现，而失败则全然无法接受。一旦失败就会失眠，简直就像在地狱里饱受煎熬。"

使坦奇亲近尼克的不仅是他们的相似之处，尼克的宽容慷慨更让坦奇欣赏他。他们相遇的第一天，坦奇称赞了尼克的阿迪达斯复古外套，说自己一直在寻找这么一件外套。尼克解开拉链脱下，把它递了过来。"拿着吧，"他说，"它是你的了。"坦奇婉拒了。他其实只是在寒暄，但被尼克这样真诚的态度感动了。"如果你喜欢，我的衬衫也可以送给你。"尼克说。

但是不久更重要的一件事将他们的关系联结在一起。比赛最后一天，坦奇试图在"动态无蹼"项目创造一个新的澳大利亚纪录，但他昏了过去。跟随他在水面上的安全潜水员反应有些慢，当这个潜水员意识到出事了，想要带坦奇返回水面并把他放到适当位置抢救时却遇到了麻烦，更糟的是，尼克觉得他没有用足够的体力或反应带坦奇出水面。坦奇身体已经变得僵硬，皮肤呈灰白色，睁着的眼睛显得空洞，唾液泡沫从他那发青的嘴唇中流出。

尼克扔掉他的夹克，跳进池中，从安全潜水员那接过坦奇并抱在自己的怀里。"呼吸，坦奇，呼吸！"他呼唤着。安全救生员只是轻轻地吹坦奇的眼睛，尼克急剧地吹他的眼睛。仍然没有起作用，于是尼克给他做了人工呼吸。坦奇昏厥了将近一分钟，尼克把他救了回来。坦奇认为是尼克救了他的命。

后来他们两个便在贝尔格莱德租住同一间公寓。坦奇来到后，尼克向他抱怨自己上周在布尔诺的竞赛表现，尼克甚至连一次成功的潜水都没有。距离在罗阿坦岛的胜利才过去几个星期，他就在泳池项目中又迷失了。

他在贝尔格莱德进行泳池项目的尝试时还看不出来这些。2013 年 6 月 23 日，在 AIDA 个人泳池世锦赛的首次亮相中，尼克与"动态无蹼"项目的美国纪录失之交臂。他之前在这个项目上从来没有游到 100 米，这场比赛中当他完成了 100 米的时候，觉得状态很好便不停地游下去，继续挑战 150 米，但那时他已经花费了太多精力，发生了缺氧，无法完成水面动作，一瞬间昏厥了过去。结果可想而知，他得到一张红牌。他完成了 138 米，距离美国纪录仅差一米。那天晚上，尼克失眠且情绪沮丧。第二天就要展开第一轮"动态闭气"的竞争，就尼克最近的表现来看打破全国纪录似乎有点不大可能。坦奇决定带他一起在泳池做准备。

"你这么有天赋，一定可以做到。"坦奇告诉他，他们跷着腿在塞尔维亚最好的泳池——贝尔格莱德游泳中心试水。相比尼克熟悉的公共泳池，它看起来像一个度假胜地。他盯着嗡嗡作响的荧光灯，来自三十多个国家的国旗在椽子上晃来晃去。"但是，你的泳池技术还需要提升。"坦奇有节奏地敲着闪闪发光的瓷砖，让尼克多练习几圈，他在岸上很容易看清问题：尼克踢水太用力，穿着单脚蹼踢了五下就游了 50 米。"你用力过猛了。如果用的劲儿小点，踢九或十下，你的用氧效率才会更高。"坦奇也让他停止过度换气——这是一种过度换气呼吸技术，降低身体二氧化碳含量并延迟呼吸的冲动。一些潜水员——包括威尔都觉得过度换气会使他们在水中效率降低，虽然有时会使运动员舒适一点，但它仍是一个净损失。他们练习了好几个小时，回到公寓后，坦奇给了尼克另一个忠告："如果感到受伤，就继续游泳。但只要你再次感觉不错没有疼痛了，马上停止并上来。"

"为什么？"尼克问。

"因为假设你受伤后疼痛停止了，就意味着你马上要休克了。"受到坦奇的鼓舞，尼克发信息告诉迈尔和瓦妮莎他可能挑战美国"动态闭气"潜水项目的纪录。当他来到贝尔格莱德时，特德·哈蒂仍然保持着 170 米的美国纪录，但是凯尔·吉翁于世界锦标赛前夕在火奴鲁鲁一个独立组织的比赛中打破了这个纪录，美国潜水论坛大吃一惊。凯尔希望这个纪录不要外泄，以防影响他接下来的潜水。现在它却成了热点，这项新的纪录是 184 米。

尼克没有紧张。第二天，采用坦奇的策略，他取得了职业生涯中泳池项目的最好成绩 187 米，远超他以往的成绩 30 多米。瓦妮莎和迈尔在一旁用电脑保存了他的纪录。当裁判亮出白牌，他认为自己已经创造了美国纪录，并不知道凯尔·吉翁已经再次将美国纪录延长到 200 米，就在刚刚尼克潜水之前。

尼克出了水面，头上搭着一条毛巾，在长凳休息时得到了这个消息。

"我应该再游到池边的。我怎么就不能再加把劲儿。如果够到池边也能达到 200 米了。"他感到后悔,坦奇坐在他身边。只要他想,他会用尽最后的力量创造另一个纪录。"我不知道为什么自己停了下来,当时感觉身体特别有力量。"坦奇懒洋洋地把手搭在尼克的肩膀,并提醒他利用新方法只练习一个晚上就能取得这个成绩已经很了不起了。

"你已经打破了自己的纪录,兄弟。从现在开始你就要在泳池项目大显身手了。"坦奇表面若无其事,但心里对凯尔感到愤怒。他认为在世界锦标赛的前一周延长纪录是一件特别缺心眼的举动。凡妮莎也这样认为,但尼克并没恶意。他回到公寓就通过"脸书"给凯尔发送了祝贺信息。

> 恭喜你在"动态闭气"项目的巨大成功,也进入了 200 米的顶级团体。谢谢你终于将美国带到此等高度。至少现在别人不会再拿泳池项目的短板取笑我们了。你会考虑加入来年的世界团体锦标赛吗?诚挚希望你能参加,我们应该在泳池项目的比赛一起大放光彩。

凯尔看后松了口气。他现年 19 岁,在网上小有名气。他一直听从教练的建议,尽可能做最好的决定。他并不想因打破纪录而打击任何人的信心。在打破纪录之后收到的所有贺信里面,这是他最看重的一篇,他迫不及待想与尼克一起参加 2014 年在撒丁岛的比赛。

尼克很快从他最近比赛的失望中恢复过来,也多亏博亚娜·伯纳克(Bojana Burnac)——他在泳池比赛第一天遇到的这位克罗地亚制片人。她在贝尔格莱德为自己国家最优秀的自由潜水员戈兰·乔拉克拍摄纪录片,戈兰一时占据各新闻头条,在所有三个项目中都拿到了金牌,并在"动态闭气"项目中再次突破世界纪录。

他们遇到的那一天,博亚娜正试图将一个水下摄像机固定到泳池的一侧。她需要将其沉到水下,有人随意抓起尼克绑在脖子上的承重物递给了她。"自由潜水员对他们脖子上的承重物非常敏感,"她说,"有些运动员认为潜水前被人触碰自己的颈部加重物会不利于比赛。"当尼克意识到自己的东西不见了，他四处询问想要回它。她表达歉意，但他对此并不迷信。他们站在一旁的瓷砖平台，聊起了电影行业。他喜欢她蓬松杂乱的乌黑秀发、那双灵动的大眼睛以及她对自己事业的信心。她不是常规印象中的美女，但他觉得她非常性感。他也给她留下了深刻印象，当他把自己的颈部承重物戴上并离开时，她突然感到一阵空虚，已经好久没有这种感觉了。

五分钟后，他在游泳池进行"动态无蹼"潜水比赛。整个比赛里他优雅而英姿飒爽的划水动作和扣人心弦的过程都让她思绪纷乱。那家伙是谁？她渴望并想要更多地了解他。但她在萨格勒布已经有一个在一起好几年的同居男友了。

第二天，"动态闭气"比赛后尼克找到她，此后他们连续三天都一直在聊天。他们在冗长的午后漫无目的地散步，谈论各自的家庭和工作。她在国内是一名自由摄影导演，他们互相交流制片业的轶闻趣事，也讨论了他在赛中的昏厥情况。她也是一名不错的自由潜水员，经常看到运动员发生昏厥的现象，并乐于观察他们——每个运动员都有自己的反应方式。这种昏厥之后的反应会使她探得运动员的一些情况：有些会展现出个性怪癖；有些甚至将其看作是深深的阴影。一些人醒了但显得有些疲惫；其他人还会蓦然惊醒。尼克醒来总是带着怒气，在贝尔格莱德昏厥之后他又一次发了脾气。她愉快地拍下视频还嘲笑了他，他喜欢也接受了她这种无理取闹。他理解她的幽默，能感觉到她真诚的心。他应该是坠入了爱河，当然她也是。

贝尔格莱德并不是一座漂亮的城镇，但是尼克还是能够挖掘并发现它的美。生机勃勃的街道，带有东欧特色的拜占庭式破旧建筑，混合着土耳其帝国的遗迹和新兴艺术风格。现在是夏季，天气既炎热又潮湿，但尼克喜欢这个时节。他们在克涅兹伊洛夫大道上散步，向古老的城堡建筑走去，在萨瓦马拉区发现了可以吸烟的咖啡馆，萨瓦马拉现在成为贝尔格莱德一个自由不羁的创意产业园区。他们各自租了辆自行车沿着多瑙河从市中心骑到郊区，从沥青马路上一直骑到森林小径深处。回到小镇时两人饿坏了，于是他们找了一家安静的饭馆，在一张靠里的桌子坐下，桌上铺着桌布又摆放上蜡烛，这也是他们第一次接吻的地方。

博亚娜一直与自己的内心做斗争，因为她没有对自己与男友的关系做出承诺，在那种自由散漫的关系中一直很快乐。然后尼克的出现，就像一颗炸弹爆炸了。她告诉尼克自己是有男朋友的，他也在道德问题上挣扎着，但好在她还没有结婚。晚饭后他们返回她的家共度了美好时光，他四年的禁欲生活也结束了。

过去两年的时间里，尼克的旅行和比赛行程安排得特别紧凑，他没有足够的时间在工会处理各种事项，结果2013年夏天他的医疗保险即将失效。为了弥补，他预计花六周在纽约工作，也就是在泳池比赛之后，但紧随其后的就是即将在希腊举行的AIDA个人深度项目世界锦标赛。他从贝尔格莱德飞回纽约的航班被推迟，当他最终在肯尼迪机场降落的时候，也许已经赶不上《业内前五》（Top Five）拍摄第一天的日程，这是一部由克里斯·洛克（Chris Rock）编剧并主演的喜剧片，广受好评。单独拖后可能影响他的这份临时工作和医疗保险。现在是七月初，他需要工作400小时才能在八月中旬再次离开。他整理了行李，以百米冲刺的速度跑向出租车，四周人很多。这时，他看到一个身穿黑色西装的司机拿着写有"埃尔南德斯"的牌子，尼克再三考虑，想着这个国家不会想再多一个贫穷又没有医疗保障的公民，自己不应该拉后腿。"我是埃尔南德斯。"他说。

"好的，先生。"

他在布鲁克林的六个星期这样度过：每天工作十六个小时，每周工作六天。他有时间就在泳池训练，一周唯一一天的休息日会搭乘火车前往新泽西外婆乔茜的家里，在四小时内做完院子里需要两天才能完成的工作。他没有多少休息时间，有时他在布鲁克林最好的哥们儿——摩根和罗恩也会来拜访几次，但他没有足够的时间去应酬。两个朋友或享受新的恋爱关系，或沉浸在家庭的幸福快乐里。尽管他仍要训练，尼克还是会与罗恩抽个卷烟。他们抽完后会出现极度兴奋状态，偷偷将新鲜的烤香肠带进当地的电影院，结果被发现了，于是他们就来到东滨河公园，像以前那样在河边吃晚饭。

尼克那段时间也很开心。他一直频繁地与博亚娜联系，只要他有时间就会给她发短信和打电话，她也暗示会离开男朋友。尼克想让她搬来跟他一起住在布鲁克林或佛罗里达，一旦拿到自己的教练证书，他想在这两个地方中的任何一处经营一家潜水中心。但博亚娜对美国不感兴趣，尼克于是开始考虑搬到萨格勒布。她让尼克再给她一些时间，不管怎样他们最终都会在一起的。她又提到最近自己将在克罗地亚海岸跟拍戈兰，而她的男朋友在城里工作。尼克决定给她一个惊喜，这样他们就可以在一起展望他们的未来，尼克也可以在去希腊之前多做一些深度上的训练。

他搭着迈尔的车在 8 月 13 日达到了肯尼迪机场，肩膀上的一个背包里装着单脚蹼，另一个肩上背着其他的背包，他安排了行程时间，与工会沟通好，在银行把一些现金存了进去。他将要去海滩旁追寻自己的真命天女，已经为所有事情都做好了准备，当然还是想潜得更深。他向迈尔挥手告别，感觉轻松乐观，好像以前的一切都是在做准备，他的余生即将开始。

16
血色水面

　　伊利特酒店是希腊卡拉马塔（Kalamata）一座现代化的三星级度假酒店。早餐时间，尼克一想到离开自己的房间就受不了。他最近一直没睡过觉，也很少吃东西，躲在房间里对他来说比出门交际要舒服和容易。他需要避开太多友好的面孔，也不想理会无趣的寒暄。

　　目前伊利特酒店已经被自由潜水运动员们整租了，来自36个国家超过二百名运动员聚到这里参加国际自由潜水发展协会有史以来最大规模的比赛——2013年度个人深度项目世界锦标赛。比赛的前一天晚上举行了开幕式，运动员们像以往一样跟同胞们分在一组。人人身穿印有自己国家国旗的T恤衫，挥舞着小国旗，他们沿着码头跟随着当地的乐队游行。这种"低配版奥运会"的氛围虽老套但还是使人兴奋，一年前在尼斯尼克就喜欢这种热闹的氛围，但在2013年9月，他连一个敷衍的微笑也挤不出来。

　　他是美国队唯一的参赛队员，所以不得不花光积蓄自掏路费，在开幕式上既没有属于自己国家的T恤，也没有小国旗来挥舞。他只有一件蓝白色条纹的水手衫与星条旗类似。他表面平静，周围皆是熙熙攘攘的人群——"看那个法国佬！""什么在那里，队长？"——但内心却很忧虑。这是美国自由潜水的状态吗？这项运动在美国微不足道？他自己其实已经知道答案了，所以他离开了游行，逛来逛去来到一个码头，看着渔船在大风浪中航行。

第二天早晨，尼克没有跟其他人一起出去吃早餐，自己用野营炉煮浓咖啡。他认为咖啡是有效的，会帮助他缓解紧张和压力，所以他每次都自己带上专用的煮咖啡设备。在等待他那临时厨房柜（其实就是酒店的梳妆台）上的水烧开时，他通过"脸书"知道伊鲁也在这里，但他在游行队伍里没有注意到她。想到可以再次见到她，尼克脸上不自觉泛起了笑容。只有她可以拯救他现在脆弱不堪的灵魂。

在二人情感突变过后伊鲁只觉得厌倦和疲惫，完全避开了尼克。伊鲁认为尼克从来没有爱过她，放下一切往前看对自己也更有益。当然，她也刚度过了艰难的一周：在达哈布训练时伊鲁在水下昏厥，不得不借助他人的帮助才浮出水面，醒来后开始吐血。这是她经历过的最严重的一次肺部挤压，可能使她无法参加世界锦标赛。她也不明白为什么自己还要来到卡拉马塔，直到尼克的信息发过来她才知道自己内心的想法。尼克明白原因，他比任何人都明白——比赛的激情、潜入深蓝色水中的渴望及肺里叫嚣着阻止继续潜水的细胞。尽管她自己不情愿但还是邀请了尼克过来吃早餐。

他敲了两分钟的门，伊鲁才过来开门，尼克没有说话便把她拉到自己跟前。他们静静地拥抱了 15 分钟，她感觉到尼克紧抱着自己，便知道尼克也有烦心事。他们一起品尝咖啡、吃了新鲜的水果并计划那天晚上做些玉米饼庆祝。像往常一样，伊鲁从委内瑞拉带来了玉米面粉。尼克把她带到自己的住处并向她展示自己的 DIY 厨房。"我们只有做些玉米饼才会感觉像是在比赛。你说呢？"他问。但是他们需要其他食材填充进这块厚厚的委内瑞拉玉米饼里。尼克有个想法。

"我们要去哪里？"伊鲁问尼克，后者领着她下了楼梯。

"待会儿你就知道了。"他说。接下来他们穿过不明情况的门卫和酒店员工，找到了通向厨房的不锈钢对门。他推开一扇门，偷偷看着里面。早餐刚刚结束，还有两个小时才到午餐时间。员工们都出去吸烟了，有的在外面的阳光下打盹。此时正是他们偷偷潜入的最佳时机。

尼克牵着伊鲁的手领路。他们仔细地看了看冰箱和冰柜里的食物，继续探索，他们发现了够做 10 000 张玉米饼的猪肉和羊奶酪。尼克往自己的背包里塞满了这些东西，瞬间感觉自己仿佛回到了十年前每天食不果腹的日子。伊鲁起初很紧张，后来禁不住大笑，变得快活多了，即使在厨房的日光灯下这笑容也一如往常活泼灿烂。

他们把这些宝贝藏在尼克的房间，然后去超市买了更多的食材，当然这次他们是支付现金的。一路上，尼克很沉默，比平时更加沉默，伊鲁问他出了什么事，他耸了耸肩。"你总是沉浸在自己的想法里，"她说，"过于沉浸了。"他知道她说得没错。

尼克一个月前去过克罗地亚，当时还沉浸在和博亚娜的爱情中，他相信自己找到了完美对象。但他从来没有告诉博亚娜自己要来找她。他在上一位导演女友埃斯特的身上用过同样的方法达到了想要的效果，而这次却适得其反。尼克的到来给博亚娜带来的是震惊而不是兴奋和喜悦。他试着忽略她的反应，并告诉博亚娜他来是为了与在贝尔格莱德的比赛中结识的戈兰一起进行训练和潜水，但博亚娜知道尼克的目的，她也并不讨厌尼克的到来，他的到来作为一种表态已经触动了她。现在是博亚娜决定该做什么的时候了，她在采访戈兰的停机期间、在露台吃早饭甚至当他们在床上而尼克睡觉时都在思考这件事。

她和自己的男友在家里过得非常开心，尼克的出现打乱了这一切。她感觉到自己对尼克的热情多于对男友，但是她内心又认为这种激情太多了——在耗尽之前她与尼克应该还可以联系几个月或几年。她不想失去自己的男友：他既聪明智慧又善解人意。当她告诉男友自己遇到了一个人，目前处在非常混沌不清的状态，他换位思考，表示了对她的爱和尊重，并没有嫉妒，还给她足够的空间做出选择，她认为没有多少男人可以做到这些。

无论孰好孰坏，尼克都不在她的选择之内。当然，他代表另一种放荡不羁的生活，但他其实也是个传统的人。近来，他一直在跟姐姐珍或者叔叔保罗聊赚多少钱才能过上公认的成功生活，这种生活里要有婚姻、孩子和一份他喜欢并有前途的工作。他告诉博亚娜自己已经准备好这一切，现下只等跟她在一起。

第二次求婚是他们在床上的时候，就在他将离开去卡拉马塔的两天前。"你应该仔细考虑一下。"她告诉他。这就是她的答案。他打开心扉，她却随口回绝。她已经做了决定：她不会为了尼克放弃一切，也不愿过呆板的婚姻生活。她并不在乎自己是否结婚，也无法理解尼克对教堂的那份虔诚。博亚娜是一个现代社会的独立女性，她知道他俩不合适。"无论我们之间的感情多么浓烈，当回归到现实生活，你必须更加慎重，尼克。我们在一起也许会是一个开始。但是仔细想想，这个开始并没有未来。"她说他们之间的一切都结束了。

她的话听起来刺耳，但并没有错。的确，他们都不曾认真思考，任凭冲动和激情放纵打败理性占据上风。尼克的那帮朋友经常说他只是爱上了恋爱的感觉，而且这种冲动在克罗地亚也伤害了他。他轰轰烈烈地为爱而来，未经提前告知，就像他"9·11"后在布鲁克林找到埃斯特一样，但他发现博亚娜从来都未用真心相待——一直以来她通过电话联系尼克，勾起他想象二人未来的无数可能，因为她渴望从繁忙的工作中解脱出来片刻，也享受尼克对她的关注，但她不是真命天女。尼克长大后身边有不少女孩献殷勤，但他却无法与喜欢的女孩在一起。他的热情全然熄灭，再无复苏。

尼克难过地离开了克罗地亚，准时降落在卡拉马塔，先去参加一个小型的热身赛，这个比赛有迈克、阿列克谢和纳塔利娅等世界级选手参加，随后他就要投入世锦赛当中。他因不吃不睡导致状态无比低落，就目前的状态来看并不适合参加比赛。但尼克竭力使自己忘却这些投入比赛，他穿上了脚蹼，做些潜水训练进行热身。在一次尝试 90 米的练习时，他在 75 米无法再保持嘴内的空气储存，也没法掌握平衡，于是他返回上升。除了提前缺氧外，他并未感到身体上的其他不适，他呼吸着氧气，以确保肺处于健康状态。但事实上情况并不好，当天下午，他咳嗽了好一阵儿，连续不断，每次都有血和痰。他还想继续比赛，但世锦赛马上就要到来了，他最终做了务实的决定，没有再在伤病的情况下潜水。第二天他又来到了比赛区，但这次是作为一个旁观者，当他看着阿列克谢·莫尔恰诺夫尝试挑战世界纪录时，不由得对自己的能力感到了担忧。

比赛区域是在一片深蓝色的海湾，长达两英里，从码头到赛区仅需10分钟的船程，酒店就在对面的街上。天气好极了，堪称完美。卡拉马塔的潜水条件很理想：有时会出现20米至50米之间不常见的温跃层（取决于天气），充足的水流可以让平台保持适当的角度停泊，比赛那一天地中海平静如湖泊。安全潜水员史蒂夫·基南（Steve Keenan）36岁，生于都柏林，当阿列克谢做准备呼吸时他发现有些不妙。

"平台上的锚泊绳不稳定，"他说，"它在以一个奇怪的角度下滑。"事实上，它已经越过了比赛绳，可能会使运动员混淆，尤其是对一个准备下潜128米的运动员而言。史蒂夫报告了比赛官方，比赛于是又延迟了10分钟来整理锚泊绳。

俄罗斯潜水员的特点就是很少受条件或日程的变化影响，这次延迟并没有扰乱阿列克谢的比赛发挥。可是纳塔利娅有点慌乱。她认为这是另一个不好的预兆，提出阿列克谢应该先退出比赛，过后再尝试。她说他已经感冒了，外加超负荷，准备工作做好才是深度放松的关键，从而也能安全地创造纪录。阿列克谢没有同意。过去一周的训练中他一直都可以轻易地下潜到126米——那时还是他的世界纪录，况且他在整个赛季感觉都不错，除了一个小小的鼻窦问题。他之前经历过这种问题，但它从不干扰比赛。他这个赛季感觉自己发挥不错，潜到128米不难办到，也许这次就像以往其他的潜水一样。实际上却不是他想象的这样容易。

他的下潜准时按计划顺利进行。阿列克谢到达128米时刚刚过两分钟，比赛区域聚集的大多数观众开始欢呼雀跃，但纳塔利娅直到看见他接近水面才为他庆祝，阿列克谢动作灵敏，身体看起来也没什么大碍。当他游上来时，史蒂夫准备下去迎接他，他不是第一次作为阿列克谢的安全潜水员。史蒂夫已经在达哈布定居，在那里作为一名全职自由潜水教练，也作为比赛运动员和俄罗斯队一起训练了许多年。

"阿列克谢不大需要安全潜水员，"史蒂夫说，"通常情况下可以下潜到 15~20 米，在那就会看到他游上来，这时就必须开始踢水，否则很难跟上他。"但这是阿列克谢打破世界纪录的尝试，所以史蒂夫提前下水，以便在 30 米处及时遇到阿列克谢。然而当他到了 30 米处，并未见到阿列克谢的身影。

"在上升途中，只记得自己感到头晕，眩晕感很重。"阿列克谢后来说。他发生了"逆向阻塞"——当运动员上升时，鼻窦中的黏液阻塞用于平衡的空气，使其无法排出。他的内耳出现疼痛和肿胀，从而影响了他辨别方向的能力。如果内耳功能丧失，人在地面上都会感到眩晕，更别说在水下。阿列克谢分不清楚哪条路是上升的，他开始以 90 度角游泳，也就是呈水平方向在了无边际的蓝色海水中游泳。为了避免运动员远离比赛区域，他们都会被限制在比赛绳索附近。幸亏他的挂绳及时拦住了他，此时他意识到需要往上游泳，所以他转换了方向。随后他的确在上升，但不是直线上升，而是在打着圈上升，围绕着赛绳螺旋前进。正常情况下他应该以每秒 1.2 米的速度上升，但他现在每秒仅上升 0.4 米。这种缓慢上升的速度已经暗示了危险，水面上没有人知道发生了什么。

史蒂夫继续又下潜到 32 米，在那里等了 40 秒。他有点憋不住气了，不禁开始担心。"我也遇到过类似的糟糕情况，是安全潜水员不太想碰到的，"他说，"你不可能一直留在那里，但你又不能离开运动员。"不过，他还是坚持着，直到他看见了阿列克谢，后者很顽强，努力但又挣扎地围着绳索上升。史蒂夫感到危险，肾上腺素陡增，他猛游到 40 米处抓住了阿列克谢。

史蒂夫是一个出色的运动员，他拥有爱尔兰的所有深度纪录，也持有一个泳池纪录，身体素质很棒。但是他与阿列克谢相比，体重仍然轻了 30 磅，个头上也要矮 4 英寸。30 米处阿列克谢在他的怀里昏厥了。史蒂夫已经在水下待了两分钟，现在他还要顾及阿列克谢。上升到 20 米处时，第二个下水的安全潜水员安德里亚·祖卡里（Andrea Zuccari）带着潜水推进器将阿列克谢送到水面，史蒂夫则跟在后面。

虽然阿列克谢在水下待的时间超过五分钟，但他 15~20 秒钟之内就恢复了，然而他的肺部还是被挤压了。"在深处我的多余动作和紧张严重地伤害了我的肺。这应该是我经历过的最糟糕的一次肺挤压。"他坦承。粉红色泡沫从他口中流出，在接下来的五个小时里他不断吐出鲜红的氧化血液。浮上来之后的几分钟内阿列克谢不能自主呼吸，这对他来说是最难受的。"我得靠氧气仪呼吸，真的很脆弱。那种感觉十分可怕。"

史蒂夫也未从这次惊险的意外中回过神来，但是当阿列克谢那天晚上对他表示感谢时，他心中更加不安。"他过来表达感谢时否定了那时的危险程度，完全不当回事。'哦，那没什么，'他说，'只是耳朵里的小毛病，也只是一个轻微的挤压。'完全没意识到他当时几乎都要死了。"史蒂夫说，"也许他只是在表明韧性和决心，或者展现顶级自由潜水员超强的心理素质。"

这也反映了当时的自由潜水文化。2013年9月，尼克去世的前两个月，肺挤压总被认为仅会带来不便而已，并不是什么急性损伤，即使出现这种情况还是要尽可能去比赛，卡拉马塔这次是忽视习惯中最糟糕的例子。在其他小型竞赛和2013年个人深度世锦赛中，运动员肺部发生了损伤仍会再次潜水。尼克是其中之一，阿列克谢也是，后者在短短六天后还会再尝试挑战128米，准备冲击世界冠军。

尼克和伊鲁去购物。他们买了小扁豆、红酒、冰啤酒和牛油果。回来的路上他吐了三次，每次吐出来的血块比银币都要大。"尼克，你这情况不太好。"伊鲁说。她知道尼克准备参加第二天的比赛，也就是世锦赛的第一个比赛日，第一个项目是"恒重无蹼"。尼克告诉她这只是小问题，伊鲁也没有多想。但他很快就在博客上写自己在卡拉马塔到处闲逛，前两天一直在吐血。

> 我在人行道上散步，每口痰都有血，漫无目的地穿过小镇，我不知道自己到底怎么了……这种糟糕的情况已经持续了两天。散步、思考和吐血痰……我欣赏了卡拉马塔的每个杂货店的内景，游览了每条小巷。我探索到这里年轻人经常

闲逛的地点，知道了好多家五金店。我发现了许多有趣的事情，但对自己的身体状况仍一无所知……

其实他已经知道了答案，但仍要去挑战极限。他今年年初就制定了目标，非常渴望去实现它们。每一次潜水都成了他个人价值的试金石。

……实现目标成了一种痴迷。这种痴迷是致命的。

或许散步对他来说是好事，因为最终在卡拉马塔的街道上，他意识到这个想法的破坏力，也还有另一个选择：

……善待自己……让潜水成为自我表现而非自我定义的方式。

那天晚上他和伊鲁做了一炉又一炉的玉米饼。伊鲁在尼克的燃气灶上用小平底锅翻转煎炸它们。他们开着门，笔记本连着音箱外放着音乐。凡经过的人，无论酒店的工作人员或运动员，都会被邀请来品尝他们做的玉米饼。他还做了一锅小扁豆，添加了他总是随身携带的香料，他们倒上了啤酒和葡萄酒。这不是选手们常吃的赛前晚餐，却好似能使人投入状态的良方。尼克已经宣布了他次日的潜水目标深度，这次他会保守一些，不再强迫自己接近极限。伊鲁也一样，她想早点转身回到水面。尼克觉得自己此次潜水很轻松，是他在世锦赛舞台上最成功的一次。

他与格兰特·格雷夫斯的谈话对他这次的决定有一定影响，格兰特是国际自由潜水发展协会的评委之一，他在过去一年一直担任尼克的导师。他会为尼克提出实用的训练技巧，二人还会讨论有关尼克的心理障碍。格兰特也是这项运动中任期时间最长的裁判和教练之一，自一年前尼克在开曼群岛的第一次潜水，他就发现了尼克的特殊之处，就像威尔一样，尼克有一天可能会挑战世界纪录。那天晚上睡觉之前尼克遇到了格兰特，告诉他有关博亚娜的事情，又诉说了自己有多么痛苦。格兰特倾听着，也为他提供有助于比赛的意见。

"一个完美的潜水不是你潜了多深，也不是压制你的痛苦，"格兰特说，"而是在烦扰的思绪中找到一个空当，在那一刻你只是单纯地活着，在水下比在水面上更容易做到这一点，相信我。这就是我希望你明天达到的状态。"

个人深度世锦赛在规模上超越了在尼斯的那次比赛。三个竞赛项目都有各自的专属区域，此外还有一个更大的区域，也就是运动员的休息区，还有三条拴着浮标的热身绳。本次赛事规模很大，因而尼克公布的65米潜水目标不算突出，让他觉得自己实在是默默无闻。在水中没有同胞，也没有国家纪录的期待，他只是作为一个个体参与比赛。像一只渺小而快乐的蚂蚁或芸芸众生中的一员，只等着璀璨闪耀的成功一刻。他知道其他六名运动员都将比自己下潜得更深，包括威尔·特鲁布里奇。尼克甚至没有尝试突破个人最好成绩，况且他在训练中已经超过了65米。他仍要参与是因为这是他喜欢做的事。潜水本身就是他给众多思绪和杂念寻找的休憩之所，也是他在痛苦之中得以平静喘息的机会。

尼克的潜水一如他期望的那样顺利。虽然结果平淡无奇，但随后证明一切并未尘埃落定。赢得白牌后，他乘坐第一辆班车回到酒店，想要喝咖啡放松，通过"脸书"与坦奇进行聊天。法国人托马斯·布沙尔（Thomas Bouchard）在尼克之后比赛。他目标是68米，但在64米时就返回了，所以尼克回到家后依然排在首位。接下来是一名乌克兰选手和两名丹麦选手，他们分别计划下潜71米、71米和74米。但乌克兰选手下潜到41米便转身返回了，第一名丹麦选手也很快折返上浮。

"哥们儿，再多一个人失误，你就能站在领奖台上了。"坦奇告诉他，尼克不相信。当第二名丹麦选手斯蒂格·普吕茨（Stig Pryds）在水面昏厥时，尼克至少已经确定能得到铜牌了，坦奇又及时汇报给了尼克。事实上，尼克简直有望冲击金牌，直到法国选手摩根·布尔希斯（Morgan Bourc'his）在"恒重无蹼"项目中成功下潜至87米，这个悬念才落下。

尼克仍然不相信自己能够得到奖牌。

威廉·特鲁布里奇成为这天最后一名强有力的竞争对手。他宣布下潜96米，而其实88米就可以赢得金牌。尼克明白威廉这样做的原因——这可是世界锦标赛，不仅仅是赢得名次的问题，还关系到如何赢得名次。威尔露出水面时由于缺氧而昏厥，导致其无法完成水面动作，尼克没有为自己庆祝，部分原因在于威尔是他的朋友，同时在他看来，65米的潜水成绩实在不配得到一枚银牌。

在卡拉马塔比赛的"恒重无蹼"项目中，运动员们昏厥或得到红牌的情况特别多，仅在男子比赛就出现了十张红牌，即便是被授予白牌的运动员当中也有相当一部分遭受了肺挤压。奥地利的雅各布·高尔鲍维（Jakob Galbavy）以61米的潜水成绩排在当天第四，他记得在热身时看到水面有一片血迹，而三天后在"恒定重量"项目的比赛中，情况变得更糟，另一个潜水员回忆看到眼前一大片血迹随着水流消散。

史蒂夫·基南也清楚地记着当时的情景。他作为一名安全潜水员，参与了这场比赛的六天训练和三天的正式竞赛。"很多运动员都出现了挤压的状况，"他说，"但官方对此很少进行监督或检查。运动员浮出水面后上船，撞绳子泄愤，坐回船里，然后再回到海滩上。是否想要[看医生]是由他们自己决定的。"他记得一位法国运动员要求检查，安全救生团队的一名成员陪同他去了医院，但如果运动员不想看医生，比赛组织者、裁判和医生也就不会坚持。

这次比赛毋庸置疑可以说是AIDA赛史上挤压问题最明显的一次赛事，不止一名运动员因身体原因而被取消参赛资格。运动员们不断在挑战自己的极限，他们的肺受到损伤并出现咯血现象，但没有人在意。"不得不承认，当时我没有对此给予足够的关注，"史蒂夫说，"我也要坦白包括自己在内，去训练下潜得更深时也碰到了不少挤压的问题。基本上都只是追求数字。"

在卡拉马塔的这次比赛中阿列克谢·莫尔恰诺夫追求的是一个其他人都无法企及的数字。挤压后的第二天，他觉得每次吸气都很吃力。越是进行更深层次的呼吸，他便越觉得难受，但好在没有再吐血了。他告诉过戈兰·乔拉克有关自己的情况，后者建议阿列克谢每天做 15 分钟的有氧练习，以帮助身体恢复，这个办法很有效。当阿列克谢第二天早上醒来时，他胸口的难受感消失了；当天晚些时候，他又回到了水中参加比赛。这场比赛没有什么医疗协议，所以阿列克谢并不需要从医生那里寻求许可，但他的母亲很担心他。

"我对他说，为了自己和我停止比赛。我们离开吧。这场比赛并不重要。"纳塔利娅回忆说。但阿列克谢没有做出让步。

"如果你不想潜水，可以离开，"他说，"但是我想参加比赛。"

阿列克谢在事故发生后的第一次潜水仅为 45 米深。他希望确保自己的肺能顶住水压，这次他成功地回到了水面。"我感到肋骨周围的韧带和肌肉有些疼痛，但肺部很好。"他说。第二天，他又推进下潜到 75 米，也觉得没什么大问题。他脑海中唯一的问题是如何下潜更深。他究竟是应该只努力一点赢得金牌，还是应该打破纪录以震惊世界？9 月 18 日，即阿列克谢肺部挤压发生后的第五天，也是"恒定重量"项目比赛的前一夜，他宣布要在这个项目中下潜 128 米，引起了自由潜水界的震惊和关注。

"考虑到这个深度的含义和阿列克谢的受伤情况，"史蒂夫说，"我们没有人会相信他能够再一次挑战那种深度。"

2013 年 9 月 19 日，海面并不平静，地中海波涛汹涌，温度已降至 2 ℃/ 10 ℉。运动员中有一半都潜到半途便提前折返，包括尼克在内，但不管他们自己的比赛多么沮丧，还是会关注阿列克谢的比赛，毕竟他是自由潜水比赛的谈资。

身着金黄连帽潜水衣，阿列克谢在赛绳旁边做准备呼吸，播音员在倒计时。"我确实更紧张了，"阿列克谢说，"我很担心自己是否有承受缺氧的能力，我也知道自己体能下降了，毕竟为使身体恢复原状已经用尽了储备能量，再没有多余的供比赛发挥了，但我认为如果过度关注于这一点，就会失败。"阿列克谢假装那次失败的潜水从来没有发生过，回忆起卡拉马塔比赛前的数周，他取得了令人难以置信的进步，每次划水都能不断向前推进，同时也变得更强大。"如果在训练中反复练习某个深度，就会对这个深度更有信心，也能够在潜水的过程中把这种自信找回来。"

他的入水动作干脆利落，踢水动作很优雅、流畅且有力，在他身周的地中海呈现一片完美的蓝色。两分钟后他已经到达底板位置，左手一把抓住赛绳，右手拿到标签，两秒钟后开始向上游回水面。但这之后便出现了困难：他的大脑承受着氮醉，有些迷糊。日复一日的深度潜水使得他对氮醉有一定的抵抗力，可是毕竟他也休息了几天，这次氮醉的威力不小。他尽力克服脑子里的胡思乱想，不停地向上游去。

当他接近10米大关时，状态开始下滑。他无法继续保持海豚式踢腿，上半身起伏动作也不大了，另外他的臀部没有继续收紧，他看上去就像一个受惊的摇摆木马。阿列克谢的速度放缓到看起来几乎像是在爬行，他再一次开始绕绳游泳。幸运的是，他到了正浮力水域，浮力推送他回到了水面。史蒂夫本以为他会昏厥，阿列克谢自己也这样认为，但他的额头意外地碰到了赛绳，否则他真的很有可能会昏厥。

"碰撞唤醒了他，"史蒂夫说，"他的潜水并不完美，但还是成功了。"在水面他充分利用时间做了五次呼吸，然后才摘掉鼻夹并勉强完成水面规定动作，威尔对此表示抗议。最终得到了白牌。阿列克谢这次来到卡拉马塔既赢得金牌，又打破了他的纪录，还是在克服了职业生涯中一次最严重受伤的情况下。

这个成功的故事激励了那些后来人（包括尼克），它的意义不仅在于自由潜水运动员需要超凡意志、无上的运动理念和运动天赋，也有隐含的信息——带着肺挤压进行自由潜水不会有生命危险。受伤的肺会很快愈合，如果运动员对追求纪录有狂热的渴求，其训练足够努力，并具有上帝赐予的一定天赋，那么最好不要理会他人的喋喋不休，而要证明大家都错了，尽管去勇敢地创造纪录吧。

阿列克谢和威尔成了卡拉马塔比赛的明星。威尔赢得了"恒定重量"项目的银牌和"自由攀绳下潜"项目的金牌（成绩为115米）。阿列克谢除"恒定重量"上的金牌外，也赢得了"自由攀绳下潜"项目的银牌。尽管尼克下潜不深，但也有收获：他作为唯一的美国运动员走到颁奖台，低下头接受他的奖牌，但这并没有让他感到高兴。在闭幕晚会上，尼克在酒吧发现了戈兰然后把银牌放在后者的口袋里。"你比我更值得拥有它。"他说，然后消失在夜色中。

那天晚上，伊鲁和尼克相遇的场景也并不温馨浪漫。她与约翰尼·苏内克斯跳舞时，尼克不停地围绕着他们转圈。他是想加入的，但她厌倦了他的滑稽动作。她不喜欢他对奖牌的不尊重，也不喜欢他对她的暧昧，最重要的是，她为他和博亚娜的事情生气。最后还是别人告诉了她尼克会如此伤心的原因，她还不知道所有细节，但也听够了。伊鲁认为，如果他不想成为她的爱人，那他至少应该也要把她当成一个朋友，告诉她所有事。她要求他保持距离，也不想再做他感情上的安慰剂。

伊鲁打算不跟尼克告别就离开卡拉马塔，但是第二天早晨尼克带了一大堆礼物出现在她的门前，他放下礼物，给了她一个大大的拥抱。尼克是引人注目的、滑稽的、顽固的、困惑而又充满激情的，就像她一样。他们之间没有发生像她希望的那种风花雪月，但是他们依旧彼此相爱相持。尼克抱着她的时候，她站在那，跟跟跄跄地，手臂垂直放在两侧不作回应。最后她还是做出让步，紧紧地抱着他，感觉内心也舒了一口气。

"我很高兴自己还是那样做了，"她说，"因为那是我们最后一次见面。"

17
尼克生命中的最后时光

尼克回到布鲁克林不到24小时便又要离开，几乎没有足够的时间换洗衣服或为接下来的外出打包行李。他要去库拉索岛（Curacao）参加2013年度"Deja Blue"自由潜比赛，然后再去长岛，在那里他和约翰尼将帮助威尔开办潜水班，自己也会在迪恩斯蓝洞开展数周的训练。没有时间见朋友，因此他没有告诉任何人自己回来了——除了丹妮。事实上她快成了尼克的助理，给全国的公共泳池打电话，以便尼克和戈兰在接下来的跨国公路旅行中可以教授自由潜水课程。戈兰一月就要飞走，此行承诺将满足尼克的双重身份需求：无拘无束的流浪者和严肃认真的运动员。这也是尼克跨入新的职业生涯的第一步。

当丹妮与尼克见面时，他给了她一瓶希腊橄榄油作为言谢的礼物，他俩在他的屋顶上漫步。此时已是夜晚，空中挂着一轮新月，微风从东河吹来。尼克背对着路灯且面对着丹妮坐在平台上，丹妮倚靠着她的手杖站着。

丹妮身上尼克最喜欢的众多特质之一就是她可以天马行空地把毫无意义的事情变为一个哲学性的话题。有一次，她谈到了如果她能通过花束计算时间，那该会多有意思。"想想啊，"她跟他说，"比起说'我现在21岁'，说'我已经有1 372朵花束了'多有趣。"

这天晚上，她要分享一个更严肃的话题。今年夏天她已经开始使用一种新的对抗多发性硬化症的药物——那他珠单抗（Tysabri）。这也是她第一次采用药物疗法，可喜的是起作用了：她的视力已经得到显著改善，行动上的痛苦也缓解了不少，可以比前几年更轻松地活动身体。慢慢地，她能够再次控制自己的身体了。然而问题在于那他珠单抗让她极有可能遭受被称为进行性多灶性白质脑病（PML）的病毒感染——这是一种罕见的、致命的也无法治愈的感染性疾病，也就是说她基本上相当于已经被判了一个死刑。第一年内会有 0.1% 的可能性感染进行性多灶性白质脑病。而两年后，将有 1/333 的患病几率，在四年的药物治疗后，她的患病几率高达 1/76，但是如果停止服药，她以前的症状有可能再次复发。多么可恶！死亡的阴霾总是笼罩不散。多发性硬化症也比脑部感染强不了多少。

丹妮对自己死亡的可能性已经充分了解了，她跟尼克解释了这其中的风险与益处，也讲述了她病情的起色和内心的恐惧。然后他们静静地坐着，这时她又回想起了自己十几岁参加一次夏令营时生起的篝火。她记得一个老树桩燃烧最终成为一堆发红的灰烬，颜色从黄色过渡到橙色再到红色，中间夹杂着蓝色、紫色和白色。枯木仿佛是整个光谱的画布，它通过燃烧来结束自己美丽的生命。她为尼克描述了这些，尼克微笑着点了点头。

"由激情驱使的毁灭，岂不是很伟大？"她问，"生命虽然短暂，但如果你付出了全部热情还会有遗憾吗？"她还在思考着如何做出她自己的选择：是忍受可恶的疾病的打击，还是走出去站立起来，攥紧拳头全力以赴。"你觉得为了能够活动而放弃生命值得吗？"他盯着她问道，他也对自己追求世界纪录的激情怀有疑问，他渴望过这样的生活，也许是忘了他已经在这条路上。他颇具洞察力的目光让她瞬间害羞。"别那么认真听我的，"她说，"我只是在愚蠢地瞎想。"

"这不是瞎想啊，"他说，"这也并不傻。其中的意义，你自己是知道的。"

尼克来参加"Deja Blue"自由潜比赛已经比较晚了，他错过了两周的训练，落地也刚好赶上比赛。联程航班晚点了，所以他在机场贵宾室边喝啤酒边观看棒球比赛，直到晚上 11 点他才降落在库拉索。他的潜水深度已经告知赛方，比赛当天早上醒来时，他才得知自己是当天比赛中下潜最深的运动员，也是第一个下水参赛的。这一次，他没有与其他运动员聊天的时间，这里的朋友也不多。他不是"水部落"的一分子，而是个离群者，在别人眼里只是一位神奇的银牌得主和美国纪录保持者，这很正常。他当天进行的 90 米潜水干净利落，震惊了在场所有人。

两天后，他在"恒重无蹼"项目下潜到 68 米。又是一次干净漂亮的潜水，他觉得自己完成得很好，在完成水面规定动作后与柯克·克拉克击掌相庆。但这是一个违例，运动员浮出水面后的 30 秒内不应该触摸任何东西。当红牌亮出时，他发狂了——拍打着水面尖叫，爬上船后又开始踢东西。有人试图安慰他，"不要跟我说话！"他喊道。怒气持续了一个小时，一直在撅着嘴生气，之后他又平静下来了。他觉得自己的行为很可怕，并进行了全面道歉。柯克也道歉了，但他们二人的多余举动已经造成了不可挽回的后果。

尼克主导了接下来的比赛。他在"恒重无蹼"项目又完成了一次 65 米的潜水，并在"自由攀绳下潜"项目获得了 75 米的成绩。他的泳池数字也非常出色，夺得了金牌。在"蓝洞"比赛之前，他可以在长岛展开超过一个月的训练，他的状态已经很完美，各项成绩处于有利位置，可以昂首挺胸地结束这一赛季。

尼克离开库拉索岛之前还是要与柯克见一面。他参加了国际自由潜水技能培训学院的教师培训课，希望能完成课程并在离开之前获得认证。柯克让尼克进行了试讲，他的要求可能比较严，尼克在水中的滑稽动作让柯克犹豫了。

他没有认证尼克的授课资格。在他们最后一次见面中，柯克鼓励尼克重新拾起对自由潜水的热爱。"如果你挑战纪录的同时发现这过程中的快乐，你就悟透了。"尼克听着，不时点头。他知道柯克是对的，柯克并未完全否定尼克的教学技能，他希望尼克不断完善并最终能够得到认证，但尼克必须转变他与这项运动的关系。"我不在乎你自身有多优秀，"柯克告诉他,"你还是需要一步一步来。"

尼克于 10 月 13 日最后一次抵达长岛,与约翰尼一同入住山上一个复式住宅。房子虽小,但内部结构还是很可观的,铺有木地板,开放式内部格局,两间卧室分别在楼上和楼下,房间还带有宽阔的阳台,可以 180 度享受壮观的碧绿环礁湖全景,越过湖周的礁岛可以望见深蓝色的大西洋。两人一起做饭、训练和工作,相处的时间越多,他们就发现越多彼此身上的共同点。

两个人的童年都不是非常幸福。约翰尼身形轮廓分明,身长 5 英尺 10 寸,留着齐肩长卷发,来自新西兰乡下一个贫穷的小镇,那里离海岸有 30 分钟的路程。"大多数人都渴望在冷冻食品工厂工作,"他说,"如果你有一份好的工作,比如电工,活得就很不错了。"约翰尼就属于在小镇里活得比较好的一类人,这也为他出去游历世界提供了物质基础。他在澳大利亚的矿山工作,就像尼克一样,年纪轻轻虽没有大学学历但挣了很多钱,却感觉生活没有成就感。采矿之余,他会去旅游,在大堡礁的潜水俱乐部成了一个潜水高手,业余时间练习自由潜水。最终他前往涛岛,师从克里斯蒂娜·萨内斯·德·圣马里纳(2014 年"加勒比"杯冠军)和她的丈夫欧塞维奥。

他们身上还有其他相似之处。二人在训练期间都不害怕尝试较大的深度跨跃——一个经常被诟病的战术,并且他俩都在卡拉马塔的个人深度项目世锦赛中发生了肺部挤压,约翰尼那次的成绩已经接近了他的同胞威尔·特鲁布里奇。约翰尼在"自由攀绳下潜"项目获得了铜牌,下潜到 95 米,成绩过人但还是在水面咳出殷红的鲜血。然而截至 10 月,他俩看上去都没有受伤的迹象,在岛上几乎每天都与威尔一起训练,无论是约翰尼还是尼克都有共同的一个目标:在各个项目都赢得铜牌。

"那时他下潜到了 91 米,从我第一次看到他的名字时,就知道我们已经是竞争对手了。"约翰尼说。尼克有同样的感觉,他们一起训练时甚至还拿此事开玩笑。尼克也知道如果他成功地赢得所有项目的铜牌,也意味着他会将一直以来都特别渴望的两项美国纪录收入囊中。

不过尼克的潜能无形中也被耗尽了。即使是轻微的体力活动也让他感到眩晕难受。潜水时，他在 20 米深度就会有一种呼吸的冲动，这并不是他所希望出现的状况，仿佛超级能力已经离他而去。尼克应该是可以比任何人都能忍受疼痛和不适感的，但现在身体拒绝了这项使他异于常人的能力。这些都是运动员过度训练的潜在迹象，过度训练导致能力的退步，重回正轨的唯一办法就是休息，让肌肉补充水分并得以修复。他需要的是休息。

十月的最后一周，他的日子轻松明快了不少，约翰尼和尼克按照"蓄须月"（Movember）的传统，留了脏乱的连鬓胡子以提高预防前列腺癌的意识，此时瓦妮莎·温伯格进入了亡灵礁机场（Deadman's Cay）。自去年四月他们在洛杉矶相遇后，尼克和瓦妮莎一直互发消息，时不时视频通话，并通过电话闲聊畅谈。他们谈论潜水训练、瑜伽、哲学和家庭。他提供给她如何选单脚蹼的建议；她教给他调息练习方法，以帮助放松。他们分享了彼此的旅行快照，调情的同时还分析了各自的梦想。她提到想在网络喜剧扮演小角色，他为她加油。当他在比赛时，她帮助他做准备，并在结束后询问最终比赛结果。

曾经有一个月的时间尼克没有主动和她联系。这正好与他那次克罗地亚的行程重合。他那时已经开始准备重新振作，但仍旧处在失去博亚娜的痛苦畏惧中。"我整个人有点混乱，"他写道，"在克罗地亚我失去了自己想要的。"几周过去了，失恋的疼痛也开始退去，凡妮莎渴望听到他的消息，也只营造积极的回应。博亚娜以飓风的力量打击了他，而凡妮莎则如同阳光般使人身心舒畅。春天以来他开始想念她，她的住处离尼克在布鲁克林的家有三千里之遥，他其实也想知道她是不是另一个甜蜜的错觉。

瓦妮莎从小在加州的洛杉矶长大，为了上学搬回东部，在那里深深迷恋上了瑜伽和戏剧表演。她的身材高挑而健美，有一头长长的金发和一双迷人的碧眸，是一位有着东欧血统的美女，她在泳池比赛时动作就像诗歌一般优雅。但是她的爱情经历却很不幸，40 岁了依旧未婚，她怀疑还能否找到自己的灵魂伴侣,直到尼克出现。他符合她的很多理想对象标准——英俊、强壮、善良、有趣,也同样喜欢冒险。当他们第一次相见,她的直觉告诉自己尼克将会成为她生命中很重要的一部分。几个月来她四处为杂活奔波,要么教瑜伽课,要么为大型电视节目里的小角色或小电影的主要角色去试镜,她依旧会抽出空来给尼克发信息。因为与一个好男人沟通时的体验很值得把握。她是一个既乐观又现实的人。

还是在卡拉马塔获得银牌后,尼克邀请她过来陪他一起准备"蓝洞"挑战赛。她到得非常早,这个安排也很完美,因为她11月5日离开时,大部分运动员才会到达。赛前的这九天里,她和尼克很少互相干扰,有足够的时间规划他们自己的生活。

瓦妮莎对她在长岛的第一个晚上印象深刻,经过一天的训练后,尼克带她去圣彼得和圣保罗天主教堂。长岛的夜晚天空漆黑有些多云,云被风刮得飘来飘去。他带领她进入圣域,上了一座双子钟塔。梯子摇摇晃晃,通道拥挤,他们不得不贴着肩膀通过。她有点胆小,但他的帮扶让她感到安全,他们最终来到瞭望平台上,可以看见岛上最好的风景。上面雾气很重,他们靠得很近。她到达的当天晚上,他们分床睡,凌晨时分,她爬到他的床上并躺在他的旁边。

他们直到几天后才亲吻对方,是在威尔和他的妻子布里塔尼(Brittany)为已经到达的运动员和安全潜水员举办的万圣节派对上。他和瓦妮莎彻夜跳舞,他们回家后,他第一次吻了她。他们爬到床上亲吻并抚摸对方,瓦妮莎最后还是制止了他。她喜欢他,但她更希望他们之间有未来,而不是一夜激情。

"你想要什么样的女朋友?"她问。

"我想想,"他说着又躺下来,她把头放在尼克弯曲的胳膊上,"我真的想找个人去约会,要住得很近,当对方生病的时候我可以炖鸡汤给她喝。"

"我生病的时候也想让你为我做鸡汤啊。"她笑着说,尼克的手指穿过她的发丝。她明白尼克的想法,他们住得太远了,似乎不大可能在一起。"天啊！我的爱情运好差啊！"她喊道。他枕着自己的肘部看着瓦妮莎的眼睛。

"如果真如你所说，那么我也好不了哪去。"他说着，又吻了下她，这次她没有阻止他的进一步动作。很快他们就坦诚相见，尼克探索着瓦妮莎的每一寸肌肤。

"你就像一只在欢快跳舞的海豚。"她笑着说，他点了点头，回答："我可能真的有海豚的基因。"他们还是没有进行到最后一步。瓦妮莎让尼克再等些日子，但是他们很快分别了。

11月4日，瓦妮莎离开长岛的前一天，尼克在"恒重无蹼"项目下潜了70米，更新了他的个人最好成绩，并且完成得非常干净利落。几个星期的训练以来，威尔一直观看尼克和约翰尼的潜水并指导他们，他知道尼克已经到了一个平稳期，这是一个重大突破。他比赛时瓦妮莎就在旁边看着，尼克结束后游向她。

"我的嘴唇发青吗？"他问道，"看起来还好吧？"

"你很好，嘴唇也没有发青。"她也替他感到激动。瓦妮莎来到长岛，点亮了尼克心中的爱，尼克开始展现自己最擅长的领域：水下。

"蓝洞"挑战赛开始前的每一天都陆续有运动员、摄影师和安全潜水员抵达。比赛急救医生芭芭拉·杰斯克也在其中。威尔在2012年世界团体锦标赛中认识了当时的首席医师杰斯克，她其实也是一名竞技性自由潜水运动员。当年赛事的官方网站上还有相关人员的个人资料，以下是有关于她的资格认证和她对个人赛事角色的陈述：

> 我了解急诊医学，同时作为一名运动员，我也知道自由潜水隐藏的风险。所以只要需要，我都会尽全力去帮助大家！但在我内心深处，我希望在这届世界锦标赛中没有人真正需要我；）

暂且不论在医生的简介里使用表情符号从来都不是一个好兆头，这种陈述仍然令人不舒服：鉴于比赛中运动员们都会推动他们的生理极限的性质及她在此中的角色，这篇陈述读起来也过于轻快和随便了。

即便在尼克死亡之前，运动员都有一种感觉，那就是熟悉这项运动的医生，或者其本身就是自由潜水员的话，那便是比赛医生的理想人选，因为其最了解比赛中的健康风险。其中就有自由潜水员转业为赛事医生的成功例子。约翰·谢德，本身就是一名自由潜水员，他也有25年的急救医学经验，是"Deja Blue"自由潜比赛的长期赛事医生，负责在比赛中进行全面的安全管理计划。每年他到达比赛地点时，都会带去完整的医疗设备。

相比之下，杰斯克两手空空来到长岛。她把急救装备的准备工作完全寄希望于威尔身上了。本书采访过的急诊医生和突发事件的专业处理人员都认为这种想法简直令人难以置信。这些受访对象认为，来到一个偏远岛屿，准备带领急救小组的医生应始终带着自己的医疗设备，并应该在任何时候都为最坏的情况做好准备。杰斯克的准备水平说明她不够警惕，也许，就因为自己曾经是自由潜水员，已经熟悉这项运动所固有的风险，她也就习惯了这些风险。换句话说，就像一般的潜水运动员一样，她认为竞技性自由潜水是安全的。

当杰斯克医生到达后发现威尔的医疗设备并不健全，她迅速采取了行动。她招徕了乔·奈特，他是雷恩的安全团队成员之一，同时还是澳大利亚拜伦湾的前急救护理人员，杰斯克让他帮自己整理医疗设备和用品。"芭芭拉和我跑遍了整个岛寻找设备，我们从许多地方拆来配件充数。"乔说，"如果有医生（带着自己的医疗箱）到来并且说：'这是我的医疗箱，我自己就可以应付一切，无需别人帮忙。'我认为情况会好很多。"

瓦妮莎11月5日离开了长岛。那天早上尼克起得很早，为她做早餐，又帮她敲开两个新鲜的椰子。他开车送她去"亡者礁"机场，到达后他们发现了树荫下有一张长凳子，于是手牵着手坐在那里等待从拿骚来的飞机。他们计划在纽约再见面，届时戈兰和尼克将会再次进行跨国自由潜旅行。

当瓦妮莎的飞机终于到来，她的心脏感到一阵剧烈的刺痛。新来的人们——包括摄影师达恩·费尔赫芬下机了，人们聚集在露天行李认领处。他们向尼克挥手，微笑，看着他和瓦妮莎走向登机处。在停机坪上尼克把瓦妮莎拉得很近，深深地吻了她，然后再一次亲吻。他身心的伤痛似乎在愈合。五天后就要比赛了，他不得不重复潜水练习，因为他要打破纪录。首先要在"恒重无蹼"项目下潜到 72 米，作为此次自己比赛的序曲。

然而他的第一次尝试失败了，在 60 米处他口中耗尽了氧气，不得不提早转身向上。次日他宣布了同样的深度。当再次失败时，他怒不可遏。这一次他出现一些技术上的问题。潜水员额前会系上灯，这样他们就可以在深处看清东西，但尼克系灯的带子坏了，他丢失了前灯，电脑也出现了故障，所以提示音没有响起。因此他不知道何时向肺部输送口内的空气，也不知道距离底板还有多远。当他到 69 米时，无法进一步掌握平衡，因此他只能游回水面。这次他干脆没有做水面规定动作，连一张黄牌也没有得到，他又一次耍起性子并愤然离去。那天早晨约翰尼没有去比赛现场，因为那天是他的休息日。当尼克回来时，约翰尼问他结果怎么样。尼克抓住阳台栏杆，大力摇晃泄愤，还一边大叫："不就是该死的 72 米！"

"他真的很生气，"约翰尼说，"几乎都要把栏杆扯掉了。"那天晚上，尼克在"脸书"上与瓦妮莎聊天，并告诉瓦妮莎他在水下 15 米时肺部就感到了压力。这种情况只会出现在潜水新手身上，不会出现在顶级运动员的比赛过程中。

> 尼克：我不想在这个赛季再继续比赛了。一切都感觉很糟糕，让我无法放松。我想做好，我认为这是压力的来源。
> 瓦妮莎：我当然明白你想要做好的渴望……我们都知道你很快就能实现目标……尝试摆脱压力，重新找到潜水的快乐。

尼克：明天一早我就去训练，或许可以进行"恒定重量"训练，然后去水下捕鱼。

尼克有连续两天的休息时间。瓦妮莎试图说服他去真正休息，约翰尼也希望他如此。"在我看来，他处于过度训练的状态中，"约翰尼说，"休息一天就很好了。"尼克并没有听。第二天下午，在迪恩斯蓝洞的训练结束后，他乘着皮艇到距离他住处所在那片海滩不远的堰洲岛去捉龙虾。他在那里两次看到一只很特殊的、有着巨大个头的龙虾，但它总是躲避他。这一次，他并没有放弃。他把龙虾追逐进了一条缝，花了近半个小时等待着将其一举拿下，最终他用自己的夏威夷吊索逮到了它。他从来没有见过那么大的龙虾，迫不及待地想告诉他的叔叔保罗和"邦佐号"的成员。他在划回到海滩的路途中想着要说些什么，最终在沙滩上高兴地拿着八磅重的战利品合影——这将是他最后一次的胜利。

尼克两天后回到了比赛现场，准备在"自由攀绳下潜"项目下潜到95米，挑战国家纪录。其实只要潜到88米就足够赢得这项纪录，在前两次"恒重无蹼"项目上经历失败后，尼克已经筋疲力尽、郁郁寡欢，现在他还要去多挑战7米，实现他的主要目标之一。没有知难而退，也没有仅仅满足于得分或者抢占美国纪录，他拒绝放弃对铜牌的追求，仍然希望抓住可能拥有的一切。

如果他宣布下潜88米，还可能会得到一张白牌。然而，他到了80米左右就再也无法掌握平衡，但无论如何还是想要争取。也就是此时他认为自己耳膜破了，浮出水面时血液从他的嘴里流出。

当天雷恩·查普曼带领安全救生团队进行紧急营救训练。他们练习将潜水员从深处带上来放在平台上，再将其运到背板上并最终送到救护车上。一路上，杰斯克医生也不断训练使用她不熟悉的医疗设备。他们每天要做两次同样的训练，以防万一。

与此同时，约翰尼带着尼克走向救护车，他看见尼克吐了血。血量虽说不多，但考虑到尼克已经出水将近一个小时了，这种情况还是很令人担心。当他们回到住处，尼克屏息在沙滩上用力跺脚，做了几组被他称为"静态练习"的训练。

"老兄，你不应该这样做，"约翰尼说，"这对你的身体不会好的。"但是尼克不听约翰尼的。后者在比赛中表现不错，在第一天的"恒定重量"项目中下潜了105米。对尼克而言，约翰尼是一个竞争对手，就像特德·哈蒂一样，在比赛时他不想从竞争对手那里听取任何建议。他再次陷入曾在卡拉马塔摆脱过的自我毁灭的循环。那时，尼克写了博文叙述在街头漫游就好比"在人行道上撒血"，他还在那篇博客上写道：

> 任何认识我的人都知道我是一个不会轻易放弃的人。我不会让任何事情阻止我的潜水。无论是肺部挤压还是其它事情。

看着他大步走在沙滩上，约翰尼渐渐明白了一旦杰斯克确定尼克的耳功能未受损伤，他还会再次潜水。很快后来事实也确实如此。离开比赛现场前她已经在海滩上为他做了检查。在尼克的死亡报告中，她写道：

> 我认识的尼克·梅沃利是一个健康的年轻人，同时还是一个世界级的自由潜水员。11月15日，他已经进行了一次95米的"自由攀绳下潜"比赛，那时安全潜水员不得不协助他从水下游上来。他认为他的耳膜破了。有一些血从他的鼻子流出来，就像我们经常在遇到平衡问题后看到的那样。比赛后我检查了他的耳朵，鼓膜看起来没事，他既没有咳嗽也没有任何抱怨。

许多目击者报道称尼克的血是从嘴巴里流出来的，而非从鼻子里，达恩·费尔赫芬在那天拍摄的照片也可以证实，杰斯克遗漏了这点。鼻窦挤压虽没有肺挤压那样危险，但既然已经出现了出血的症状，大多数医生不会等待运动员自己抱怨症状，他们会采取积极的治疗态度。杰斯克医生在她的报告中明确提到自己检查了尼克的耳朵，因此如果按照正常程序，她应该把听诊器放到他的背部，就会发现他肺部的严重损伤。根据她的报告只能假设她从来没有检查过他的肺部，却仍然允许他继续参加竞赛。

阿什拉夫·埃尔索耶格（Ashraf Elsayegh）是洛杉矶西达斯西奈（Cedars Sinai）医疗中心"肺部和急救护理"部门的临床主任，他认为肺出血后可能需要1～4个星期的时间才能痊愈。前世界纪录保持者鲍勃·克罗夫特说在自由潜水的初期，如果潜水员从口中喷出鲜血便一个月不能再下水。"肺出血后再次过早进行潜水，"埃尔索耶格补充，"可能更容易引起新的出血。"他认为潜水员受伤后其肺储备空间也会变小，也就意味着在潜水时他们储存的空气和氧气是有限的，在深水中保持平衡会成为他们潜水过程中一个更大的挑战。

参加完由安全潜水员在格林威治小屋举行的百乐餐，尼克喝着啤酒，匆匆走进厨房去帮忙准备晚餐，扯了一些有的没的后，尼克开车先回住处休息了。他在公众场合的表现让大家觉得他是很开心的，但是他回到家就给坦奇发信息，抱怨自己的痛苦和疲惫。"我的耳朵疼，肺疼，身体哪里都疼。"他跟坦奇说。

坦奇建议他向自己做出让步，降低预期或者压根儿就别去比赛了，不要再拼命争取另一个纪录了。"我很坚定地告诉他，你太累了，已经完成了一个漫长的赛季。你的精神疲惫，身体过劳，一直没有好好休息过，现在也不是可以比赛的最佳状态。"尼克还是没有屈服。如果他不打算去挑战纪录，自由潜水对他就毫无意义可言。迈尔也收到尼克发的类似消息，他给尼克在那一夜的回信至今仍使他自己耿耿于怀：

明天你一定会做出些成绩的。我能感觉到。

11月15日，珍和她的两个女儿在奥兰多的迪斯尼乐园排队等着玩"小小世界"，此时尼克的一位朋友告诉她尼克受伤了。那一刻，她突然有种不祥的预感，让她险些站不住。过去两年，尼克一直坚持在比赛中不让他的家人知道情况。他会打电话来报平安，所以他们知道他身在何处，但他不想让他们压力太大，满心等待着他的结果。通常情况下，他也不会告诉他们比赛结果，特别是当他赢得金牌或者打破纪录时。家人们不得不在"脸书"上自己寻找结果。珍甚至不知道他是在那天进行的比赛，所以突如其来的消息惊了她一跳。她强作镇静，直接给尼克发消息询问他发生了什么事，想听他亲口确保没事。那天晚上，她收到回信：

> 我对于今天发生的意外感觉特别糟糕。我在下潜时没有放松下来，也没有完全发挥出能力……我很疲惫，想准备回家了，需要放下这一切……再继续下去就毫无乐趣可言了。

珍知道尼克需要打气，或者是对于他退出的理解和安慰，当收到他的消息时，珍正在哄两个孩子睡觉。今天也是伊丽莎白的周末生日聚会，大女儿刚满五岁，珍还有一屋子的家人和朋友要招待，没有时间坐下来好好地回复他。她准备等周日晚上有时间思考时再回复他，但到那时已经太晚了。

11月16日，瓦妮莎是尼克最后联系的人：

> 瓦妮莎：希望你的耳朵没事……
> 尼克：医生说耳朵没有穿孔。
> 瓦妮莎：那还行，你现在怎么样？
> 尼克：我好像失控了，挫败感遍布全身……

瓦妮莎建议尼克到外面透透气，放松一下心情。她提供了一系列瑜伽姿势和马德拉舞，被瑜伽练习者用来释放挫败感并帮助神经系统复原。

> 尼克：我不确定瑜伽是否可以缓解我这持续了31年的愤

怒和不满……

回顾往事，他关于自我"失控"的评论似乎更像是焦虑缠身的临时反应，而不是一个严重的威胁，但考虑到在潜水前他对他的朋友淳子在沙滩上说的话（"我希望我还能再次见到你"），很明显他的思绪很没条理，只迫切需要别人来帮助调解。他的朋友们即使身在远方，也都试图和他交谈，帮助他排解焦虑。约翰尼劝他降低目标，但在长岛的这次比赛，没有人会任由自己向着灾难的方向横冲直撞，因为在自由潜水界没有人能想象得到接下来会发生什么。要说有人能看到不祥迹象，那个人也应该是杰斯克医生，然而她的检查却并不彻底。

尼克知道自己不对，但是他还是愿意去冒这个险，争取获得目前看来难以把握的第二个美国纪录。在那篇描述卡拉马塔经历的博客上，尼克写道："数字像病毒一样侵蚀着我的灵魂。"现在病毒又复发了，而这次这个数字比其他任何数字都令人难以忘怀。

七十二米。

18
尼克·梅沃利的最后一次潜水

恶劣天气已经持续了一周,而尼克在迪恩斯蓝洞发生意外的那天,天气却非常好。当他在水面上做呼吸准备时,一些潜水员想知道为什么他第三次还是选择下潜72米。运动员通常会对数字很迷信,特别是潜水不顺利时。他们可能会选择用73米代替72米,换换运气。尼克并不迷信。

他仰面躺着看上去很放松,眼睛紧闭,对四周的人而言感觉就像他只是在进行一次寻常的潜水。裁判和粉丝在一边闲谈,萨姆·特鲁布里奇负责计时,达恩·费尔赫芬录制了整个过程。大约还有25秒比赛就要开始了,他踢水下潜到15米,在那里等待尼克,后者的下潜很顺利。仅仅划了四下水就已经到了10米深,他很自然流畅地漂过沙堆陡壁。

萨姆和杰斯克医生弯下身子一起看着声呐监视器,萨姆负责宣布尼克的进展。几秒后尼克下潜超过60米时,萨姆发现他已经停止下沉,悬在那儿试图掌握平衡。在那个深度他的肺应该会被挤到只有所谓的"余气量"。

在一次正常吸气和充分呼气后,肺部仍然贮留的空气被称为余气量,在水下,当潜水员的肺已经被压缩到这种储气程度时,再尝试利用更多的空气来保持平衡就会很危险,因为这需要从隔膜处消耗太多的精力,而处在水压下任何不必要的紧张和动作都可以造成伤害。"他告诉我,以前在那种深度下他会用隔膜迫使空气进入肺部。"约翰尼说。如果约翰尼没猜错的话，这也是尼克最后这次潜水中开始重新下潜时的第一个念头，由此可能造成他的肺部损伤。最起码，如果尼克耗尽了他口内的空气（很多人怀疑是这样），他应该浮出水面而非继续下潜。

相反，他选择头朝上继续向下潜去，已经不太能够控制自己了，不得不划动他的双手掌握方向。在水下深处，任何明显或笨拙的运动都可能撕坏组织。虽然不知道这是否进一步促成了他那一天的肺部挤压，但有些人——包括格兰特·格雷夫斯，认为可能确实如此。

"准备好这一次营救。"当尼克开始上升时，萨姆提醒安全团队。尼克的潜水时间引起了担忧。当试图在 68 米处保持平衡时他已经耽误了将近 30 秒，在上升过程中极有可能发生缺氧和昏厥。但他没有昏厥，奋力向上游泳。乔·奈特潜下来在 30 米深度迎接尼克。十秒钟后，雷恩·查普曼跳下水，在 20 米处迎接他们。达恩跟着雷恩，在 15 米处等待着。届时尼克已经耗尽了氧气。在达恩的镜头里，尼克努力回到水面，乔和雷恩在某个角度贴着尼克上升。

"我记得在看到他的脸时，感觉他看起来并不是很好。"乔说。上升到 10 米处，他认为尼克昏厥了，就上前去扶住他。"他游得太费力了，并非呈流线型上升，自 20 米处开始动作看起来像一个刚学会自由潜水的人。"雷恩让乔离开，因为不想让朋友错失纪录。

尼克最后的 10 米上升非常缓慢。他呼出气泡，碰到水面就破碎了。乔再次想去扶住他，以为他失去了自主控制能力。这一次，尼克让他退后，于是乔再一次后退。尼克浮出水面时距离赛绳有几英尺远，他在摘除鼻夹之前就做出了"OK"的手势，并说出"我没事"，这是一个不正确的流程，但并没有关系，因为只有在运动员清除脸上的所有设备后，水面规定的程序才会开始。尼克仍然有时间赢得一张白牌。他踢着水过去抓住了赛绳，运动员和观众们呼喊着"鼻夹"，大家都在为他加油。但他由于缺氧摇摇欲坠，向后倒去。雷恩正在他身后，他轻轻地用手扶住尼克。尼克抓住了绳，说不出话来，雷恩替他摘下了鼻夹。"你几乎成功了，兄弟。"雷恩说。

尼克似乎在自主呼吸，但他并没有恢复，脸色反而变得更糟。他在水面停留的时间超过了30秒，然而差不多五分钟都没有呼吸到空气，他眼神无光，这是一种危险的信号。

"对不起尼克。"卡拉·汉森表示遗憾，她从他的手腕取下比赛的官方潜水计算机。约10秒后，他似乎情况有所好转并放松了下来，但后来他又显得不妙，换气过度，拼命努力吸入空气。目前仍然没有人来帮助他。又过了20秒钟，他再也不能靠自己的力量直立在赛绳附近了，倒入了安全救生员的怀抱。露出水面1分钟后，他依然清醒。雷恩和他的队员们把他移向平台，此时尼克发出呻吟声，情况有些恶化。浮出水面1分20秒后尼克被抬到平台上，没过几秒他就昏厥了。

"我从来没有在比赛中见过像尼克这样昏厥的，"雷恩说，"通常运动员会在浮出后的15秒内昏厥，基本也就是在三次呼吸以内。像尼克这样肯定是出事了。"

"我觉得他的肺里有东西。"马尔科·孔森蒂诺说，他和乔·奈特一起照顾尼克，杰斯克医生带来了气囊面罩复苏器，如果操作正确，这将是一个很理想的急救设备。

"这种简易面罩复苏器需要两个人操作。"克里·霍洛韦尔说，克里把当时达恩拍摄的视频给几十位同事看过，自己也分析了百余次。"一个人要用两只手捂在面罩上以在被救对象的脸上形成密封状态，而另一个人则挤压袋子"。杰斯克试图独自一人进行操作，并且复苏器也没有连接到氧气瓶。"如果连上了氧气，它可以给尼克输送80%［的氧气］。而事实上她只提供了空气，其中仅有21%的氧气。"

杰斯克匆忙之中本来已经有些拖延，现在她又误用装备。挤压了两下袋子后，面罩和袋子分开了。她重新连接它们并再次开始，此时尼克的口鼻仍然没有处在一个正确的密封状态，复苏器也没有与氧气瓶连接起来。她的操作没有为救援提供一个良好的开端。

"因为呼吸道充满了血液，所以他无法呼吸，"马尔科说，"他的肺部充满了血。"

尼克浮出水面已经近 3 分钟，乔和杰斯克把他位置安稳好，他们让他保持侧身，以为血液可能会流出。杰斯克继续为他供氧，密封仍然不好，面罩也总是掉落。第三次掉落时，她不得不从海水中捞起面罩，而尼克的头有气无力地垂着，猩红的唾液从嘴里渗出。

杰斯克重新连接好面罩，把它放在尼克的嘴上，但当时尼克几乎是趴着的，他的脖子扭结着，无法来监测胸部的起伏程度，也没有人为他检查脉搏。

"救援时，他应该保持躺姿，"克里说，"一人捂着面罩形成密封，另一个人挤袋子让尼克得到氧气。[杰斯克]应该从出现失误时就返回到上一步进行检查，并确保一切都顺利进行。气囊面罩复苏器是否连接到氧气？还没有的话尽快去接好。尼克还有脉搏吗？剪开他的潜水衣，脱掉它！她应该一直追问有没有胸部起伏，口鼻处有没有良好的密封性，他嘴里是否还有血液？侧卧导致他的左肺被压迫，无法正常伸展。她做错了很多，每一步都可以弥补但可惜再也无法挽回了。"

他已经出水 3 分 30 秒，总共 7 分钟没有得到过真正的氧气供给了。时间不多了，救援情况丝毫没有改善的迹象，尼克的状况也没有转好。气囊面罩复苏器不停地掉下来，直到漫长的 7 分钟过去才连接上氧气瓶，这其中有几个人试图给杰斯克指出这一点，包括摄影师达恩。通过视频无法确定尼克在那个时候是否仍然有脉搏，因为他的脉搏没有受到持续地监控。

乔和杰斯克以及两个岛上的志愿者试图摸到神经末梢的脉搏——即手腕处的脉搏。但急救医生认为在这种紧急情况下这样很难检测到脉搏，因为手腕的脉搏总是太弱。每隔20秒，乔会检查尼克颈动脉的跳动情况。

整个过程尼克依然没有反应。9 分钟后他们终于解开了尼克的紧身潜水衣，但他依然侧卧着。在 11 分 30 秒，杰斯克自己检查他的脉搏，再次选择了手腕处。她似乎感觉到什么，又回到袋子那里挤压，但和面罩的连接又一次断开了。这一切就发生在一群全神贯注的自由潜水员面前，他们觉得救援失败难以置信。约翰尼对急救的过程感到震惊。"这就像在看一部烂片。"他说。

"我看不到他的胸部或腹部在起伏。"达恩说，希望杰斯克能说些什么。尼克露出水面 13 分钟后，他才被安置成平躺姿势，这也是得以疏通气管的首选姿势。但那时他已经没有了脉搏，参与救援的人中也没有人能准确指出他的心脏何时停止了跳动。

"芭芭拉不在她通常熟悉的救援环境中，"乔说，"她这样告诉我的。"杰斯克是一名麻醉师，也就是说她是气道处理方面的专家。如果有病人像尼克这样有胸部起伏，只是处在呼吸骤停的情况下，她应该是能够解决问题的。"她有专业的医学背景，"乔解释，"她只是有点不适应，毕竟我们不是在医院，那里才是她的正常工作地点。"

此次在"蓝洞"挑战赛上，她也没有从德国带来先进的气道疏通设备，以便处理紧急情况时方便使用。在现场没有给尼克插管子——医生通过漏斗状软管将空气直接送进病人的肺。作为麻醉师，杰斯卡本来应该精通插管方法，但因为她的设备也是临时拼凑的，平台上可能也没有适当的设备。她确实有一个口咽导气管，可以使舌根离开咽后壁，从而令病人的呼吸道更容易通气，但直到为时已晚时她才想起来使用它。

乔不认为这些疏漏影响了救援工作。"我们的治疗方案进行得很完美，"乔说，"据我所得到的培训，它在临床上已经很完美了。的确面罩脱落了数次，救援过程中也出了点点滴滴的问题，但主要也是因为急救治疗工具很差劲，整体而言，救援是按照我们的训练过程进行的。流程上没出现问题也就说明我们的训练还是有效果的。"

乔·奈特运营着近来很流行的一种潜水课程——水下安全和自由潜水的混合课程，主要授课范围在他的家乡澳大利亚，同时也会在海外授课。他自 2010 年就一直在该项目担任护理人员，他在现场深信自己有感到尼克的脉搏跳动，整个救援过程的 13 分钟内看到过尼克胸部起伏。他还声称自己和杰斯克已经为尼克疏通了气道。可是视频呈现出的却是另一种失败的情况。

"救援在各个方面都搞砸了，"克里说，"每一遍观看都非常痛苦。"

"这名医生在维护气道方面做得并不到位，"约翰·谢德说，"气囊面罩复苏器有问题，她自己应该也很困惑吧，有过那么几次都没有连接到氧气瓶。你是无法通过他的紧身潜水衣发现足够的生命体征的。这一个又一个糟糕的失误足以延误救援了。"

与克里和约翰·谢德不同，52岁的拉里·斯托克（Larry Stock）本身不是自由潜水员，但他作为一名急救医生已经有25年的从业经验。他是美国急诊医师学会（American College of Emergency Physicians）的董事会成员，并在加州大学洛杉矶分校的医学院教授"急救医学"课程。他还为偏远地区提供紧急护理，如缅甸东部的战区和流离失所者营地、巴基斯坦发生地震的山区以及利比里亚的埃博拉病房。他两次观看视频，虽然他是事后发表意见——知道结果能够影响医生对处理医疗事故的意见——他认为从尼克浮出水面开始，几乎所有救援措施都没做对。

"浮出水面后不久，任何有经验的急诊医生应该能看出尼克的情况很严重，已经危及生命，快要停止呼吸，很快会进入全面心搏停止。虽然处在清醒状态，但他反应不警觉已经迟钝。"斯托克说，和克里、谢德一样，他表示他会带着自己的医疗箱过去，"急救的最佳时间是在心脏骤停之前，因为一旦发生骤停，身体功能就开始停止运行，进入所谓的代谢性酸中毒阶段。酸开始在他们的血液中蔓延，心脏会产生过敏，这是一个恶性循环。患者心脏骤停的时间越长，复苏就变得越来越困难。"

斯托克认为杰斯克应该明白这些，也应立即脱掉尼克的紧身潜水衣。他还跟克里、谢德一样认为杰斯克从未建立一个通畅的气道，或让面罩有足够的密封性，尼克应该一直处于平躺姿势，乔或杰斯克都没有正确、频繁地检查尼克的脉搏。"我没有看到他们检查几次脉搏。对我来说，尼克看起来好像在他们对他开始实施心肺复苏很久前就已经没有了脉搏，至少是有这种可能。"

乔·奈特和格兰特·格雷夫斯是那天比赛的裁判，一直对杰斯克医生在那天的救援努力持支持态度，国际自由潜水发展协会的官方也支持她。面对批评，他们回应说大部分批评来自那些喜欢事后诸葛亮的人，这些批评者并不了解现场情况。

现场的大部分人都理解急救的失败结果，但也不是全部。马尔科·孔森蒂诺在尼克死后的四个晚上都无法入眠。"如果尼克能够得到适当的应急措施，他现在可能还活着，"他说，"我总是认为尼克是可以被救活的，只因杰斯克医生完全慌了神。她对这种突发事件还是没有做好准备。"

雷恩后来学习了正确的高级心脏救命术，对尼克意外的处理非常不满。"杰斯克医生是一名麻醉师，这是赛事组织和运动员们所需的理想人选。"雷恩说，"麻醉师应对呼吸道方面的问题有专业措施，也是他们专业基础入门中第一件要掌握的事。呼吸道、呼吸、循环。你打开患者的呼吸道，然后帮助他们呼吸，然后再形成循环呼吸。但她没有这样做。"

尼克遇险浮出水面后的 15 分 30 秒，杰斯克终于组织好了她的团队。她和乔一起操作面罩，雷恩开始做胸外按压，威尔赶到平台去帮忙，杰斯克制备和施用了三支肾上腺素，如果他的心脏停止跳动，立刻进行注射，可能会激活尼克的心脏。然而他们没有得到预期的效果，这就说明几分钟前尼克就已经停止心跳了。

当雷恩、杰斯克和乔终于将尼克从平台移到海滩（浮出水面 20 分钟后），心肺复苏措施便因此暂停。时间虽不长，但足以扼杀他存活的希望。雷恩和其他人一直在做胸部按压，他们拒绝放弃，威尔以 60 英里的时速在长岛的环路上驱车朝韦德·西姆斯纪念诊所开去。据主治医师伊薇特·卡特回忆，他们带着尼克一到达诊所，杰斯克就为尼克插管换气，尼克的胸部有了起伏，但对排出肺部液体并无效用，当然主要是为时已晚。

"他来时已经没有了脉搏，我们依旧抢救了很长时间，"卡特说，"没有人想放弃，人们都在哭泣，也都在祈祷奇迹发生。"

毫无疑问，抢救过程的确出现失误，但在这件事情之后，国际自由潜水发展协会的立场是无论杰斯克出现了什么错误，尼克的死亡事实已经无法挽回。他们说尼克的肺损伤在当时是无法修复的。克里从来都不接受这个理论，她不相信肺水肿可以解释一切。

如果他的肺果真充满液体，为什么当尼克一行一到达诊所的时候杰斯克可以让尼克的胸部起伏？如果真的是肺水肿害了他，为什么海水里的血不多？尼克的肺部也没有回涌太多的血。一定要找到一个更合理的答案，她和吉利兰医生继续检查尼克的心脏和肺寻找答案。

他们根据尼克肺内遗留下来的血迹和巨噬细胞（或修复细胞），发现多处肺出血造成的巨大损伤，也由此联想到尼克曾经出现的肺部挤压。他们已经根据染色分辨出周日和上周五的挤压，接下来的查找甚至可以追溯到数周前甚至几个月前。

肺出血不是血管破裂，更确切地说是肺泡毛细血管（肺部气囊的血管）的过度充血。这些血管具有可渗透壁，以用来氧气和二氧化碳交换，当它们由于极端压力充血时，渗透壁会过度渗透。想想连裤袜被伸展到最大程度的形态——这些微小的孔变得越来越大，直到他们撕裂。尼克潜水时经常出现挤压的话，他的毛细血管会被拉伸，渗透壁变弱，红细胞充斥着尼克的肺泡，肺泡充满了细微撕裂口。这些撕裂口需要修复，和其他伤口一样，如果它们再次或多次受伤，最后就会形成瘢痕组织或纤维化。

"试想当你在学骑自行车时如果伤了膝盖，通常你会去照顾这个受伤的膝盖直至愈合，而不会再次令其受伤，"吉利兰说，"如果你做了手术，不想留下伤疤的话就不会拆开缝线，否则你将会有一个更大的伤疤，如果再次伤到它，伤疤只会越来越大。"

尼克短期内经历过多次肺挤压，由此产生的纤维变性组织聚在他的肺周围，大部分气体交换发生在肺部，这就可以解释为什么他很难从潜水中恢复知觉，尽管他上岸后还是清醒了60秒。"潜水后打开肺部会有很大的阻力，因为气囊可能粘在一起了，"克里说，"但也像一个气球，越多空气进入它就越容易变大。而受损的肺就像是一个僵硬的气球。尼克的情况是，因为他的肺部最近受伤太多（长久以来慢性的和近期的），并且进行比他预想时间更长、更紧张的自由潜水会导致他没有能力从中恢复过来。"

解释一下就是：长期受损的肺部限制了尼克的再氧化能力。但是，仅仅是这样的话还不足以致死。"他的肺部还是有足够多的健康组织令他重新呼吸。"吉利兰说。如果杰斯克立即认清尼克的病情，正确畅通他的气道，还有足够完整的肺泡或气囊让尼克开始交换二氧化碳和氧气，恢复过来。

尼克的事件揭示出自由潜水员进行深度潜水的长期风险还有待商榷。"肺泡损坏有两种类型，"来自洛杉矶的胸腔内科医生埃尔索耶格说，"急性损伤如肺炎和肺出血，这些可以通过清理肺部积液使其痊愈。但肺泡的慢性损伤就不会愈合，而无论哪个组织受损都会影响一生。"

不过，无论是埃尔索耶格医生还是吉利兰医生都认为尼克的肺部损伤还不至于严重到影响他的日常生活。"它是一个问题，但也仅是在他处于绝对缺氧的极限状态下而言。"吉利兰说。

但是克里和吉利兰也发现了尼克心脏的变化。他的右心室扩大，心壁增厚；几条肺动脉也是如此，这种情况被认为是右心室肥大，是右心房高压和/或肺动脉高压的表现，这种症状的患者都患有充血性心力衰竭或瓣膜疾病。尼克没有这些疾病，考虑到他的左心室是正常的，这种情况很可能不是他后期的训练强度造成的（左心室肥厚的运动员往往被诊断为运动员心脏综合征）。吉利兰和克里认为这应该与肺部的纤维变性有关。他们的看法是，因为他的肺在外围受损，就需要花更多的能量来进行气体交换。因此他的心脏和动脉被迫加大压力，结果造成其越来越厚。

克里认为于自由潜水员的一个好消息就是，虽然其肺挤压的严重程度很难准确检测出来（即使这样，为保险起见，埃尔索耶格仍然建议他们每年都要测试肺功能），但通过超声波心动图（非侵害性的心脏超声波）可以诊断是否有肥大。"这项技术已经经过临床使用，如果运动员被确诊为肺动脉高压，就可以用其测定出肺动脉压力和心脏肌肉壁的尺寸，"她说，"根据尼克的尸检，我们可以假设其肺部间质已经出现纤维化。"埃尔索耶格补充，如果出现这种情况，运动员应直到肺部高血压的情况得到控制后才可再次潜水。自这项运动伊始，竞技性自由潜水员就经常被作为医学研究的对象。根据克里对尼克死因的调查，她以后准备通过使用心脏超声图进行自己的研究。"首先要多关注身边的各项自由潜水比赛"，她说。

大量数据证明，如果得到较好的急救护理，尼克是有可能被救活的，虽然不能百分之百确定，但糟糕的急救措施就是最后一张推倒生还希望的多米诺骨牌。如果最后的措施有所不同，尼克说不定会存活下来。如果他没有重新开始下潜，没有在极端压力下做非正统的动作，也许他的挤压也就不会如此严重。如果他被检查得更彻底并退出了比赛，他也许会有机会再进行另一次尝试。

肺挤压成了自由潜水界存在多年的一个问题，但是裁判、赛事医生和所有运动员都忽视危险的预兆，即使受伤也要挑战纪录和个人最好成绩。尼克身处这样的大环境下，如果他的竞争对手和教练对此有更好的认识，也许他可能已经及时意识到风险，在身体适应水下压力之前就不会被教授下潜如此之深的技能。

最重要的是，如果他顾及自己的身体情况，在11月17日星期日这一天选择不去比赛，他可能现在还好好地活着。当他死后，少数运动员、作家还有国际自由潜水发展协会官方很快对他表示谴责。他们称尼克既鲁莽又自负，只一门追求数字。对此他的叔叔保罗·梅沃利有不同的说法。

"如果我不主动问他，他便很少谈论自己的成就。"保罗说。"他甚至从来没有告诉过我他赢得了世界锦标赛的银牌。在这个项目上他可是全世界第二名，但对他来说就像是没什么大不了的。这就是他的态度。他并不自负，相反，他很谦逊。"作为一名赛车手，保罗知道渴望一种东西的感觉：你极其想得到它，认为它对自己不可或缺——你的头脑发热，追求梦想和成就的激情会吞噬、转变你。他认为这可能就是尼克的心态。

"他不鲁莽，只是过于迷恋，是精神上的迷恋。我们一起在七里桥捕鱼时曾很多次看到他追着鱼抓。他不会轻言放弃。相信我，我的侄子的确和别人一样都会犯错。他是天生的潜水者，清楚自己的感受，这也是他已经转身却仍然想要下降的理由。但这些赛事组织需要做出一些改变，给下一个像尼克一样的孩子安全战斗的机会，哪怕他犯了错误。因为如果在自由潜水比赛中犯了一个错误，那可能极为致命。"

19
2014年度"蓝洞"深度挑战赛，长岛，巴哈马

2014年12月2日上午11:06，威尔·特鲁布里奇漂浮在迪恩斯蓝洞的竞赛区。这是2014年度"蓝洞"深度挑战赛的第五天，岛上有来自18个国家的35名运动员，他们都希望打破纪录并推进个人极限。威尔也不例外。如果能在"恒重无蹼"项目下潜102米，他就能打破自己的世界纪录。

但目前暂不确定能否成功。威尔最近几周的训练也时好时坏。他周一有了进展，周三又会失利。但是，最后一次潜水训练中他下潜到100米并成功地返回到水面。那天潜到102米不仅有可能达成，而且可能性还不小。随后在他的第一场比赛中，他下潜到了93米处，虽然只是热身的一个深度，结果却昏了过去。这并不是好兆头。

第二天，他潜到94米，得到了一张白牌，恢复了积极的状态。威尔比任何人都清楚8米也是一个巨大的飞跃。更糟的是，在"恒重无蹼"项目上他占领绝对主导地位一年后，阿列克谢·莫尔恰诺夫似乎要在该项目中领先于他——第三天阿列克谢在"恒定重量"项目下潜到123米并获得了白牌，威尔比赛前30分钟，阿列克谢又在"自由攀绳下潜"项目中下潜到了114米。虽然阿列克谢两次在"恒重无蹼"项目进行97米的尝试时都昏厥了，但他仍然保持着领先优势。威尔尝试打破纪录后只剩下两个比赛日了，同时在剩下的两个项目中，威尔都只有一次潜水机会了。

如果他没有赢得纪录，就可能得不到大赛的金牌。

在威尔眼中，阿列克谢不是外部压力的唯一来源。打破纪录在家乡新西兰也是重大新闻，因为威尔的赞助商"世好"（Steinlager）会连同新西兰电视台第一频道在全国直播他 102 米的潜水尝试。国家地理的纪录片合作失败后，新西兰主要啤酒品牌介入，成了威尔的主要赞助商，支付给了他 150 000 美元的训练费用，也让他替其拍摄了广告作为代言。如果天时地利人和，他会为祖国创造一个新的纪录。

迪恩斯蓝洞的自由潜水条件向来理想，但过去一周不太完美。前一晚，狂风掀起 50 英尺高的巨浪，不断拍打着石灰岩悬崖。在威尔尝试打破纪录的这天早上，风速超过每小时 30 英里，凉爽的风还夹杂着雨滴，潜水前选手们被冻得颤抖。这是一个大麻烦，因为与温暖和放松的天气相比，因寒冷而造成的肌肉颤动会消耗更多的氧气，部分运动员正饱受这种天气状况带来的不便。

然而，神奇的事情发生了——迪恩斯蓝洞的上方放晴了，一道璀璨耀眼的阳光燃掉阴霾而照亮了整个水面。威尔的背后，简约的"世好"旗帜在悬崖上挂着。它传达的信息很简单：突破 102 米。在新西兰，观众们正稳坐在电视机前进行观看，70 多名运动员和观众把比赛区围得水泄不通，他们踩着水并用 GoPro 照相机对准深蓝色大海，都希望见证历史。

在过去的几周，威尔的潜水训练状态像是精准的成败测试仪。如果他下降太慢或上升过于滞后，潜水时间将超过 4 分 10 秒，会让他缺氧从而在返回水面时无法保持清醒。而每当他尝试接近 4 分钟完成潜水时，却很成功。12 月 2 日，威尔的潜水预计费时 4 分 04 秒。此刻他就像一个伟大的舞台剧演员，所要做的就是顺利完成目标，执行已经演练了无数次的动作。他是自由潜水历史上最优秀的无蹼运动员，此次挑战也是再次证明给新西兰、给他的对手看，也给自己看的最佳时机。

威尔仰面平躺在水面已有 6 分钟，他的脖子和膝盖下面泡沫不断流动。随着下水时间一分一秒地临近，他的呼吸愈加缓慢而稳定，看起来就像是在睡觉。还剩 40 秒，他弓起背部，脸浸在海水里，护目镜也泡在水中，刺激着他眼睛周围的神经末梢。还有 20 秒，他最大量地吸入空气，首先令他的腹部充满空气，然后是胸部，最后直到肩胛骨下方的锁骨气泡。又进行了 40 次的小口吸气后，他腹部向上跃入水中，划水很远且动作优雅，推动他游向自己的目标。

划了三下，他通过了沙体滑落面，又划了三下就已经达到了负浮力区域。他的手臂放在身体两侧，夹着下巴保持流线型下降。他闭上眼睛，让重力掌控一切，助他达到目标深度。"停止思考，停止思考，停止思考。"他对自己说，希望能让自己的脑子一片空白。思考会消耗能量，也消耗氧气。

安全救生潜水员史蒂夫·基南已经来到平台进行管控并播报潜水进展。他眯起眼睛监控声呐，然后宣布威尔的进展。"好，我已经追踪到了他。潜水时间 30 秒，水深 30 米。"一分钟后威尔下潜到了 50 米。又过了 30 秒钟，他到达了 81 米，不到两分钟，他已经触底，抓住标签并开始往回游了。他的潜水时间掌控得特别完美，水面的观众已经开始抱有乐观想法了。

约翰尼·苏内克斯也在认真观测威尔的进展。就像去年一样，"蓝洞"挑战赛的前几周约翰尼充当威尔的得力助手，每当威尔训练，他都在旁边认真观察，帮助威尔分析并解决问题。约翰尼在 2014 年"蓝洞"深度挑战赛并没有参与竞争。他加入了安全救生队并作为指挥人员，也是第一个下潜去帮助威尔的人。他会在 40 米深处迎接威尔并护送他回来。他检查了潜水计算机，估计时间，等到威尔一通过 80 米大关就跃入水中去和威尔碰面。他下水时标记在双脚蹼片上的绰号"约翰尼·深"清晰可见，划开水面后又消失了。

约翰尼并不期望返回长岛。对于尼克死亡的记忆太清晰又太不堪回首。尼克死后，约翰尼为他的家人打包了尼克的所有装备，找到他的护照以便帮助运送他的遗体回家。2014 年的一月，他和一群伙伴在迪拜进行水下捕鱼。一个朋友走散了，直到第二天他的尸体被冲上海岸才得以发现。约翰尼接连失去朋友，感觉非常内疚和悲伤。

"我暂时对自由潜水失去热情了。"他说,虽然从表面上很难看出来。约翰尼仍旧在教授潜水课程,过着无忧无虑的生活,已经快到30岁,还像吉卜赛人一样四处漂泊——去土耳其、埃及、希腊、克罗地亚等地方旅行。然而他有些魂不守舍,已经停止了训练,也失去了挑战极限的激情。当他的伙伴们陆续死亡,即使他像一个超级英雄那样潜水又能怎样?当他再次来到迪恩斯蓝洞,觉得是时候为自己潜水了,这是一个重新开始的机会,而不应该仅仅看着威尔——他的朋友、导师和同胞,也是世界上最出色的自由潜水员进行突破尝试。

约翰尼开始下潜的深度不大,反正也是为了重燃自己对自由潜水的热爱。他尝试了50米和55米,随后不久,他就跨越到70米。新手自由潜水员享受第一次从20米到30米间自由落体的感觉,但仍然很耗费精力。随着缓慢稳定的下沉,潜水员越来越容易感受到海水的挤压和屏气时长的难耐。对于有经验的潜水员来说,真正的乐趣开始于下潜过程中的50米深处——那时自由落体变得更加梦幻,如果运动员能高度放松,就没有竞争或赢得比赛的压力,思绪打开,心率下降,他们会觉得一片空白与纯粹,完全与海水融为了一体。

就像尼克一样,自由潜水对于约翰尼来说充满了竞争意味。自由潜水中对于深度的探索和无固定时间使他恢复了内心的平静。深水再次成为他负面情绪的宣泄口。比赛某一天他下潜到了80米,浮出水面后开始咳嗽,爬上平台后将口中的液体吐到掌心:是血。

阿列克谢和纳塔利娅创立了自己的自由潜水培训项目,在潜水员之间口碑良好。威尔·特鲁布里奇通过品牌效应来推广自由潜水运动,提高媒体曝光度。威尔与"世好"的交易是自由潜水运动员中第一个得到六位数赞助金额的成功代表。他还拍摄了一部关于自己潜水的纪录片,在《60分钟时事杂志》(*60 Minutes*)节目播放,是斯科特·西蒙(Scott Simon)在迪恩斯蓝洞做访问节目时为他录制的,威尔在片中还利用自己在新西兰的名气推广海洋生态保护项目。

他也在为确保"蓝洞"挑战赛如期举行而忙碌,不管是招聘其他运动员、寻找企业合作伙伴（如潜水电脑制造商颂拓（Suunto））来赞助比赛冠军，还是用他的蓝色小卡车将潜水平台运进运出迪恩斯蓝洞（驾驶员车门一侧还贴着"蓝洞"标识）。每一天他都会亲自一点点地清理出漂移到迪恩斯蓝洞的废弃塑料袋，也会收集沙滩上的垃圾，而且等参加比赛的运动员到达时，他也帮助他们进行注册。威尔即使站在自由潜水世界之巅，也要做这些普通的事。在一个多元化的集体内，如果每个人都发挥作用，它就会成为最强。"相比于其他运动，自由潜水竞争性不大，资金后盾几乎为零，所以也只能这样一点点做。"他说。

想象一下地球上最优秀的马拉松或三项全能运动员自己组织竞赛，甚至帮助提前封锁街道，而这就是威尔要做的。在自由潜水竞赛中，顶级运动员也有要日常履行的义务。然而，威尔对自由潜水竞赛最重要的贡献就是发现了迪恩斯蓝洞。它始于一个谣言，于是威尔在自由潜水论坛"深蓝"上搜索它的意思。但也没有人知道具体的情况，所以威尔决定自己去看看。

"第一次见到时我被迪恩斯蓝洞所震撼，可以说它跟我期待的一样美好。"他说。威尔遇到的一些当地人警告他这里有危险的漩涡急流，还有当地凶猛的公牛鳟鱼甚至虎鲨。他们让威尔离这个深穴远一些，但他并没有照做。"头几次潜水有些毛骨悚然和不祥的预感，因为"蓝洞"深处实在太黑，"他说，"而且如果你潜到足够深，它就会变得漆黑，但因为没有急流，可以更好地自由落体。"

威尔是在 2005 年首次去迪恩斯蓝洞的，起初他每年都会在此待 4~6 个月，剩下的时间会在意大利任教或参加比赛。他结识了当地的船夫——来自夏威夷的查理·比德（Charlie Beede），每当威尔潜水需要人照看时，他就会前来帮助。查理有一个居住在代托纳海滩（Daytona Beach）的孙女，是佛罗里达州的一名学生。2008 年，查理把孙女介绍给威尔，他俩就此生活在了一起。二人刚认识就形影不离地共处了三天，一起探索海滩和海湾，经过数小时的交流后坠入爱河。但是她还要上一年学，威尔也必须返回西西里岛。他们分别后保持着联系，威尔也时不时地去塔拉哈西看望她。2009 年，他们在长岛结婚。

威尔很像岛上的当地人。他和布列塔尼在一块地上建立起一座普通但迷人的房子，离迪恩斯蓝洞有十分钟的车程。他总是光着脚，会下水捕捞新鲜的海鲜做晚饭，自己开椰子吃；布列塔尼自己发酵康普茶喝。当岛上进行节日狂欢时，他们也会参加，吃烤鸽子——如果菜单上有这道菜的话，鸽子是在岛上击落或捕捉到的。事实上，他唯一一次吃到牛肉还是当地宰杀牲畜的时候，平时是不可能吃到牛肉的。他曾经吃了很长一段时间的羊肉，因为他被邀请到朋友的农场吃周末午餐。当然做出来的味道对于威尔已经无关紧要了。

食物对于威尔来说只是用来补充体能的，部分是由于早期职业生涯对鼻窦的伤害破坏了他的味觉，但是大部分原因在于威尔是世界级运动员，他可以用自己的身体去挑战别人做不到的极限。他大多数时候只吃素食，也会补充一些用身边材料制成的食物，比如定期摄取绿色蛋白质奶昔和自制的能量棒，因此他也得以保持精瘦的体形，但并不是说他骨瘦如柴。威尔浑身都是肌肉，有六块腹肌、宽阔的肩膀和纤瘦的腰。

"这里的生活是平静的，"布列塔尼说，"他的日常工作就是准备潜水。全部都是训练。"

威尔一年训练 11 个月。每天早上做瑜伽，包括一系列放松肋间肌、增加胸廓灵活性的屏息训练。他会做倒立练习，练习手臂平衡和下犬式动作，然后练习胸腔收缩，不断放松并锻炼他的肺隔膜，将其移到他的肋骨下方。这种胸部的灵活性会使潜水员比如威尔在"动态闭气"中多储存 20% 的空气，他通常在自己家里 25 米长的游泳池进行这种训练，锻炼对乳酸和二氧化碳的忍耐力。胸腔延扩也有助于他的肺部在深处承受压力。因为他的胸腔非常灵活，潜水时可以保持放松的状态，但他的肺组织还是会被挤压或受到重创。威尔有过昏厥经历，但他声称自己的肺部从未被挤压。

当然，在世界上最合适的自由潜水地点潜水，适应深水的压力也自然而然容易得多。重复训练会让一个人更好地适应深度和压力，威尔一周深潜四天，全年如此。岛上安静的夜里，他会在电脑上分析自己的潜水情况。如果他的下降阶段慢几秒钟（正如"蓝洞"挑战赛的前期准备阶段那样），他会增加承重物的重量。如果出现这种情况，他就准备一个 400 克的钨条来加重。如果他上升太快，通常意味着他的氧气效率受到影响。有时他也会咨询像埃里克·法塔赫等自由潜水界的创新者，他总是在分析并寻找突破极限的方式。他也会不时地在夕阳下散步，在未开发的美丽海滩上慢走，夜空中的繁星让他感到平静安宁。日子过得就像生活在天堂，每天清晨当他看到通向自己最喜爱地方的土路时，觉得幸福无比。

迪恩斯蓝洞成为圣地是有原因的：每当"蓝洞"挑战赛临近，"脸书"上就会到处充斥着出游计划、拼车计划和租房安排。情侣们为此可以休假随行旅游；企业也关门休假；人们离开公寓和住宅，圣地亚哥、华沙、东京和特拉维夫的人们为此行都暂时将住处转租。威尔不是唯一渴望比赛的自由潜水员，但他是世界上唯一为此全力付出的人。

2014 年 11 月，在比赛开始前三周，运动员一个接一个来到长岛。他们中有迈克·博德、卡洛斯·科斯特、伊鲁·贝利奇、玛丽安娜·克鲁普茨卡娃，日本女子队成员福田朋夏、广濑花子和日本国家纪录保持者冈本美铃，斯洛文尼亚新星萨摩·叶兰科（Samo Jeranko），以及阿列克谢·莫尔恰诺夫。

阿列克谢一直信心十足。他来巴哈马之前在克罗地亚的训练已经卓有成效。他希望在"恒重无蹼"项目突破一定的深度，挑战威尔的世界纪录并开启自己的主导时代。如果没有成功的话，他的最后一潜会在"恒定重量"项目挑战 130 米。当被问及他是否会更专注于纪录或试图取胜时，他说："我不是在尝试取胜，我将会赢。"

随同运动员而来的通常有裁判、媒体和安全救生潜水团队。卡拉·汉森再次担任裁判。达恩和洛根在水中负责摄影，马尔科·孔森蒂诺也退居幕后做安全工作。约翰尼的挤压情况已经转好，早上他的肺部已经恢复。从那时起，他的潜水深度一直很浅，重点是使"蓝洞"挑战赛成为一场最安全的比赛。

赛事医生汤姆·阿达瓦尼（Tom Ardavany）已经 63 岁，是一名急救和航空护理医生，专门从事于边远地区的护理和空运救援，他确保比赛的安全事项。汤姆带来了一个装备齐全的医疗箱，包括心脏除颤器。13 年的航空医疗经验和 9 年在创伤中心的经历告诉他一件事：用自己的工具。克里教给汤姆自己和雷恩在罗阿坦岛进行的训练，约翰尼与他的团队每天和他们交流数次，汤姆也为他们培训额外的知识，在格林威治地区的每个夜晚都带头举行多次救援研讨会。比赛开始之前，汤姆和约翰尼帮助"蓝洞"挑战赛在健康和安全方面实现了重大飞跃。

尽管在尼克死后国际自由潜水发展协会的官方回应迟缓，但成员大会通过投票改变了三项规则，希望此类事情永远不再发生。第一项就是不允许潜水员公布超出个人最好成绩三米以上的潜水深度。单靠此条规则，尼克在死前的周五就无法挑战"自由攀绳下潜"项目的 95 米潜水，因为他在这个项目的最佳潜水战绩是 81 米。第二条规则是取缔二次下潜，而第三项授权比赛医生、急救医师和裁判暂停已经出现肺部挤压的潜水员的参赛资格。虽然"Deja Blue"自由潜比赛数年前已经给了比赛医生该项特权，但国际自由潜水发展协会却一直没有这样做，因而瓦利德在罗阿坦岛的"加勒比"杯比赛被暂停资格时会如此心烦。之前的医生从来没有这种权力，但尼克的死被视为一个推进器——国际自由潜水发展协会不得不做出改变。

虽然在夏天这些规则得到大多数选票最终通过，但它们直到 2015 年一月才会生效。威尔认为没有理由等待，于是在他主办的比赛中直接运用了这些规则。他还增加了氧气饱和度测试，旨在检测肺挤压的情况。氧饱和度是指血液中携带的红细胞含氧量。成年人的血液中 95%~100 % 含氧量是正常的，浮出水面后再经过沙滩上 30 分钟的休息，如果运动员的含氧量仍低于 95%，这说明可能有肺挤压。如果发生这种情况，他们会让汤姆对运动员进行测试，并在当天晚上再次进行饱和度测试。如果症状持续，运动员将暂停一段时间的比赛。这是一个善意的规定，但还是存有争议，因为不止一个运动员测试出 95% 以上，但是整个下午都口吐鲜血。

假设他们通过了测试，也只有自己知道伤情的话，他们就可以在第二天继续潜水比赛。

迈克·博德在第二天的比赛中浮出水面发生昏厥的情况引发了争议。他当时正冲刺个人最好成绩和新的 103 米英国纪录，但这天早晨风雨狂作。冷风掠过，水温比平时低而且没有太阳，迈克在 20 米深处攀爬一段赛绳进行了热身，然后爬上寒冷的平台等待着他的比赛开始。他瑟瑟发抖，也有些疲惫，但仍然准备挑战。潜水时他一直不在状态，上升到 30 米遇到安全潜水员时，他向其寻求帮助。当他们一起游向水面时，他在五米左右的深度昏厥了。

当浮出水面时，唾液形成的泡沫不断从他的口中流出。他的女朋友，即新西兰纪录保持者和国际知名瑜伽教练凯特·米德尔顿（Kate Middleton，当然不是英国王妃）惊恐地看着他。迈克马上苏醒过来，呼吸着氧气，汤姆立即检查他的身体状况。他接受了氧饱和度测试并通过，但是他知道自己还是受到挤压了。他感到胸腔内仍有液体，吐了些血。问题不严重，但还是发生了，他去年在这目睹了尼克的意外，他觉得为自身安全起见应该告诉汤姆，到了晚上再请他为自己检查一下。

汤姆没有主动去讨论迈克的病情，但截至晚上迈克都说自己情况很好，汤姆告诉他也并未发现严重的症状。不过，裁判声称在汤姆的建议下要禁止迈克在三天以内参赛。迈克抗议："你为什么限制我三天而不是两天、五天或十天？"裁判没有回答，但立场坚定。迈克认为这一裁决是武断的，因为没有办法知道到底是轻微还是严重的肺泡损伤。埃尔索耶格医生说，即使如此，也需要 1~4 周让类似的伤病痊愈，所以休息三天对病情恢复也影响不大。自由潜水界的医学领域仍是一片空白，没有一个明确的保障措施。

与此同时，迈克的室友，即以色列国家纪录保持者亚隆·霍里，在第一天尝试"恒重无蹼"项目 66 米的潜水时也发生了昏厥。他在海滩上没有通过血氧饱和度测试，但晚上汤姆再次为他测试时，他通过了并且可以继续潜水。像迈克一样，他口吐鲜血，但从来没有否认事实。他请了一天假休息，但如果他想继续参赛的话，是可以在第二天进行比赛的。"我是个成年人，是可以决定自己能或不能潜水的，"他说，"如果我觉得坦承身体状况可能让我接下来一直禁赛，那么我宁可吞下口中的血也要继续比赛。"

当英国自由潜水博主和医师克里斯·克兰谢（Chris Cranshaw）的问题发生时，事情就更令人疑惑了。在来到"蓝洞"比赛前，他和迈克曾一起在印度尼西亚训练。在这次比赛中，他在无蹼项目下潜到68米，赢得了白牌。在沙滩上等待呼吸氧气时，他不断发出响亮尖厉的咳嗽声，随后就吐了血。他不停地咳嗽和吐血，有时吐出一点点血，有时吐出一小口血。在第一次进行氧饱和度测试时，他竟然也通过了。

"很明显，我们需要一个更好的方法来诊断肺部挤压。"迈克说。

"别自欺欺人了，"克里斯说，"根本就没有客观衡量标准，而我刚刚通过的衡量标准已经够客观了。"他因迈克禁赛没有合理的解释而感到不舒服，并认为这样的决定可能会鼓励其他运动员隐藏他们的肺部挤压问题。"主办方要做的就是要鼓励运动员打开心扉，这样他们就会对赛事医生坦白，同时也对他们自己保持诚实。保证运动员安全的最好方法就是鼓励他们自觉保证自己的安全。"

发生尼克的意外之前，在2013年度的"蓝洞"挑战赛中，人们认为公众——更具体地说是媒体并不清楚这项运动的安全性。流鼻血和昏厥没有真正吓到任何人，肺挤压也没有震慑多少人。即使存有疑问，运动员也会否认这项运动本身的风险。现在克里斯希望有这种想法的运动员应根据自己身体状况参赛，但是他们会那么做吗？

面对各种变化，自由潜水运动员已经开始承认比赛有风险。其危险程度不亚于高海拔攀岩、冲浪或极限跳伞。探索危险的地形领域，追求没有多少人体验过的经历——感受自由落体中禅宗般的冲击，就像沉思冥想时的身体体验一样，再加上未知的结果使得这项运动极具吸引力。自由潜水运动员注定要挑战深度。

"尽管被告知每次进行的百米潜水都会损伤肺部，但这并不会阻止我去潜水，"迈克说，他正第二次尝试103米的深度，"你无法避免这项运动的固有风险。"

萨摩·叶兰科穿单脚蹼成功下潜107米后坦白："回到水面你必须接受你可能会死亡的事实，"他接着说，"但你也一定不可以因此退却。"

他的话也预示了即将到来的悲剧，这桩意外震惊了自由潜水界，也引发了国际媒体的关注。2015年8月2日，纳塔利娅·莫尔恰诺娃在西班牙的福门特拉岛（Formentera）离岸潜水时失踪。她一直在给一小组学生授课，恰巧也是她的朋友。他们都是初学者，她跟着指导他们潜到5、10和15米。她偶尔也展示正确松开赛绳的技巧，学生们则在旁边观看。大约一个小时后，她再次沿绳迅速下潜，这次没有穿脚蹼，仅为了娱乐，她的潜水深度大约在35至65米之间。由于自身不受限制，她被激烈的水下急流（这种水流在当地很有名）卷走，在60米外浮出水面。朋友们曾看到她的身影一掠而过，立马跳上船驶向她的位置，但是当他们到达她附近时，她已经在水下滑走了。纳塔利娅很有可能发生了水面昏厥，这导致她永远地消失了。搜索工作进行了一周，但是未果。"看来她要永远留在大海里了，"纳塔利娅失踪三天后其子阿列克谢悲痛欲绝地说，"我觉得她应该会喜欢留在那。"

毫无疑问，纳塔利娅自始至终都在做自己最喜欢的事情。宏观来看她的一生可以这样描述——她是一位大约40岁的离异母亲，从事一项新的运动，投入自身的热情和精力不断练习——多么鼓舞人心。在职业生涯中获得了41项国家纪录、23个世界冠军，也成为了迄今为止自由潜水界最具荣耀的运动员。但她的死也再一次揭示，即使是最好的运动员，潜水中出现微小的失误也能致命。

12月2日比赛这天，威尔用近乎完美的蛙泳姿势谨慎地上升，到35米处看到了约翰尼。"他看起来势在必得，"约翰尼说，"又很坚决。"但是在10米处他抬头瞥了下水面，约翰尼知道他遇到了麻烦。尽管他的游泳时间很短——仅耗时3分58秒，然而那天威尔很快就耗完体力达到了生理极限，并开始拉绳子，约翰尼抓住他一起快速浮出水面。威尔的嘴唇像海水一样发青，他很快便昏厥了。

布列塔尼是威尔的教练，但是当威尔躺倒在约翰尼的怀里，她除了眼睁睁地看着威尔和祈祷，其他什么也做不了。"当他昏厥时，我就有预感，"她说，"那一瞬间也感到疲惫不堪。"这次威尔只昏厥了几秒钟，当他苏醒过来，她才松了一口气，同时威尔还是收到了热烈的掌声。

威尔如约地履行自己接下来的义务。他接受了新西兰电视台的采访，"世好"啤酒还是会继续赞助他，并在"推特"（Twitter）上公布一条新的动态：当你挑战极限时，成功虽不能保证，但是我们的支持一直都在。这个消息在新西兰用户那里得到了响应，"世好"官网赛前赛后都有网民登录并宣布一些鼓舞人心的信息。比赛这天晚上，威尔很紧张，他读了几条网站上的信息，这让他对于自己的失败感到更加痛苦。

2日这天采访后他沮丧地离开了海滩。当被问及他的下步计划，他说："我还有两次潜水机会，我想我会尽力站到领奖台上的。"为此他必须在"恒定重量"和"自由攀绳下潜"项目多加努力，在"蓝洞"挑战赛之前他并没有在这些项目上多加训练。多数人希望他宣布一个适当的潜水深度，近乎把冠军拱手让给阿列克谢，这样也就只需和萨摩争夺银牌。但是威尔宣布要在"自由攀绳下潜"项目中下潜120米，只比他的世界纪录少一米。

世界各地的自由潜水员在听到威尔的公告后开始议论纷纷。许多人认为这是不负责任的，因为他在前三次尝试中出现了两次昏厥，有些人认为这种情况下就应该禁止运动员再继续比赛。早在2014年夏天就已经有人同新规则一起给出了这样的提议，但被否决了。阿列克谢为威尔的选择辩护。"他没有受到挤压，宣布也在规则之内，"他说，"这是项运动，在运动中我们应该要推动极限。"阿列克谢是对的，威尔的宣布是符合规定的。他也是很有胆量，因为如果失败，他将在自己主办的场地上错过奖牌。

单从网上评论也可以看出威尔的决定有些危险。有关自由潜水的社交媒体充斥着这样的言论：悲剧有可能再次在迪恩斯蓝洞发生。也正是布列塔尼多年来所担心的。

"当岛上没有其他人，只有我一个人握住赛绳等待他上来时，这些想法全部涌入我的脑海，"她说，"如果他上不来怎么办？我要怎么做？这些担心会深烙在脑海里产生一些不必要的焦虑，所以我尽量不去想它，因为它对我自己不健康，对他也没有好处。偶尔我会因自己这样想感到难过。但每个人只能活一次，必须意识到自己在哪个领域有可开拓的潜能，同时这还是他喜欢做的。"（布列塔尼和威尔于一年后分手。）

当威尔开车前往海滩时，风已经平息下来，阳光很明媚，一个小时后他将进行"自由攀绳下潜"项目的比赛。他看上去很放松，也充满了活力。他向过来观看的邻居挥手，与运动员们一起合影留念，看着冲浪者在迪恩斯蓝洞附近翻越滑行，然后他挨着阿列克谢坐在树荫下。马上就要进行喧闹的纪录突破尝试，他看起来如释重负，不再焦虑，也没有什么可以再失去的了。

所有运动员都在努力养成并重复自己的比赛习惯，威尔的呼吸准备没有改变。"自由攀绳下潜"是比赛耗时最长的一项，所以他的每秒0.9米下降速度本身并不惊人，但最近的两次昏厥让人不晓得他是否有足够精力去完成另一次长时间潜水。威尔于2分16秒后触底，他知道需要加快速度了，于是开始发力划水并滑行，再划水滑行，先是右边，然后再左边。他的速度很稳定，但当游到60米时，因身体收缩而使腹腔收到冲击。他在水中已经待了3分20秒，现在正在以每秒1米的速度移动。然后仿佛体内的警报响起，他的划水和滑行速度越来越快。20秒内他就上升了30米，随后恢复到原来的速度朝向水面游最后10米。当他还有3米时，对自己点点头，因为他知道自己已经快要成功了，浮到水面后他的身形有些摇晃。但幸运的是，布列塔尼在那里引导着他调整状态。

"护目镜，威廉！"她喊着。他把它移到他的眉头。"鼻夹！做手势！快做！别忘了保持呼吸！"威尔按妻子的指导照做，他的水面动作完成得很干净利落，白牌亮出，他又在比赛中赢得了希望。

接着在迈克和萨摩相继出色的潜水后，阿列克谢将要出场。他宣布在"恒重无蹼"项目下潜 95 米。上一次尝试 97 米时他很接近成功了，估计退一步能给他需要的潜水空间。如果他这次成功了，金牌肯定是他的，因为他已经赢得三个项目中的两个第一名，包括在威尔最擅长的项目。然而，这是一个令人费解的选择。他并不需要挑战无蹼项目，本来可以宣布在此项目上下潜 92 米或 93 米；然后在最后一次潜水，他可以在"恒定重量"项目上努力，赢得更多分数。他没有用自己最擅长的项目去赢得比赛，反而在无蹼项目做出了要么全胜，要么一无所有的选择。阿列克谢专注于"恒重无蹼"项目长达一年之久，这一年里他在水下的进步超过了所有人。顶级运动员总是相信自己的准备，而阿列克谢正是如此。

"我期望他能一举成功。"威尔说，他在水中观看阿列克谢的比赛。

阿列克谢还认真仔细分析了每一次失败，最终得出结论：他需要比自己上次的潜水再快 15 秒。他是如此计划的，但是这次的下潜很失败。几乎整个潜水过程中他都觉得不舒服，但还是努力保持这一速度。然而当他靠近水面时，事情有些不对。他已经放弃了蛙泳，开始进行海豚式打腿。没有脚蹼就失去了很多帮助，所以这看上去感觉就像运动员濒临绝望的选择。他设法到达水面，抓住绳子，但手滑了，颤抖着向后倒去。他失去了身体的控制，但还是设法让气道保持在水面上，安全潜水员还没有触碰他。只要气道不在水面以下，他仍然有机会。

"鼻夹！"他的教练冲他喊着，"鼻夹！"声音刺破了昏厥的浓雾，阿列克谢突然直起身子又抓住了绳子。他摘下了鼻夹，很快做出"OK"的手势，说"我没事"。裁判聚精会神地看着这一切，同时也盯着秒表。他的动作并不稳定但还算利索。尽管只用了 17 秒，但还是超过了两秒，得到一张红牌。阿里克谢很接近成功了，金牌也唾手可得，但机会现在转到了威尔这里。如果第二天他能在"恒定重量"项目下潜 117 米，金牌就是他的了。

在 2014 年度"蓝洞"挑战赛的最后一天，约 80 名观众观看着威尔游进比赛区域，还有六分钟就要开始。时间到了，他穿着单脚蹼划了三下就消失在水下黑暗中。身体呈流线型，他一路下降觉得很顺利，速度平均每秒 1.1 米，在上升阶段他甚至更快。他的腿摆动得有力且优美，将所有的欲望、激情、失望和爱融入到他今年的最后一次比赛当中。

2 分 30 秒之前，他已经通过了标记安全的 30 米，此刻他已经胸有成竹，但他还要不停地游泳，在 20 米处经过另一名安全潜水员，享受着"蓝洞"豁然开朗般的感觉，绿松石色的光晕消失在黑暗中，迷人的沙瀑进入他的余光。这就像看到一个华丽而又熟悉的景色，提醒告诉他马上要回到现实了。最后 10 米完成得也很轻松愉悦。他上浮并完成了水面规定动作。威尔最后一次的潜水在本届比赛中最为干净利落。他亮出标签得到众人的掌声，把标签放到嘴里猛嚼，仿佛享受着冠军的早餐。然后，他献给美丽的妻子一个感谢的吻。

当最后一名潜水员在"自由攀绳下潜"项目下潜到不起眼的 33 米后（证明这是大众级别的比赛），比赛终于结束了。自由潜水运动员、裁判、摄影师和安全潜水员在沙滩上休息，威尔带来了两箱冰镇的"世好"啤酒。约翰尼是第一个冲到冰柜旁的人，威尔也不甘落后。他们一直忙着刻苦训练，现在是时候放松一下了。

即使被击败了，阿列克谢也过得很开心。所有参赛时间里，他在阳光下花费数小时一直指导小组游泳，几乎每天晚上与来自克罗地亚、俄罗斯和塞尔维亚等东欧国家的朋友们一起享受自制的美味海鲜晚餐，与前拉丁美洲选美皇后追逐嬉闹，并在星空下与她度过漫长的夜晚——也许这就是他的比赛结果稍微不理想的原因吧。但即便如此，他也几乎就要得到金牌了。毕竟还没到 2015 年，他也还没有到 28 岁，他的黄金运动生涯才刚刚开始。

当他的母亲纳塔利娅去世八个月后，他加强了自己每一天都要好好生活的信念。纳塔利娅失踪后不到两个星期，为了纪念也为证明自己的信念，阿列克谢在达哈布蓝洞的拱弯处潜水——她最喜欢的水下地点。

在白色沙滩上喝着第二杯啤酒时，威尔看到阿列克谢在开怀大笑并与他的朋友们一起游泳时，也跟着一起微笑。三天前他的希望已经破灭。就连登上领奖台都显得遥不可及。但两次潜水后，一切都发生了变化。威尔像故事书里讲的一样，神奇般地东山再起。

"这场比赛有点乱七八糟，"他边说边凝视着迪恩斯蓝洞，"但得到这样的结果也确实感觉很好。"

他是指再次站在世界之巅。

他仍旧还是世界上最优秀的自由潜水员。

后　记

"我们失去了尼克，"雷恩痛哭失声，"对不起，"他不停地说，"真的对不起。"

贝琳达挂了电话，摇摇晃晃地走出展厅。在一个繁忙的星期天下午，她来宜家逛街，浴室外展厅一间挨着一间，人们不时逛过来。她的脸因震惊和难过而扭曲变形，所有的目光都聚在她身上。她推开门走到大厅，独自一人站在那里，不停抽泣。多数人让开空间让她静一静，也有一个陌生人走了过来，抱着她祈祷，最终她恢复了力气走在奥兰多苍白的阳光下，开车到女儿的房子并宣布消息。

当珍得到消息，立刻采取了紧急应对措施，她给殡仪馆打了电话，也联系了迈阿密的律师朋友，试图把她弟弟的遗体带回家，但很快跌坐在客厅地毯上泪流满面。

第二天晚上，雷恩出现在了圣彼得斯堡。保罗让他带着尼克的个人物品，乘坐一名朋友的私人飞机赶到了这里。尼克一家已经聚到一起，等待他的到来，他努力回答他们的所有问题，但还是有些茫然无措。

威尔·特鲁布里奇和凡妮莎·温伯格参加了于感恩节前夕在圣彼得斯堡举行的葬礼。他们与尼克的家人和朋友们一起哀悼。塔里素食主义成员阿龙、贾斯廷、克莱顿和索尔都到了现场；阿基亚和尼克的演员朋友们也露面了，摩根也来了。一个星期后，在布鲁克林举行了一场更盛大的纪念仪式，于威廉斯堡的埃丝特·贝尔咖啡厅内举行，尼克丰富多彩的一生中各个时期的朋友都聚到了一起，共同哀悼并追忆他。

在"*Exist*"这部电影里，站在第三大道和贝瑞街交汇处的屋顶上，尼克扮演的角色说："我坚信人不会真正死去……我们通过给别人留下的点滴印象会延续自己的生命。"

丹妮的拐杖在尼克经抢救无效死亡的当天突然折断了。当她听到这个消息后深感内疚，仿佛是他们的最后一次谈话促成了可怕的错误，但是当拐杖断掉时，她觉得尼克好像就在身后，轻推她走向更美好的生活。

尼克去世近一年后，丹妮马上要完成针灸专业硕士的学业，她的日子比以前积极和充实多了。她现在是一家中药和整体医药经销商的销售代表，还去了日本和尤卡坦半岛，有一群新朋友陪她度过闲暇时光。他们一起划船经过特拉华河（Delaware River），在布鲁克林、布朗克斯和皇后区享受前沿的特色餐饮，还在她生日那天去跳了伞。

跳伞时身后有一位英俊的澳大利亚教练一直保护着她，她便放开心胸从宾夕法尼亚州西部农村的湛蓝天空一跃而下，这里枝繁叶茂，满眼皆是秋天的颜色。她伸出双臂，风轻抚过脸颊，第一次感受到自由落体。当尼克遇到她时，她封闭着自己。现在，她已经有新的生活。

对于那些不满足爱，而需要在大海里冲浪、游泳、划船、潜水进行自我洗礼的人来说，这些可以洗去平日里的恐惧、痛苦、失落和困惑，并提供单纯的环境与世界进行连接，提醒自我不管发生了什么，海洋以其独有的美丽、神秘和愤怒一直存在。

每次尼克装备完毕，漂进蓝色大海时，无论是潜水还是追捕龙虾，也不管是在海湾、"蓝洞"抑或是公海，它都是重新探求自我价值和与自然接触的机会。在YouTube上随便搜索一下就会看到自由潜水员骑在大白鲨的背上被多达150只海豚包围的场景。他们穿着单脚蹼，与热带鱼类和抹香鲸一起游泳，或者赤着脚在迪恩斯蓝洞自由落体。尼克·梅沃利已经突破了100米深度，而且不管结果，每个潜水员有一个共同的动机：在海洋里他们的灵魂得到了自由。

对于尼克而言最重要的是去活出精彩，但不仅仅是活着。他超越了生活的常态，反叛常规，为追逐梦想而奋力拼搏，他可以把别人扔掉了的东西再进行利用，他也善于倾听，只要有能力，他就会竭尽自己所能去做到。有时会迷失方向，但多数时候都在他擅长的领域创造辉煌。尼克总是忧虑重重，但他有一个善良的灵魂、一颗充满爱的心，他自始至终都毫无保留地向周围人展示着真实的自己。

对尼古拉斯·梅沃利的记忆在2014年的"蓝洞"挑战赛中萦绕不去，尤其是在比赛期间还专门停赛一天来表示对他的纪念。这一天运动员们聚集在海滩上，分享尼克的故事，然后进行跳悬崖的比赛，又开始无蹼潜水，他们在水中吹环泡，在水下翻跟头。整个下午小海湾里充满了他们的笑声。这也正是尼克喜欢的事情。

但威尔和布列塔尼希望永远能都记得他。2013年的奖牌（授予各个项目的前三名和男女整体成绩的前三名）在尼克去世后没有发放，比赛也被取消了。2014年，它们作为纪念品被放在检录处的桌前，或者说是作为对尼克的祭品。

有些人在水下拿着这些奖牌让它们滑过自己的手指，看着它们消失在水底黑暗之中——迪恩斯蓝洞也成了许愿井。也有人把它们放在保罗·梅沃利为尼克树立的纪念碑上。上面写着：带着热爱，下潜去追逐梦想吧。

"蓝洞"挑战赛开始两周前，保罗驾驶他的螺旋桨飞机抵达长岛，与尼克的父亲拉里和斯科蒂——"邦佐号"成员，将纪念碑放到了这里。儿子去世后，拉里遭遇心脏问题，已经安装了心脏起搏器。几年前他的生意受到重挫后，第二次婚姻也随之结束了。之后与另一个女人的关系也无果而终，因为她发现拉里已经破产了。要不是尼克死后的寿险保单他将无家可归，只能蜗居在珍的客房。几年前买这份保险时，他把自己填到受益者一栏。

尼克的寿险保单支付了100 000美元，而且免税，足够在奥兰多买一个拖车型活动住房和一辆全新的黑色野马敞篷车。拉里一直是一个爱撒谎的人，但失去儿子后他也发生了改变。他现在帮忙照顾珍的两个女儿，在放学回家的路上经常可以看见他的车后座上载着就读学前班和一年级的两个外孙女，她们的头发随意又乱糟糟地被扎起来，笑得合不拢嘴。当拉里开到珍的私人车道上，她也只能无奈地摇摇头，翻个白眼。每当出现彩虹，她会指向天空跟孩子们说："看，孩子们。尼克舅舅在说'嗨'。"

威尔带着纪念碑下潜到水下，又继续带着它横跨沙底，三个人随后游向水面。他们一起把它放在靠近迪恩斯蓝洞附近一处悬崖的下方。他们交流了一会儿又默哀片刻，斯科蒂做了最后的祈祷。

"该放下了，"保罗说，强忍住眼泪，"我得忘却悲伤。"

致　谢

我以前经常去长岛为《纽约时报》报道这项小众极限运动的顶级赛事，已经习以为常，但自尼克·梅沃利死后，我对这项赛事的态度发生了改变，无论是对赛事的跟踪报道，还是对运动员和竞技性自由潜水本身的兴趣都永久地被颠覆了。而本书就是我对自由潜水态度发生转变后的总结之作。在这里要感谢摄影师莉娅·巴雷特（Lia Barrett）的付出和合作，以及《纽约时报》体育部门的杰森·斯托曼（Jason Stallman）、汤姆·康奈利（Tom Connelly）、萨姆·多尼克（Sam Dolnick）、贝基·莱博维茨（Becky Lebowitz）和吉姆·勒特雷尔（Jim Luttrell）为此书著成所贡献的方案、信念和积极的响应。同时还要感谢记者同僚们——约翰·布兰奇（John Branch）、玛丽·皮隆（Mary Pilon）和威廉·布罗德（William Broad）的支持共勉。

我也想对身兼好朋友和代理人的伯德·莱维尔（Byrd Leavell）、韦克斯曼·莱维尔文稿代理处的朱莉安娜·沃伊齐克（Julianna Wojcik）以及皇冠出版集团的本书编辑南森·罗伯逊（Nathan Roberson）表达谢意，南森从开始就对本书抱有信心，对它的远见已经超过了我。

当然，本书的成功出版也离不开其他人的耐心合作。近一年的时间里，他们分享了自己的回忆——无论是痛苦的、美丽的还是欢乐的，都推动了我去尽最大努力做好这本书。在此我还要特意表达一下对尼克一家人的感谢，他们从开始就参与本书的创作——珍、乔、伊丽莎白、亚历山德拉、贝琳达、弗莱德、凯蒂、拉里、特里、阿什利、大卫和保罗。同时我也要感谢尼克的外婆约瑟芬·奥夫夏尼克,她在尼克死后的 14 个月后也逝世了。很高兴认识约瑟芬,也很幸运看到她最后一次跳舞。

尼克那些非自由潜水界的朋友也对本书给予了很大帮助,塔里素食伙伴们——贾斯廷·波格、阿龙·舒科、凯蒂·舒科(Katie Suko)、索尔曼·劳伦斯和克莱顿·里赫利克;纽约的埃斯特·贝尔、摩根·萨比亚、罗恩·安成、丹妮·科夫斯卡(Denny Kowska)和阿基亚·斯奎蒂耶里(Akia Squitieri);费城的杰茜卡·马马雷拉和珍妮弗·凯茨;捷克共和国的亚娜·图尔钦科娃(Jana Turcinkova)和罗曼·苏西尔(Roman Susil)。

而这里也要衷心感谢那些自由潜水界人士,谢谢他们愿意与我分享自己的故事和观点,感谢:迈尔·陶布、阿什利和雷恩·查普曼夫妇、克里·霍洛韦尔、史蒂夫·本森、迈克·博德、凯特·米德尔顿、亚隆·霍里、鲍比·金(Bobby Kim)、马尔科·孔森蒂诺、戈兰·乔拉克、阿列克谢·莫尔恰诺夫、纳塔利娅·莫尔恰诺娃、卡洛斯·科斯特、加比·孔特雷拉斯(Gaby Contreras)、莉娜·约瓦诺维奇(Lena Jovanovic)、玛丽娜·科扎科娃、曼迪·萨姆纳、凯尔·吉翁、卡拉·汉森、格兰特·格雷夫斯、比阿特丽克斯和里卡多·帕里斯夫妇(Beatrix and Ricardo Paris)、福田朋夏、广濑花子、冈本美铃、原哲夫(Tetsuo Hara)、索菲亚·戈麦斯、乌里韦、伊鲁、贝利奇、柯克·克拉克、曼迪·克鲁克香克(Mandy Cruickshank)、弗朗西斯卡·科·奥因斯和威廉·特鲁布里奇。当然在这些人中最要感谢的是达恩·费尔赫芬,在尼克去世那天拍摄了许多珍贵的影像资料,为那天悲剧的后续延展提供支持。在这本书中,我依靠并采用了达恩拍摄的大量资料,并将其展示给许多医生观看,包括拉里·斯托克和阿什拉夫·埃尔索耶格。这份资料弥足珍贵,没有它的帮助,尼克的死至今还是个谜团,他的家人也会因不明真相饱受折磨。

这里我还要向我自己的家人和朋友们表达谢意。首先要感谢我的父母——特露德和理查德·斯科尼克(Trude and Richard Skolnick),在截稿日也提供他们在拉昆塔的度假公寓,让我静心完成书稿。也谢谢希瑟·巴尔博德(Heather Barbod),无论何时我前去拜访都抽出空来接待我，犹记得在路边她塞在我口袋的一块可爱闪亮的小图腾。最要感谢的是保罗·范斯坦（Paul Feinstein），在我截稿日之前帮助我润色打磨粗糙的第一稿。之后，他仍辅助我修改了接下来的几稿，除了在组稿过程中的鼎力相助，他还在这本书的由始至终都担任知己和咨询的角色，真是一位尽心尽力的朋友！当然其他朋友比如利兹·吉尔伯特（Liz Gilbert）和凯尔顿·里德（Kelton Reid）也都对我提供了极大的帮助。自多年以前的交往开始，利兹就一直担当着我的导师角色，而凯尔顿则同我一起奋战在作家的谋生之路上。他们二人也都读了这本书的初稿，提出不少建设性的意见和观点。

而约翰·摩尔（John Moore）则是我最要感谢的人，他是我的导师和书稿进程的促成者。尼克死后的一周，我还像个流浪汉一样在世界范围内各处探访自由潜水员和那些见证他生命历程的人们。我在那时经常前往约翰家里，他也总是予以热情款待。我的书目报告和大部分书稿就是在他的家里完成的。在这之前，约翰还让我在其他领域进行尝试开拓，鼓励我去开放水域游泳，他已经和杰奎琳·埃文斯（Jacklynn Evans）坚持这项运动很多年了。与约翰和杰奎琳一起在深蓝色的太平洋水底进行探险是件无比美妙的事，我们会遇到一大群海狮、海豚，还会看到许多鲸鱼、海豹以及壮观的大团鱼群。再没有比这更能使心情愉悦的事了，我变得越来越需要它，投入了很多热情和精力。而我也从中明白了为何自由潜水员一定要不断下潜。约翰对我的帮助和支持恐怕我无法回报，在此表上诚挚的感谢。

最后要感谢的一个人就是尼古拉斯·梅沃利。他活着时我认识他的时间还不足一周，但却足以让我判断出他是个特别的小伙子。当然我通过他留给这世间的点滴才更加完整了解到他的特殊之处。他并不完美，但拥有一颗慷慨大方的心，也蕴藏着一个与众不同的灵魂。他为人不会斤斤计较，总是真诚待人。我希望他在这世间已寻得足够多的平和，但我知道在他与其他人分享欢乐、爱、冒险精神的过程中应该已经获得了内心的慰藉。尼克·梅沃利仍旧活在我们每个人心中！他会是我毕生追随的榜样，我希望对于你们也是。

出版后记

首先要感谢本书作者亚当·斯科尼克提供的 10 张尼克相关照片。从刚会走路就对潜水产生兴趣的童年，到青年时期的叛逆不羁、独立特性，再到正式接触自由潜水后契合灵魂的快乐。每张照片背后都有无数个故事——温馨真挚的感情、成功一刻的振奋或重新向前的祈愿。

尼克·梅沃利是天生的潜水好手，自正式参加自由潜水比赛起，就一鸣惊人并展现出非凡的实力，引起了该领域的广泛关注与讨论。他的离去也同样震惊了自由潜水界，甚至一时间将这项小众运动推向话题的高潮。抛开自由潜水本身的极限与危险性，在追求一项事物时，引导我们内心的究竟是快乐、热爱与冒险精神，还是遗憾或证明自身的强烈渴望？尼克已经再无法给出答案了。但正如作者说言，人们永远会记得他那与众不同的灵魂！

书中除了主人公尼克之外，还有其他自由潜水运动员值得我们关注，比如威尔·特鲁布里奇和阿列克谢·莫尔恰诺夫之间亦敌亦友的竞争关系、自由潜水"女王"纳塔利娅·莫尔恰诺娃的潜水哲思，以及查普曼夫妇与尼克的珍贵友谊。剥开自由潜水的神秘面纱，其背后的每个人都是独特的、鲜活的。希望本书带给你的不止是对小众运动的猎奇心理满足，也可以去深入了解这些自由潜水健将们的成就与态度！

服务热线：133-6631-2326　188-1142-1266
读者信息：reader@hinabook.com

后浪出版公司
2017 年 10 月

图书在版编目（CIP）数据

一息之间：自由潜水、生命与挑战人体极限的意义 / （美）亚当·斯科尼克（Adam Skolnick）著；张卫东，魏宁译. — 北京：中国华侨出版社，2017.10

ISBN 978-7-5113-7054-9

Ⅰ.①一… Ⅱ.①亚… ②张… ③魏… Ⅲ.①潜水运动 Ⅳ.①G861.5

中国版本图书馆CIP数据核字(2017)第226095号

Copyright ©2016 by Adam Skolnick
Published by arrangement with Waxman Leavell Literary Agency, through The Grayhawk Agency.
All rights reserved.

本中文简体版版权归属于银杏树下（北京）图书有限责任公司
版权登记号 图字 01-2017-6604

一息之间：自由潜水、生命与挑战人体极限的意义

著　　者：	[美]亚当·斯科尼克
译　　者：	张卫东　魏　宁
出 版 人：	刘凤珍
责任编辑：	待　宵
筹划出版：	银杏树下
出版统筹：	吴兴元
营销推广：	ONEBOOK
装帧制造：	墨白空间·陈威伸
经　　销：	新华书店
开　　本：	655mm×1000mm　1/16　印张：18　字数：253千字
印　　刷：	北京中科印刷有限公司
版　　次：	2017年12月第1版　2017年12月第1次印刷
书　　号：	ISBN 978-7-5113-7054-9
定　　价：	49.80 元

中国华侨出版社　北京市朝阳区静安里26号通成达大厦3层　邮编：100028
法律顾问：陈鹰律师事务所
发 行 部：(010) 64013086　传真：(010) 64018116
网　　址：www.oveaschin.com　E-mail：oveaschin@sina.com

后浪出版咨询(北京)有限责任公司
未经许可，不得以任何方式复制或抄袭本书部分或全部内容
版权所有，侵权必究
如有质量问题，请寄回印厂调换。联系电话：010-64010019